양심에 따른 병역거부와
시민불복종

양심에 따른 병역거부와 시민불복종

초판 1쇄 인쇄 _ 2004년 11월 25일
초판 1쇄 발행 _ 2004년 11월 30일

지은이 _ 이남석
펴낸이 _ 유재건
편집장 _ 김현경
책임편집 _ 박순기
마케팅 _ 노수준, 김은경
제작 _ 유재영

펴낸곳 _ 도서출판 그린비 · 등록번호 제10-425호
주소 _ 서울시 마포구 신수동 115-10
전화 _ 702-2717 · 702-4791
팩스 _ 703-0272
E-mail _ editor@greenbee.co.kr

책값은 뒤표지에 있습니다.
Copyright ⓒ 2004 이남석
저작권자와의 협의에 따라 인지는 생략했습니다.
이 책은 저자 이남석과 그린비의 독점계약에 의해 출간되었으므로
무단전재와 무단복제를 금합니다.
ISBN 89-7682-940-9

병역거부권과 사회적 소수자 문제에 대한 정치철학적 접근

양심에 따른 병역거부와 시민불복종

이남석 지음

gB
그린비

추천의 글

임종인(열린우리당 국회의원)

2004년 9월 22일, 나는 오랜 기간 마음 한구석을 짓누르고 있던 짐을 하나 내려놓았다. 양심에 따른 병역거부자들에게 대체복무를 허용하는 병역법 개정안을 22명의 국회의원 서명을 받아 국회에 제출한 것이다. 몇 년 전만 해도 나는 내 손으로 대체복무법안을 발의하리라고는 상상하지 못했다. 민변(민주사회를 위한 변호사 모임) 동료들과 함께 변호인단을 만들어 양심에 따른 병역거부자들에 대한 변호를 처음 시작한 2001년 3월만 해도 이 문제는 일반인들에게 너무나 생소한 소수자의 문제였기 때문이다.

그런데 1948년 국군 창설 후 56년 동안 무려 1만여 명의 젊은이들이 징역을 가도록 관심없던 사회분위기가 올해 들어 급변하기 시작했다. 5월 21일 서울남부지방법원 형사6단독 이정렬 판사는 여호와의 증인 신도인 양심에 따른 병역거부자 3명에 대해 무죄를 선고했다. 7월 15일 대법원에서 유죄를 확정하기는 했으나 대법관 12명 중 절반인 6명이 입법자에게 대체복무제를 검토하라는 의견을 냈고, 8월 26일 헌법재판소는 7:2로 합헌결정을 내리면서 다수의견으로 입법자가 대체복무제를 통해 양심의 자유와 병역의 의무의 충돌을 해결할 것을 권고했다. 헌법재판소 결정이 내려진 뒤 법률안 발의를 위해 동료 의원들의 서명을 받으면서 나는 국회의원들의 반응에 또 한번 놀랐다. 절반도 넘는 국회의원들이 대체복무제 도입에 호의적이었기 때문이다.

나는 이런 변화가 역사의 필연이라고 믿는다. 역사는 인간의 자유를 확대하는 방향으로, 인권을 신장하는 방향으로, 민주주의를 심화시키는 방향으로 발전해 왔다. 그리고 변화의 바탕에는 당연히 신념을 지키기 위해 기꺼이 자신의 모든 것을 던진 여호와의 증인, 불교신자, 반전주의자, 평화주의자들의 고통과 수고가 있었다.

이남석 교수는 일찍이 사회적 차이를 과제로 삼아 연구와 실천을 해온 젊은 연구자다. 그는 우리 사회에서 양심에 따른 병역거부가 한편으로는 개인의 양심을 타고난 권리로 인정하라는 시민의식의 내면 투쟁이자 우리 사회의 소수자 차별을 일소하라는 집단적 시위이며, 다른 한편으로는 우리 사회 다수 시민의 통일성과 획일성에 대한 싸움이자 우리 사회의 무의식적인 내면에 잠재한 군사주의와의 투쟁이라고 주장한다.

내 생각도 다르지 않다. 시대변화는 누구도 막을 수 없다. 이제 우리 사회도 양심에 따른 병역거부를 인정하고 대체복무를 허용할 때가 되었다. 그래야 우리 사회도 형식적인 절차적 민주주의 단계를 넘어 소수자를 인정하고 포용하는 실질적 민주주의 단계로 나아갈 수 있다.

국회 국방위원회는 가장 보수적인 의원들이 모여 있는 곳으로 알려져 있다. 그런 국방위원회에서도 지금 다수의 의원들이 양심에 따른 병역거부자의 대체복무에 긍정적인 반응을 보이고 있다.

여러분이 이 책을 읽게 될 때는 대체복무를 인정하는 병역법 개정안이 국회를 통과한 다음일지도 모른다. 부디 그렇게 되어 독자들이 이남석 교수의 책을 마음 편하게 읽을 수 있었으면 한다.

저자 서문

양심에 따른 병역거부에 처음 관심을 갖게 된 것은 2000년 4월 15일 총선 당시의 낙천낙선운동 때였다. 그 무렵 수업에서 정치철학을 맡고 있었는데, 수업을 듣는 학생들과 시민불복종을 다루었다. 롤즈, 하버마스, 코헨 등의 글, 시민불복종과 관련된 국내 논문과 책, 소크라테스의 마지막 죽음을 다룬 『크리토』와 소포클레스의 『안티고네』, 영화 「말콤 X」, RATM의 "Wake Up" 등을 읽고, 보고, 듣고, 토론하였다. 또한 현실 사례로 그 당시 진행되었던 낙천낙선운동과 80년대 초반의 시청료납부 거부운동, 미국의 민권운동과 간디의 독립운동 등을 조사하고 토론하였다.

이 수업에서 시민불복종을 다룬 롤즈의 『정의론』을 읽던 중, '롤즈는 왜 시민불복종을 양심에 따른 병역거부와 대비하여 설명하였을까?' '롤즈는 왜 분별 있는 양심에 따른 병역거부를 하라고 했을까?' 등의 의문이 얼핏 들곤 했다. 수업 중 학생들에게 양심에 따른 병역거부가 시민불복종이 될 수 있는가, 양심에 따른 병역거부에 대해 찬성하는가 반대하는가 등과 같은 단순한 질문을 던졌다. 별다른 고민도, 토론도 없이 대부분 부정적인 답변이 나왔다. 가끔 다른 수업 시간에도 양심에 따른 병역거부에 대해 어떻게 생각하는가 뜬금없이 질문을 던져보곤 했다. 그때까지 양심에 따른 병역거부는 부정적인 인상으로 자리 잡고 있었다. 그 이후 한참 동안 양심에 따른 병역거부를 잊고 있었다.

그러고 있던 중 국가인권위원회가 출범하는 날 양지운씨가 양심에 따른 병역거부관련 진정서를 제출하였고, 얼마 지나지 않아 오태양씨가 양심에 따른 병역거부를 선언하였다. 둔기로 얻어맞은 듯한 충격이 다가왔다. 도대체 양심에 따른 병역거부가 무엇이기에 이런 일이 발생하는가라는 근본적인 질문이 떠올랐다. 선언이 있은 지 얼마 되지 않아 이경수씨가 양심에 따른 병역거부와 관련하여 위헌심판제청을 하였고, 젊은 청년들이 잇따라 양심에 따라 병역거부를 선언하였다. 계속되는 타격으로 충격에 빠진 듯한 무력감이 다가왔다.

그 이후 양심에 따른 병역거부와 관련된 자료와 책을 읽고 정리하면서 양심에 따른 병역거부가 우리 사회에 어떤 의미가 있는가를 고민하기 시작했다. 우리 사회에서 양심에 따른 병역거부는 단순히 종교적인 양심에 따른 병역거부와 반전주의적·평화주의적인 양심에 따른 병역거부로 끝나지 않는 그 이상의 무엇을 갖고 있다는 생각이 들었다. 양심에 따른 병역거부는 한편으로는 개인의 양심을 타고난 권리로 인정하라는 시민의식의 내면 투쟁이자 우리 사회 소수자의 차별을 일소하라는 집단적인 시위였으며, 다른 한편으로는 우리 사회의 다수 시민의 통일성과 획일성에 대한 싸움이자 우리 사회의 무의식적인 내면에 잠재한 군사주의와의 투쟁이었다.

이런 점에서 시민불복종과 양심에 따른 병역거부는 어떤 관계가 있을까를 살펴보았다. 그리고 양심에 따른 병역거부가 단지 개인의 내면 고백으로 끝나는 것이 아니라, 사회적인 문제를 제기하고 사회에 커다란 반향을 일으키고 그 결과 커다란 정치적인 결과를 가져온다면, 양심에 따른 병역거부는 시민불복종으로 기능한다는 결론에 도달했다.

시민불복종으로서 양심에 따른 병역거부는 이제 시작단계이다. 따라서 양심에 따른 병역거부를 법적으로 해결할 수 있을지는 몰라도, 대다수 시민이 이를 마음으로 받아들이기는 쉽지 않다. 그러므로 우리 사회가 양심에 따른 병역거부를 인정한다는 것은 우리 사회가 형식적인 절차적 민주주의 단계를 넘어 소수자를 인정하고 관용이 넘치는 실질적 민주주의의 단계로 나아가는 것이라는 생각에 이르렀다. 이와 같은 생각을 정리하기 위해서 양심에 따른 병역거부와 관련된 두 편의 논문을 발표했으며, 이를 바탕으로 이 책을 쓰기 시작했다.

이 책이 나오기까지 진심으로 고마움을 전해야 할 분들이 있다. 우선 처음 쓴 논문 전체에 대해 꼼꼼히 지적을 해주신 삼육대학교의 오만규 교수님에게 고마움을 전하고 싶다. 각 절을 집필할 때마다 장시간 동안 꼼꼼하게 읽고 오류를 지적해 주시고 토론해 주신 여호와의 증인의 류홍빈 선생님과 홍영일 선생님, 평화인권연대회의의 최정민·정용욱님, 그린비 출판사의 김현경 편집장님과 원고를 교열해 주신 박순기씨, 그리고 출판을 허락해 주신 그린비 유재건 사장님께 또한 진심으로 고마움을 전하고 싶다. 마지막으로 원고를 집필하기 전 전체의 방향을 진지하게 토론해 주신 한국정치연구회의 사상분과 선후배님들께 진심으로 고마움을 전하고 싶다.

2004년 11월 16일

이남석

••• 차례 •••

제1부 양심에 따른 병역거부

1_너무 희극적이어서 비극적인 풍경 • 19
2_양심에 따른 병역거부란 무엇인가 • 27
   1) 면제, 기피, 거부 27
   2) 인권주의적 관점의 양심에 따른 병역거부 39
   3) 반전주의적 관점의 양심에 따른 병역거부 52
   4) 양심에 따른 병역거부자의 개념과 유형 63
3_양심에 따른 병역거부의 과거, 현재, 미래 • 75
   1) 수면 위로 떠오른 양심에 따른 병역거부 75
   2) 양지운·이경수 대 1948년 미국의 대체복무법 78
   3) 오태양 대 시거 84
   4) 유호근 대 웰시 90
   5) 강철민 대 질레트 95
   6) 앞으로의 양심에 따른 병역거부 99

제2부 불관용의 원리

1_정상인과 비정상인들 • 105
   1) 차별을 받는 사람들 106
   2) 남성 성인의 해부(구별짓기) 111
   3) 정상인의 창조 118
   4) 이데올로기의 대상이자 판단의 주체로서의 시민 124
2_평등 또는 형평성의 파괴 • 128
   1) 불평등을 고착화시키는 입대의 불평등 129
   2) 입대 방식의 평등 파괴와 복무 방식의 불평등 136
   3) 사회 내 경제적 불평등의 군대 안으로의 수평적 이동(경제적 불평등) 144
   4) 군대의 재봉건화 : 불평등의 경험자이자 판단자로서의 시민 151

3 _ 양심과 다수결의 원리 • 155
    1) 소수 양심 인정의 딜레마 157
    2) 다수의 보편성과 소수의 특수성 163
    3) 다수가 강요하는 양심과 소수가 주장하는 양심 170
    4) 다수결 결정의 주체이자 소수 양심의 억압자로서 시민 177

4 _ 정의의 전쟁론과 애국심 • 182
    1) 정전론과 의무의 부적절한 결합 183
    2) 종교와 정전론 188
    3) 현대 정치철학과 양심에 따른 병역거부 195
    4) 정전론과 애국심의 결합 : 정전론의 기수로서의 시민 205

제3부 시민불복종으로서의 양심에 따른 병역거부

1 _ 불복종과 거부 • 215
    1) 시민불복종과 양심에 따른 병역거부 215
    2) 불복종으로서 양심에 따른 병역거부 226

2 _ 대체복무의 정치적 정당성 • 239
    1) 대체복무란 무엇인가? 239
    2) 대체복무 도입의 서막 244
    3) 이상적인 동시에 현실적인 대체복무의 유형 251
    4) 소수자의 복권과 관용 257

부록 • 265
    양심에 따른 병역거부에 대한 대법원 판결 267
    병역법 제88조 제1항 제1호 위헌제청(2002헌가1) 284
    참고문헌 296

들어가며

헌법수립 이후 우리나라에서는 양심에 따른 병역거부로 인한 수많은 희생자들이 있어 왔으며, 지금도 희생자들이 양산되고 있는 형편이다. 오태양의 선언으로 양심에 따른 병역거부가 한국 사회의 초점으로 떠오른 시점부터 최근의 헌법재판소 결정에 이르기까지 양심에 따른 병역거부는 뜨거운 논란거리였다.

양심에 따른 병역거부에 관한 우리 사회의 논의는 한편으로는 양심에 따른 병역거부의 인정과 불인정을 둘러싼 즉 의무와 권리 중 어느 것이 우선되어야 하는가라는 주제에 대한 이성적인 토론으로 진행되었다. 그러나 다른 한편으로는 극단적인 논리를 사용하여 상대방을 부정하거나 공격하는 마녀사냥의 형태로 발전하였는데 여기에 안보와 반공의 논리가 결합하여 양심에 따른 병역거부의 존재 자체를 부정하고 집단적으로 매도하는 격렬한 감정적 분위기를 띠기도 했다.

지금까지 양심에 따른 병역거부에 관한 우리 사회의 논의는 크게 세 축으로 진행되고 있다. 첫째, 법학적인 관점에서의 논쟁이다. 이 논쟁은 기본권과 의무, 내심의 자유로서의 양심과 실현의 자유로서의 양심, 유보조항을 둘러싼 대립(헌법 37조 2항) 등과 관련된 헌법과, 인권을 규정한 국제법에 대한 논의, 그리고 양심에 따른 병역거부자에 대한 처벌의 정당성과 부당성에 관한 형사법상의 논의 등으로 진행되어 왔다. 둘째, 종교적인 관점에서의 논쟁이다. 이 논쟁은 양심적 병역거부를 주장하는 것이 이단인가 아닌가를 주된 주제로 하여 양심에 따른 병역거부에 관한 역사적 고찰과 성경적 이해를 둘러싸고서 진행되었다. 셋째, 대체복무와 관련된 논쟁이다. 이 논쟁은 독일, 대만, 이스라엘 등의 대체복무제의 사례 소개를 중심으로 진행되고 있으며, 현 단계에서 대체복무제의 도입이 시기상조인가 아닌가로 귀착되고 있다.

법학적인 관점의 논쟁은 이미 풍부하게 진행되었으며, 논쟁을 통해 양심에 따른 병역거부에 관한 찬성과 반대를 둘러싼 중요한 법적 대립점과 토론점들이 도출되었다. 종교적인 관점의 논쟁은 각 입장 간의 성경 해석의 차이로 인해 끝이 보이지 않는 논쟁의 순환에 빠져 있다. 또한 대체복무제 도입에 관한 논쟁은 각국의 사례를 중심으로 풍부하게 소개되고 있으며, 도입시 어떤 장점과 단점이 있는지 국가 안보에 어떤 순기능과 악기능을 할 것인지를 중심으로 논의되어 왔다.

양심에 따른 병역거부에 관한 논쟁의 최종 결론은 양심에 따른 병역거부를 인정할 것인가 말 것인가, 인정한다면 어떤 형태로 인정할 것인가로 귀결될 것이다. 이는 정치적인 과정을 통해서 결정된다. 이런 점에서 양심에 따른 병역거부에 관한 정치적인 관점에서의 논쟁이 시급하다. 이 글은 정치학적인, 그 중에서도 정치철학적인 관점에서 양심에 따른 병역거부에 접근하고자 하는 하나의 시도이다.

이 글에서는 이전에 전개된 다양한 논쟁을 바탕으로, 새로운 관점에서 양심에 따른 병역거부를 다루고자 한다. 이와 같은 작업을 수행하기 위해서 이 책은 크게 세 부분으로 구성된다.

1부에서 주로 다루는 것은 양심에 따른 병역거부의 개념이다.

1부의 2장은 양심에 따른 병역거부에 관한 개념을 명확히 하기 위해서, 병역면제·병역기피·병역거부란 무엇이며 각각이 어떤 정치적 의미를 담고 있는가에서 출발한다. 우리 사회에서 대다수 시민들이 이 세 가지 개념을 동일한 것으로 생각하여 양심에 따른 병역거부자들을 병역기피자나 병역을 면제받으려는 자로 인식하고 있기 때문이다. 그리고 그 사상적 토대나 행위 방식에 따라 여러 유형으로 구분되는 양심에 따른 병역거부를 인권주의적 관점과 반전주의적 관점 양자로 나누어, 양자가 어떤 정치적 의미를 갖고 있는지에 대해서 설명하고, 이를 바탕으로 양심에 따른 병역거부의 개념을 정의한다. 3장에서는 우리 사회의 양심에 따른 병역거부가 어떤 단계까지 와 있는지 알아보기 위해 양지운, 이경수, 오태양, 유호근, 강철민의 사례를 미국의 1948년 대체복무법, 시거, 웰시, 질레트의 사례와 각각 비교하여 설명한다.

양심에 따른 병역거부에 대한 이해와 관용을 가로막고 있는 요인들을 다루는 2부는 모두 4개의 장으로 구성되어 있다. 전반부 2개의 장에서는 양심에 따른 병역거부에 관한 객관적 이해를 가로막고 있는 정서적 요인을 검토하고, 후반부 2개의 장에서는 이론적 요인을 검토한다.

1장은 대다수 시민들이 양심에 따른 병역거부를 비정상적인 것으로 바라보는 이유에 대해서 설명하는 장으로, 이를 위해 국가 권력이 어떤 식으로 남성 성인을 '해부'하고 정상과 비정상을 구분하는지, 병역의무를 이행하지 않는 자를 어떻게 합법적으로 차별하는지를 살펴본다. 2장은 대다수 시민이 양심에 따른 병역거부자들이 평등 또는 형평성을 파괴하면서까지 특권을 요구한다고 바라보는 이유에 대해서 설명한다. 군 입대와 군복무를 둘러싼 불평등과 군대 내에서도 사회 내 경제적 불평등이 작동하고 있음을 밝혀, 그 결과 병역의무를 이행한 대다수의 남성 시민이 양심에 따른 병역거부를 병역의무에 대한 특혜 요구로 바라보게 됨을 밝힌다.

3장에서는 다수결의 원리가 왜 소수자를 배제하게 되는지에 대해 살펴보고, 4장에서는 정의의 전쟁론과 그 토대가 되는 애국심이 왜 양심에 따른 병역거부에 관한 객관적 이해를 가로막는 요인이 되는지 살펴본다. 특히 4장에서는 정전론이 의무와 긴밀하게 연결되어 있음을 밝히고, 이러한 정전론이 현대 정치 사상과 현재의 국제 정치에 어떻게 투영되는지 설명한다. 그리고 그 결과 대다수 시민이 정전론의 기수가 되어, 전쟁을 반대하는 양심에 따른 병역거부자들을 부정하게 되는 과정을 알아본다.

3부는 시민불복종의 관점에서 양심에 따른 병역거부를 바라보며, 시민불복종의 결과 도입되게 될 대체복무제의 의미를 다룬다.

3부의 1장에서는 시민불복종과 양심에 따른 병역거부의 유사점과 차이점을 다루며, 양자의 차이에도 불구하고 양심에 따른 병역거부가 시민불복종적 성격을 띠고 있음을 미국의 역사와 우리 사회에서 현재 진행 중인 양심에 따른 병역거부를 통해 살펴본다. 2장에서는 시민불복종으로서 양심에 따른 병역거부가 가져오게 될 외형적 결과인 대체복무에 대해 알아본다. 대체복무를 시민으로서 누구나 누려야 할 권리와 시민이라면 누구나 행해야 할 의무의 조화라는 관점에서 살펴보고, 대체복무의 도입에 관한 논의가 우리나라에서 이미 진행되고 있음을 최근의 대법원 판례와 헌법재판소의 결정을 통해서 알아본다. 우리 사회의 대체복무에 관한 토론을 바탕으로 가장 이상적이며 가장 현실적인 대체복무의 형태에 대해서 논의하고, 이러한 대체복무가 무리없이 도입되기 위해서 대다수 시민이 갖춰야 할 기본 덕목인 소수자에 대한 관용의 의미를 살펴보도록 한다.

제1부
양심에 따른 병역거부

1 _ 너무 희극적이어서 비극적인 풍경

총살을 당해도 양심만은

처음 그들은 그(S. W. Laughlin)를 36시간 동안 잠을 재우지 않았다. 잠이 들기라도 하면 옆에 서 있던 병사는 그를 총검으로 찔러대었다. 이런 행위가 그의 양심을 꺾을 수 없다는 것을 알자, 그들은 그를 매일 세 시간씩 거꾸로 매달았다. 그 다음 그들은 그를 한 시간 반이나 엄지손가락으로 매달았다. 이런 무서운 고통은 한 주일 내내 계속되었다. 그리고 나서, 그의 양심을 꺾었다고 생각한 그들은 그에게 총을 건네주었다. 그러나 그는 무기를 사용할 의사가 없었다. 협박, 학대, 박해 등 아무것도 그의 양심을 꺾을 수 없었다. …… 총알을 장전한 6정의 총과 총알을 장전하지 않은 6정의 총이 총살형을 떠맡은 병사들에게 나뉘어졌다. 그를 에워싸고 있던 사람들도, 그도 적막감에 휩싸여 있었다. …… 마침내 그가 기도할 시간을 달라고 했다. 당연히 그가 자신을 위해 기도할 것이라고 생각을 했다. 그러나 그는 자신이 믿고 있는 신을 마주할 준비가 되어 있었다. 그는 자신이 아닌 그들을 위해 기도를 했다. "신이시여, 저들을 용서하소서, 저들은 자신들이 무엇을 하고 있는지 모르나이다."(Schlissel, 1968, p. 119)

학력을 위조하여 곱살이 징역을 시키다

1969년 스물 하나의 나이에 저는 병역법 위반으로 10개월의 징역살이를 했습니다. 어둡고 퀴퀴하고 둔탁한 1.3평짜리 방, 똥덩어리가 텅텅거리며 떨어지는 소리가 들리는 방, 빈대 핏자국이 종횡무진으로 그어진 방, 여섯 명이 엇갈려 누워 자느라 발가락이 입에 닿던 방에서도 살아보았습니다. 고생이긴 했지만 인권유린이라고는 생각지 않았습니다.

1974년 스물 여섯의 나이에 저는 또 병역법 위반으로 3년을 받았습니다. 1심에서 3년 구형에 1년 6개월을 언도받았지만 저의 소신과 양심을 말하고 싶어 항소를 하였더니, 고등법원은 원심을 파기하고 3년을 언도하였습니다. 리처드 바크의 갈매기 조나단의 이야기를 쓰면서 소신과 양심을 말했지만 휴지조각처럼 내던져졌고 징역살이만 더했습니다. 저는 앉은뱅이로 3년 세월을 방안에 갇혀서만 살았습니다.

3년이 지나 만 스물 아홉 살이 되었고, 새벽 네 시 대전교도소 보안과 사무실에서 자유를 꿈꾸던 저를 검은 가죽잠바의 병무청 직원이 또 징집 영장을 들고서 굳은 얼굴로 기다리고 있었습니다. 교도소 밖을 나서 또 다시 붙잡혀가는 아들을 보며 저의 어머니 눈에서는 피 같은 눈물이 쏟아졌고, 저는 32사단 군부대로 실려 갔습니다. "고졸은 만 28세, 대졸은 만 30세가 되는 해 12월 31일까지 징집할 수 있다"는 법이 있답니다. 의예과 1년 중퇴인 제가 의대 4년 졸업으로 기록되어 있었습니다. 그리고 32사단에서는 병역법 전과가 있다며 누범 가산을 한다고 했습니다. 징집할 때는 전과로 인정하지 않는다고 징집하더니 형을 줄 때는 전과로 인정하였습니다. 1977년, 그리하여 항명 최고형 2년인 것을 두 곱으로 4년을 선고했습니다. 무릎을 꿇리고 가슴을 군화발로 걷어차서 뒷통수를 시멘트 바닥에 메치고 주전자로 얼굴에 물을 부었습니다. 그곳이 공의의 법정이었는지 아프리카 초원이었는지 저는 말하지 않습니다.(정춘국, 「병역거부자 정춘국의 수기」, 『민주사회를 위한 변론』 46호)

이런 폭행과 폭력은 찾아볼 수 없다

병역법 위반으로 8개월형을 받고 청주 교도소에서 만기 출소하던 날 …… 교도소 밖에 기다리던 검은 지프차에 강제로 태워져 어딘가로 끌려간다. …… 김창식씨가 훈련소 입구를 통과하자마자 무자비한 구타가 시작되었다. 여호와의 증인이기 때문에 가해진 폭행은 아니었고 당시 모든 입영자들에게 가해지던 일상적인 폭력이었다. 한참을 얻어맞은 후 연병장으로 집합하라는 명령이 떨어졌을 때, 김창식씨는 그곳에서 만난 다른 여호와의 증인 형제 한 명과 함께 "여호와의 증인이므로 군사훈련을 받을 수 없다"고 밝힌다. 그리고 끌려간 곳이 헌병대였다.

대전 3관구 헌병대에서의 90일은 김창식씨의 표현을 빌리자면 '북한도 그렇게는 안할 것 같은 가혹한' 시간이었다. 90일 내내 엎드려뻗쳐, 원산폭격이 계속되었고, 헌병 곤봉으로 손바닥, 가슴, 발바닥을 각각 50대씩 총 150대를 맞은 날도 있었다. 맞은 직후에는 발바닥이 너무 부어 통일화(당시에 신던 군화의 일종)에 발이 들어가지 않을 정도였다. 헌병대 임△△ 중사에게는 4시간을 연달아 얻어맞은 일도 있었다(다 용서했다는 그들도 가해자들의 이름은 잊지 않고 있었다). 하루 종일 올챙이 포복을 하다보면 정말 죽어도 더 이상 기어갈 수 없는 상태가 되는데, 그러면 또 무자비한 폭행이 가해졌다. 7명이 함께 어깨를 걸고 구르는 멍석말이도 당했다. 권총을 들이대며 "정말로 군복무를 안할 거냐?"는 협박도 받았다. 그런 90일을 보낸 후 군형법 위반으로 징역 3년을 선고받아 가게 된 곳이 그 유명한 남한산성(육군 교도소)이었다.

남한산성에서의 첫 2주는 헌병대 영창에 못지 않은 지옥이었다. 빨간 벽돌 위에서 엎드려뻗쳐를 한 채 얻어맞다 보면 피부가 벗겨져 피가 흘렀다. 발바닥에 M1 소총 3자루를 올려놓고 팔, 다리, 머리를 하늘로 향한 채 누워 있는 가혹행위도 당했는데, 총을 떨어뜨리면 여지없이 무자비한 폭행이 가해졌다. 심지어 총 개머리판으로 엉덩이를 맞다가 개머리판이 부러지기도 했다(엉덩이가 부러진 게 아니다). 그러면 헌병은 오히려 화를 내며 열 대씩을 더 때렸다. (김두식, 「'내'가 소외시킨 '그들' 이야기」, 『탈영자들의 기념비』 중에서)

3분도 안 걸리는 정찰제 3년 징역형과 곱살이 징역형

일률적으로 의례적인 질문과 짧은 답변으로 재판은 끝나버렸다. 일단 검찰관이 "여호와의 증인 신자인가? 집총을 하고 군사훈련을 받으라는 상관의 정당한 명령을 위반한 사실이 있는가?"라고 물으면, 피고인이 "그렇다"고 짤막하게 대답한다. 다시 한 번 군판사가 집총거부 의사를 확인하고, 피고인이 간단히 최후진술을 하면 재판의 모든 과정이 끝난다. 미래가 창창한 청년에게 징역 3년을 선고하는 데 채 3분도 걸리지 않았다. 그리고 한 번도 여호와의 증인을 위해 군법무관인 국선 변호인말고 일반 변호사가 선임돼 이들의 정당성을 변호한 모습을 본 적이 없다. 더구나 이들은 항소도 하지 않는다. 매년 20대 초반의 건장한 젊은이 5백여 명이 '정찰제 3년 징역형'을 무저항으로 받고 있는 것이다. 이런 비극을 언제까지 반복할 것인가!

80년대에는 여호와의 증인이 총 받기를 거부하면 상관의 정당한 명령을 거부했다고 하여 군형법 44조 항명죄 위반으로 그 당시 법정최고형인 2년형을 선고하였다. 그런데 90년대 초부터 상관이 총을 두 번 주어 두 번다 받기를 거절하면 경합범이라고 하여 최고형의 2분의 1을 더 늘려 3년형을 선고하였다. 먼저 여호와의 증인 신자에게 군복을 지급할 때 총을 주고, 다음날 훈련할 때 또다시 총을 주어 거절하면 두 번 거부로 간주해 경합범으로 가중 처벌하는 것이다. 해괴한 법적용이었다. 어차피 총 받기를 거부하는 사람에게 두 번 총을 준다고 한 번은 받고, 한 번은 안 받겠는가? 눈 가리고 아웅하는 격이었다.(임종인, 「김훈련병 미안합니다」, 『한겨레 21』 352호)

제 형량을 늘려주세요!

유죄 선고밖에 선택의 여지가 없는 법정 현실은 희극적인 풍경을 낳았다. 2001년 10월 30일 서울지법 항소심 재판에서 피고인 김진석씨가 "형량을 높여달라"며 1년 6개월형을 자청한 것이다. 김씨는 병역기피죄로 1심에서 징역 8개월에 집행유예 2년을 선고받은 터였다. 김씨의 어려운 가정형편을 고려해 선의로 내린 형량이었지만, 오히려 또 한 번의 징집을 불러올 것이 뻔했다. 1심이 끝난 뒤, 김씨는 검사에게 항고해 줄 것을 탄원했다. 피고인이 항소해서는 형량을 높일 수 없었기 때문이다. 결국 항소심에서 재판부는 김씨의 '호소'를 받아들여 1년 6개월을 선고했다.(신윤동욱, 「헌재는 감옥문을 열 것인가」, 『한겨레 21』 396호)

검사가 선처를 호소

군사재판에서는 군검사가 판사를 향해 피고인의 선처를 호소하는 일이 벌어졌다. 2002년 1월 27일 육군 50사단 군사법원에서는 항명죄 위반자 이지엽씨에 대한 재판이 열렸다. 대부분 입대거부로 민간재판을 받는 상황에서 입대 뒤 항명죄로 재판을 받는 마지막 사례였다. 이 재판에서 검사는

"입영을 거부해 병역기피로 재판을 받는 경우 대부분 1년 6개월형을 선고받는다"면서 "죄명은 다르지만 양심에 따른 병역거부라는 측면에서 동일한 이들에게 3년형을 선고하는 것은 형평성에 어긋난다"는 논고를 펼쳤다. 이어 검사는 대체복무제가 없는 현실에 대한 안타까움을 토로하며 피고인의 부모가 제출한 탄원서를 그대로 낭독했다. 심지어 변호사가 "검사께서도 말씀하셨다시피……"로 변론을 시작할 정도였다. 긴 논고 끝에 검사는 3년형의 판례를 깨고 2년 6개월을 구형했다. 결국 검사의 '양심'에 따른 구형은 받아들여지지 않고, 3년형이 선고되었다.(신윤동욱, 「헌재는 감옥문을 열 것인가」, 『한겨레 21』 396호)

연극 같은 재판

군검찰관이 작성하는 공소사실 역시 이보다 더 간단한 것이 없습니다. 언제 어디서 총기 수여를 거부했다는 매우 짧은 내용이지요. 별것 아닌 폭력사건의 공소장 길이가 대체로 30줄 내외인 데 반해, 여호와의 증인 공소장은 5~6줄을 넘지 않습니다. 재판에서도 마찬가지입니다. 먼저 피고인들의 인적 사항을 확인한 다음 범죄사실을 확인하면, 기본적인 일은 모두 끝납니다. 그 뒤에는 군판사 또는 심판관들과 여호와의 증인들 사이에 간단한 설전이 벌어지곤 하지요. 대체로 군판사들의 논지는 이런 것입니다. "만약 네 집에 강도가 들어와서 네 여동생을 강간하려 한다고 하자. 그러면 너는 어떻게 하겠느냐? 그때도 가만히 있을 거냐? 군대도 이와 같다. 적의 공격으로부터 우리를 지키기 위해 군대가 필요한 것이다. 그런데도 신앙을 이유로 병역을 거부해서 되겠는가?" 이에 대한 여호와의 증인 사병들 대답도 거의 한결같습니다. "우리는 대한민국을 사랑합니다. 국가를 부인하려고 하는 것이 절대 아닙니다. 다만, 총을 잡고 사람을 살상하는 것은 여호와의 명령에 반하기 때문에 그것을 거부할 뿐입니다." 어차피 결과가 정해져 있는 재판이고, 논쟁을 통해 상대방이 설복당할 리 없다는 사실을 피차 잘 알고 있기 때문에, 설전은 그리 오래 가지 않습니다. 이런 논쟁 자체가 일종의 형식일 때도 많이 있습니다. 그냥 넘어가기는 뭐하니까 한 마디 하고 지나가자는 것이지요.

보통 여호와의 증인들은 법정최고형인 징역 3년형을 구형받고, 뒤이어 같은 형량을 선고받습니다. 법정최고형이 그대로 선고되는 죄목은 아마 이 경우밖에 없을 것입니다. 법정최고형은 문자 그대로 법정 '최고' 형이기 때문에 그보다 약한 형이 선고되는 것이 보통입니다. …… 형평을 기하기 위해 일률적으로 법정최고형을 부과하고 있기 때문입니다. 설사 1심 재판에서 약한 형량을 선고받는다고 해도 2심 재판에 가면 여지없이 3년형이 선고되기 때문에, 여호와의 증인 사병이라면 거의 대부분 3년형을 선고받는다고 생각하는 것이 옳습니다. 군사재판치고는 무척이나 센 형량입니다 (일반인들의 생각과는 달리 군사재판은 사회에서의 재판보다 관용적인 태도를 취할 때가 많이 있습니다). 그런데도 재판은 마치 연극의 한 장면처럼 순조롭게 진행됩니다.(김두식, 2002, 23~24쪽)

3년이 아니라 30년 징역형을 산다 해도

양씨(양지운)와 마찬가지로 의정부 교도소에 수감된 아들을 만나러 온 H씨(E 출판사 대표)는 "그때 양지운씨가 아들을 만나고 오면 하얗게 질려서 목숨을 몇 년씩 끊어내는 것 같더라"고 했다. 간혹 양씨와 함께 아들 면회를 오곤 한다는 H씨는 아들이 공익근무요원으로 한 달만 군복무하면 되는 상황이었지만 역시 '집총거부'로 3년형을 받았다고 했다. 어리석은 가정이었지만 '한 달만 훈련을 받았다면'이란 생각이 들지 않을 수 없었다.

"한 달 아니라 단 1분, 한 순간도 총을 잡을 순 없는 거지요. 양심의 문제란 그런 게 아니겠습니까. 비단 '여호와의 증인'이 아니라도 어떻게 자식에게 부모가 '잠깐만' 양심을 속이는 건 괜찮다고 가르치겠습니까? 3년형이 아니라 30년 동안 감옥에 있어야 한다고 해도 마찬가지죠."(『여성동아』 2001년 4월호)

2 _ 양심에 따른 병역거부란 무엇인가

1) 면제, 기피, 거부

양심에 따른 병역거부란 무엇인가? 도대체 무엇이기에 가장 젊은 시절을 감옥에서 보내는 고통을 감내하게 하고 심지어 모진 고문과 총살형까지도 견디게 만드는 것일까? 그것이 대체 무엇이기에 피고는 형량을 늘려달라고 자청하고 검사는 선처를 호소하는 웃지 못할 희극을 연출하는 것일까? 도대체 무엇 때문에 총을 잡느니 차라리 30년 징역형을 살겠다는 결심을 하게 되는 것일까?

극소수이긴 하지만 양심에 따른 병역거부자는 극단적인 경우 삶을 죽음으로 맞바꾸며, 대부분의 양심에 따른 병역거부자는 가장 편안한 경우에조차도 청춘을 감옥에서 보낸다. 이처럼 말로 표현할 수 없는 고통과 고난을 당하기 때문에 한 개인이 양심에 따른 병역거부를 결정하기는 쉽지 않다. 양심에 따른 병역거부는 한때의 열기에 들뜬, 젊은 날의 열정에 의한 결정이 아니다. 그 결정은 내면의 깊은 사색과 진지한 성찰에 의한 것이다. 그러나 양심에 따른 병역거부는 감성적으로 공감하기도 쉽지 않고, 설령 공감한다 해도 이성적으로 이해하기는 더욱 어렵다. 대부분 공감이나 이해는커녕 의혹과 불신의 눈초리로 쳐다보기 일쑤다. 많은 사람들이 양심에 따른 병역거부를 말 그대로 '거부'로 보기보다는 '기피'로 치부해 버린다. 결국 한 개인의 양심에 근거한 '거부'는 사라지고 결과로서 한 개인의 '기피'만 남게 된다.

양심에 따른 병역거부를 말 그대로 '양심에 따른 병역거부'로 이해할 필요가 있다. 그러나 그게 쉽지 않다. 그 이유는 다음과 같은 데서 찾을 수 있다.

첫째, 근본적인 측면에서 본다면, 병역면제, 병역기피, 병역거부에 관한 정확한 이해가 부족하다.

둘째, 사회 현상의 측면에서 보면, 상류층의 '면제를 통한 기피'가 광범위하게 진행되고 있어서 양심에 따른 병역거부자의 거부도 또 다른 기피의 일종으로 보일 뿐이다.

셋째, 국회, 사법부, 언론도 마찬가지로 면제, 기피, 거부를 정확하게 구분하지 않고 있으며, 이를 의도적으로 혼동하여 사용하는 듯한 인상을 주고 있다.

넷째, 많은 사람들이 사회 현상을 여과없이 수용, 원인과 과정을 결과로 마름질하여 평가한다. 그 결과 '면제를 통한 기피'와 '거부에 의한 기피'는 분명 원인('면제'와 '거부')과 과정('를 통한'과 '에 의한')이 다름에도 불구하고 동일한 기피로 이해될 뿐이다. 다시 말하면 상류층의 면제와 양심에 따른 거부자의 거부를 명확하게 구분하여 생각하는 것이 아니라 '그게 그거다'라는 식으로 다 같은 기피라고 인식하는 경향이 강하다.

따라서 양심에 따른 병역거부를 이해하기 위해서는 거부와 유사한 형태로 이해되고 있는 면제와 기피라는 용어를 정리해 볼 필요가 있다.

일반적으로 면제(exempt)란 '정상적이라면 해야만 하는 어떤 일을 하지 않아도 된다고 특별히 허용하는 것'을 말한다. 병역법 64조*에 따른 병역면제의 대상은 신체등위가 6급에 해당하는 사람, 전신기형자 등 외관상 명백한 장애인, 외국의 영주권자 또는 무기한 체류자격을 얻은 자, 군사분계선 이북지역 출신자이다. **면제의 주체는 국가이고, 그 수혜자는 면제를 받을 만한 사유가 있는 개인이 된다.** 면제의 수혜 대상자는 국가가 '병역의 의무를 다하지 않아도 된다'고 인정하는 자이다. 일반적으로 이러한 면제에는 어떤 개인의 의지도 작용하지 않는다. 다만 국가의 판단만이 작용할 뿐이다.

일반적으로 기피(shirk)란 '게으르기 때문에 의무적으로 해야만 하는 어떤 일을 고의로(심사숙고해서) 회피하는 것'을 말한다. 병역법 86조**에 따르면 병역기피는 도망과 신체손상 또는 사위행위(詐僞行爲)로 규정되어 있다. 병역기피에서는 면제와 달리 개인이 주체로 나타난다. **기피의 주체는 군대에 가지 않기 위해 다양한 방법으로 노력하는 자이다.** 그러나 이때 병역기피의 주체는 '약한' 주체다. 그는 고작 '고의로' 기피하거나 기껏해야

---

* 병역법 제64조(제1국민역의 병역면제 등)
  ① 지방병무청장은 제1국민역으로서 제1호(신체등위가 6급에 해당하는 사람에 한한다) 내지 제3호의 1에 해당하는 사람에 대하여는 원에 의하여 징병검사를 하지 아니하고 병역을 면제할 수 있고, 제1호에 해당하는 사람 중에서 신체등위가 5급에 해당하는 사람과 제4호에 해당하는 사람은 원에 의하여 징병검사를 하지 아니하고 제2국민역에 편입할 수 있다.(개정 1999. 2. 5)
  1. 전신기형자 등 외관상 명백한 장애인.
  2. 국외에서 가족과 같이 영주권을 얻은 사람(조건부 영주권을 얻은 사람을 제외한다. 이하 같다), 또는 영주권 제도가 없는 나라에서 무기한 체류자격을 얻은 사람.
  3. 군사분계선 이북지역에서 이주하여 온 사람.
  4. 제65조 1항 제3호의 사유에 해당하는 사람.
** 제86조(도망 · 잠닉 등)
  병역의무를 기피하거나 감면받을 목적으로 도망하거나 행방을 감춘 때 또는 신체손상이나 사위행위를 한 사람은 1년 이상 3년 이하의 징역에 처한다.

'심사숙고해서' 회피할 뿐이다. 반면 국가도 주체로 나타난다. 이때 **국가는 기피자에게 처벌을 가하는 주체다.** 대립하는 두 주체가 존재함으로 인해, 기피 주체와 처벌 주체의 대립과 충돌은 불가피하다. 그러나 기피하는 주체는 처벌하는 주체의 명령에 말없이 묵묵히 순응할 뿐이다. 기피의 경우에 발생하는 대립과 충돌은 밖으로 노출되지 않는다. 처벌하는 주체가 처벌당하는 주체를 일방적으로 몰아붙일 뿐이다.

일반적으로 거부(object)란 '어떤 것에 대해 불평을 하거나 저항하는 것 또는 어떤 것을 반대하거나 인정하지 않는다고 느끼거나 말하는 것'을 말한다. 병역법에는 거부에 관한 규정이 존재하지 않는다. 병역거부에서 개인은 기피와 마찬가지로 주체로 등장한다. 그러나 이때 거부의 주체는 '강한' 주체다. 그는 부당하다고 생각하는 것에 대해 강하게 **불평을 하고, 반대를 하고, 저항을 하며, 폭로하는 자이다.'** 이 점에서 거부는 강한 의미의 정치적 성격과 저항적 성격을 갖고 있다. 거부자는 국가의 명령에 묵묵히 순응하는 기피의 개인 주체와 달리 국가에 정면 도전하는 주체다. 국가도 역시 주체로 나타난다. 이때 **국가는 거부자와 정당성을 논쟁하는 파트너로 등장하는 동시에 거부자에게 처벌을 가하는 주체로서 등장한다.** 병역거부자와 국가는 강하게 부딪치며 충돌한다. 국가는 국방의 의무를 신성하게 여기므로 '병역의무 거부'의 정당성을 인정하지 않고 병역기피자로 간주한다. 국가는 병역의무 거부자를 병역법 제76조, 제88조에 의거하여 처벌한다. 반면 병역거부자는 병역기피자의 수동적 회피 태도와 달리 적극적으로 병역, 징병제, 국방의무의 신성함에 도전한다. 그리고 그는 이러한 군사주의와 대척점에 서서 대립각을 날카롭게 세우고 반전주의와 평화주의를 설파한다. 이상을 근거로 면제, 기피, 거부의 차이를 도표로 그리면 아래와 같이 정리된다.

(표1) 면제, 기피, 거부의 구분

	면 제	기 피	거 부
주체의 의지	없 음	내적으로는 강력 외부로는 미표출	내외 모두 강력
관련 법률	면제 법규 (병역법 제64조 등)	처벌 법규 (병역법 76, 88조 등)	기피에 의거한 법규로 처벌
법과의 관계	합 법	불 법	법에의 저항
국가와의 관계	수 혜	대립회피 또는 미약한 대립	강한 충돌

이상에서 보듯이 면제, 기피, 거부는 그 어원이나 내용으로 볼 때 법적으로도 명확하게 구분되어 사용되어야만 한다. 그러나 면제, 기피, 거부를 정확하게 구분하여 사용하는 경우는 매우 드물고, 이 세 가지를 서로 다른 것으로 구분하여 이해하는 경우도 그다지 많지 않다. 병역거부자도 병역기피자로 치부되기 일쑤이고, 병역면제자도 병역기피자로 몰리기가 예사다. 병역면제자=병역기피자, 병역거부자=병역기피자의 등식이 성립하게 되는 것이다.

이와 같은 혼동은 그냥 만들어지는 것이 아니라 다양한 원인과 이유에 의해서 생겨난다. 그 중에서도 중요한 원인은 흔히 사회의 여론을 만들어 내는 중추들이 이와 같은 혼동을 부추긴다는 점이다. 예컨대 국방과 관련된 법을 다루는 입법부, 병역소송을 재판하는 사법부, 이를 보도하는 언론 등이 알지 못해서 또는 의도적으로 면제, 기피, 거부를 혼동하여 사용하고 있다.

우선 입법부의 경우를 살펴보자. 2002년 3월 4일 국회 국방 상임위원회 회의는 면제, 기피, 거부가 심각하게 혼동되어 사용되는 사례를 잘 보여준다. 이날 열린 국방위원회는 오태양이 2001년 12월 17일 양심에 따른 병역거부를 선언한 이후에 열렸다. 아마도 한국 역사상 최초의 병역거부 선언이 일파만파로 확대되자 이에 관한 토론이 상당히 시급한 주제로 잡혔을 것이다. 그러나 이 국방위원회의 참가자들은 기피와 거부를 전혀 구분하지 않고 있으며, 중요한 사실 관계조차 확인하지 못하고 있다. 이는 한 국방위원회 소속 국회의원의 다음과 같은 발언에서 잘 확인된다. "또한 지난해에는 종교적 신념에 따른 **병역기피자**, 아예 **입영을 거부하고 병역을 기피하는** 사례가 396건으로 급증했습니다. 최근에는 불교적인 신념과 **살생연습 거부를 위해 병역을 거부**하는 사례까지 나오고 있는 것으로 알고 있습니다"(제16대 국회 제228회 제1차 국방위원회 부록 5쪽, 2002년 3월 4일). 자신이 병역기피자를 이야기하는 것인지 병역거부자를 이야기하는 것인지도 구분하지 못하는 이 국회의원은 곧장 다음과 같은 병역기피자 현황을 제시한다.

(표2) 병역기피자 현황(제16대 국회 제228회 제1차 국방위원회 부록 5쪽, 2002년 3월 4일)

연도	1996년	1997년	1998년	1999년	2000년	2001년	계
기피자 수	43명	18명	55명	35명	29명	502명	682명

이 국회의원이 제출한 이 도표는 병역기피와 병역거부를 혼동하고 있으며, 또 혼동하도록 만든다.

첫째, 이 의원은 기피와 거부가 무엇이 다르고 어떤 점에서 차이가 나는지 이해하지 못하고 있다. 따라서 이 의원은 기피자와 거부자를 하나로 보고 위처럼 한 도표로 처리하고 있다. 또한 이 국회의원은 1996년부터 2001년까지 총 682명의 기피자를 사유별로 분류한 아래의 도표에서 종교를 빙자한 기피자를 398명으로 잡고 있다.

〈표3〉 기피 사유별 현황(제16대 국회 제228회 제1차 국방위원회 부록 5쪽, 2002년 3월 4일)

기피 사유	종교	무단가출	범죄도피	민주화운동	계
기피자 수	398명	255명	7명	22명	682명

이 도표는 이 의원이 병역거부자도 병역기피자의 일종으로 보고 있으며 병역거부와 병역기피를 전혀 구분하지 못하고 있음을 보여준다. 이 의원의 두 도표 어디에도 양심적 거부자는 보이지 않고, 다만 병역의 의무를 다하고 싶어하지 않는 기피자들만이 나타날 뿐이다.

둘째, 이 국회의원은 2000년까지 미미했던 병역기피가 2001년에 갑자기 502명으로 급증했는데도 그 원인에 대해 조사하지 않았다. 이와 같이 급증한 이유는 2000년까지 양심에 따른 병역거부자들은 입영 후 집총거부를 하였으나, 2001년 이후부터는 입영 자체를 거부했기 때문이다. 따라서 양심에 따른 병역거부자들은 2001년 이전에는 군형법상의 범죄인으로 처리되어 기피자로 분류되지 않았으나, 그 이후에는 입영 자체를 거부하여 기피자로 분류되었기 때문이다. 더 정확하게는 2001년 3월 27일에 개정된 '병역법 시행령' 136조 1항 2호에 "1년 6월 이상의 징역 또는 금고의 실형을 선고받은 사람"은 제2국민역에 편입한다는 규정 때문이다. 즉 당시 주요 병역거부자들이었던 여호와의 증인들이 이 법에 의거하여 민간 법정을 택함으로써 병역기피자의 숫자가 급증했던 것이다.

셋째, 이 국회의원은 악의적으로 기피자의 숫자가 급증한 것으로 호도하여, 당시 사회적으로 공론화되기 시작한 병역거부의 움직임에 찬물을 끼얹으려 했다. 당시는 2001년 12월 17일 오태양의 병역거부 선언 및 국가인권위원회 진정서 제출, 2002년 1월 29일 이경수의 양심에 따른 병역거부 관련 위헌법률심판제청 신청 및 헌법 소원, 2002년 2월 8일 오태양의 영장 기각 등이 이어지면서 양심에 따른 병역거부가 수면 위로 떠올라 사회에서 공론화되는 시기였다. 이 국회의원은 이런 상황에 대한 조사도 없이 2000년에 29명에 지나지 않았던 기피자가 2001년 502명으로 증가했다고 보고하는 숫자 놀음을 함으로써 병역거부가 공론화되고 우호적인 분위기가 조성되는 것을 막고자 하였다. 특히 분명한 병역거부를 병역기피로 치부함으로써 병역거부의 정당성을 훼손하려 하였고, 나아가 이와 같은 병역거부를 인정하면 병역거부가 만연될 것이라는 위기감을 조성하고자 하였다.

이 국회의원이 제출한 도표는 양심에 따른 병역거부자의 숫자가 늘어나고 있다는 것을 의도적으로 과장하기 위한 것이며, 이를 근거로 병역의무를 회피하려는 청년들의 숫자가 늘어나고 있다는 위기감을 조성하기 위한 것이다. 집총거부로 인한 양심에 따른 병역거부자의 숫자까지 포함해서 보면 이 국회의원이 제시한 병역기피자 도표가 얼마나 터무니 없는 것인지 입증된다.

〈표4〉 양심에 따른 병역거부로 인한 수형자 수*

연도	1996년	1997년	1998년	1999년	2000년	2001년	2002년	2003년
수형자 수	355명	403명	474명	513명	642(683)명	804명	734명	705명

"종교적 신념 등의 이유로 입영거부 및 집총거부를 하여 일반교도소 및 군교도소에 수감되는 병력자원이 매년 500여 명 쯤" 된다는 다른 국회의

---

* '민주사회를 위한 변호사모임' 과 '양심에 따른 병역거부권 실현과 대체복무제도 개선을 위한 연대회의' 에서 펴낸 「한국에서의 양심적 병역거부의 현황과 인권문제 ― 제58차 유엔인권위원회」 8쪽과 「한겨레신문」(2004년 1월 29일)의 자료를 합쳐서 만듦. 2000년의 수형자 수는 전자에 따르면 642명, 후자에 따르면 683명으로 기록되어 있음.

원의 발언을 감안해 보면, 분명 병역거부자는 '거부자' 이지 '기피자' 일 수는 없다.

국회에서 거부와 기피를 혼동하게 하는 더 극단적인 예도 있다. 한 국회의원과 병무청장과의 다음과 같은 대화는 양심에 따른 병역거부자를 병역기피자로 몰아 병역거부의 의미를 반감시키고, 병역거부 자체의 정당성을 고의적으로 훼손하려는 것을 극명하게 보여준다.

ㅇㅇ 의원 98년 현역병 입영통지를 받고 이 사람은 IMF 실직가족을 이유로 입영 연기했고, 또 99년 12월 9일 재입영 통지되었는데 대학교 재학 사유로 입영 연기하였고, 2000년 5월 재입영 통지되니까 이번에는 7급 공무원 시험 응시로 연기하였고, 또 같은 해 11월 30일 재입영 통지되었는데 육군 학사장교 시험응시로 계속, 그리고 지난해 8월 20일 재입영 통지되자 이번에는 공인중개사 시험응시를 사유로 또 연기했지요?

병무청장 예.

ㅇㅇ 의원 지난해 12월에는 육군훈련소로 재입영 통지되었는데 더 이상 연기가 불가능하게 되자 이때 와서 종교적 양심을 들어 병역을 거부한 것이죠?

병무청장 그렇습니다.

ㅇㅇ 의원 이러한 이 사람은 IMF 실직가족, 대학재학, 7급 공무원 시험, 육군 학사장교, 공인중개사 시험 등등 사유를 들어 다섯 차례나 입영을 연기했습니다. 이런 사람을 종교적 양심으로 포장된 의도적인 병역기피자라고 저는 생각하고 싶은데, 어떻게 생각하세요?

병무청장 저희가 판단하기에도 오태양씨는 상당히 고의적으로 병역을 계속 연기하다가 입영이 더 이상 연기되지 않으니까, 온갖 수단을 다 써 가지고 연기를 해왔는데 도저히 안 되니까, 그때 당시의 양심적 병역거부라는 사회 여론에 편승해서 자기도 종교적인 이유로 군에 못 가겠다, 본인이 자기 자신을 그렇게 선전하고 나왔습니다. 그래서 저희도 참 당황스럽습니다. 그래서 이러한 병역 기피하는 이유를 사회가 그렇게 조장해서 거기에 자꾸 편승하는 것이 저는 상당수 위험수위에 와 있지 않느냐 …… 그래서 더 이상 병역기피라는 것을, 양심이 무엇인지 저는 잘 모르겠습니다마는 그런 수단으로 기피하는 것을 막아야 되겠다 하는 것입니다.

○○ 의원 그러면 불교 신자나 기독교 신자나 이슬람 교도고 뭐고 다른 종교를 이유로 해서 병역을 기피해도 똑같이 대우해야 될 것 아닙니까?

(제16대 국회 228회 제1차 국방위원회 회의록, 2002년 3월 4일)

이 국회의원과 병무청장의 대화는 관객의 억지웃음을 자아내려는 한 편의 소극(笑劇)이다. 마치 삼단논법을 적절히 구사하는 듯 보이지만, 이 국회의원은 같은 말을 두 번 세 번 반복하면서 병역거부자를 병역기피자로 몰아가고 있다. 이에 질세라 병무청장도 "그때 당시의 양심적 병역거부라는 사회 여론에 편승해서 자기도 종교적인 이유로 군에 못 가겠다, 본인이 자기 자신을 그렇게 선전하고 나왔습니다"라는 거짓 정보로 병역거부자를 병역기피자로 몰아가고 있다.*

병무청장은 선후를 뒤집었다. 병무청장은 오태양의 2001년 12월 17일 병역거부 선언 이후 병역거부가 여론의 주목 대상이 되었다는 것, 또한 그 이후인 2002년 3월 4일에 이 국방위원회의가 열렸다는 것을 간과하고 있다. 병무청장의 말대로라면 병역거부가 사회의 여론으로 들끓게 되자 오태양이 그 여론에 편승해서 병역거부를 선언했다는 것인데 이는 오태양의 병역거부로 병역거부가 여론화되었다는 사실과 맞지 않는다. 자신이 무슨 일 때문에 국방위원회에 나와서 병역거부를 병역기피로 몰아가고 있는지도 모른다는 말이 되는 것이다.

기피와 거부를 혼동하기는 사법부도 마찬가지다. 간단한 예로 2003년 12월 5일 여호와의 증인 신자가 "헌법상의 양심의 자유와 저항권에 따라 훈련에 응하지 않는 것은 정당하다"고 주장하며 예비군 훈련에 불참한 사건에 대해 내려진 판결을 살펴보자. 당시 재판부는 "국가안보를 위해 **병역기피**를 억제하고 병력형성을 강제할 정당한 입법 목적이 있는 점, 대체복무를 수반한 **양심적 병역거부**를 인정할 경우 **병역거부자**가 급증할 우려가 있고 ……"(「한국일보」 2003년 12월 6일)라고 판결하면서 벌금형을 내렸다. 재판부는 이 판결문에서 병역기피와 병역거부를 혼동하면서 동일하게 취급하고 있다.** 양심에 따른 병역거부에 대한 재판은 대부분 이런 유형을 따르고 있다.

---

* 오태양의 소견문과 비교해 보면, 위 두 사람의 대화가 얼마나 개인의 양심을 호도하고 있는가를 알 수 있다. '94년 병역법이 개정되면서 저에게 주어졌던 특혜가 사라지자, 친구들과 마찬가지로 군대는 현실의 문제로 다가왔습니다. 본격적인 배움과 인생설계를 해야 할 20대 초반에 2년이 넘는 군생활은 적지 않은 부담과 인생의 단절과도 같게 느껴지기도 했던 것이 사실입니다. 결국 이런저런 사회생활을 하다보니 스물 일곱의 나이가 되었고, 더 이상 미룰 수 없는 종착점에 이르러 3년간 산업기능요원을 할 생각으로 병역특례 국가시험을 준비하게 되었습니다. 시험을 한창 준비하던 어느 날 우연히 한 인터넷 토론방에서 '양심적 병역거부'와 관련한 토론 내용을 접하게 되었습니다. '네 이웃을 네 몸과 같이 사랑하라'는 성서의 가르침에 따라 살생을 목적으로 하는 일체의 전쟁과 군사훈련을 거부함으로써, 항명죄로 구속되어 3년의 감옥생활을 한다는 여호와의 증인의 이야기는 내 존재를 뒤흔드는 충격이었습니다. …… 오로지 '살인하지 않겠다'는 개인의 양심을 지켜내기 위해 다른 수감자들보다 훨씬 부당하고 가혹한 3년여의 감옥생활을 기꺼이 감수함은 물론이거니와 출소 후에도 범죄자와 종교적 이단자라는 멍에를 지고 편견과 소외 속에서 살아가야 하는 그들의 기구한 삶이 너무나도 안타깝고 가슴 아팠습니다. 그들을 도울 수 있다면 무슨 일이든 하고 싶었습니다."

** 양심에 따른 병역거부의 의미에 대해 정확하게 규정한 판결도 있다. 여호와의 증인 신도 이경수에 대한 판결이 그 예다. 이 판결을 보면 양심과 거부를 분명하게 이해하고 있으며, 기피와 분명한 선을 긋고 있다. "현행 병역법 88조 1항 1호는 현역입영을 거부하는 자를 처벌하는 규정을 두면서도 양심적·종교적 병역거부자에 대한 아무런 예외적 조처를 규정하고 있지 않다." "이런 처벌규정이 아무 제한 없이 그대로 적용된다면 사상과 양심의 자유를 심각하게 침해하게 될 가능성이 크다." "이른바 양심적·종교적 병역거부자들의 경우에는 헌법상 기본적 의무로 돼 있는 병역의 의무와 자유민주적 질서의 핵심적 기본권인 사상·양심의 자유 및 종교의 자유 사이에 충돌이 일어나게 돼 양자를 적절히 조화, 병존시킬 필요가 있다"(「한겨레신문」, 2002년 1월 30일). 이런 판례를 바탕으로 양심에 따른 병역거부와 관련한 위헌심판이 제청되었다.

언론도 마찬가지로 병역기피와 병역거부를 혼동하고 있다. 예를 들어 한 언론은 헌법상의 양심의 자유와 저항권을 이유로 예비군훈련에 불참한 양심에 따른 병역거부자에 대해 "양심적 **병역기피자**에 대한 **대체복무** 논의가 활발한 가운데 종교적 이유로 예비군 훈련에 불참했던 **병역기피자**에 대해"(「조선일보」 2003년 12월 6일)라고 기술하고 있다. 이 기사의 양심적 병역기피자는 병역거부자이다. 이 보도는 언론이 병역거부와 병역기피를 전혀 구분하지 못하고 있음을 보여주는 전형이다. 또한 대체복무는 분명 **병역거부자**를 위한 프로그램이지 **병역기피자**를 위한 프로그램이 아니다. 이라크 파병 반대를 외치며 군복무 중 병역거부를 선언한 강철민 이병을 다룬 MBC의 '휴먼다큐-희노애락'이라는 프로그램에 대해 한 언론이 "최근 들어 종교적 이유와 반전 등을 내세워 **대체복무**를 요구하며 군 입대를 **기피**하는 젊은이들이 늘고 있는 마당에 이런 프로그램은 자칫 **병역기피** 풍조와 탈영을 부추길 수도 있다"(「동아일보」 2003년 12월 6일)라는 사설을 실었던 것에서도 동일한 오류를 발견할 수 있다.

병력자원을 책임지고 관리하는 관료들이나 일부 국회의원들, 병역거부자에게 판결을 내리는 사법부, 이와 같은 사실을 보도하는 언론들은 병역기피자와 병역거부자를 정확하게 구분하지 못하고 있다. 아니 어쩌면 의도적으로 병역거부와 병역기피를 혼동하게끔 하고 있는 것인지도 모른다. 입법부·사법부·언론이 기피와 거부를 혼동하는 것은 일반 시민의 병역거부를 바라보는 태도에 심각한 영향을 미친다. 양심에 따른 병역거부자는 분명 병역기피자와 다름에도, 일민 시민은 병역기피와 병역거부를 동일한 기피로 이해하고 기피자와 거부자를 동일하게 바라보게 된다. 그 결과 한 청년이 자신의 일생을 걸고 용감하게 양심에 따른 병역거부를 선언한다 해도, 일반 시민은 군대가기 싫어하는 또 다른 '놈'이 나타난 것으로 이해할 뿐이다. 병역거부자를 병역기피자로 바라보는 대다수 시민들의 시각은 더욱 굳어지고 확산된다.

2) 인권주의적 관점의 양심에 따른 병역거부

국가의 공식적 입장에 따르면 양심에 따른 병역거부는 존재하지 않는다. 시스템*의 기준에서 보면 양심에 의한 거부는 없고, 다만 병역기피만 있을 뿐이다. 병역거부자가 집총거부와 병역거부를 하면서 거부의 이유를 설명하고 강조해도, 시스템은 병역거부자를 인정하지 않고 병역기피자로 취급할 뿐이다. 그러나 병역거부자는 절대 기피를 하지 않는다. 병역거부자는 거부를 할 뿐이다. 시스템이 병역거부자를 병역기피자라고 아무리 낙인찍어도, 병역거부자는 병역을 거부하기 시작하면서부터 징역을 다 마칠 때까지 자신은 병역기피자가 아니라 병역거부자라고 일관되게 주장한다. 시스템은 병역거부를 병역기피로 폄훼함으로써 병역거부의 정치적 성격을 부정하는 반면, 거부자는 병역기피라는 용어 대신 병역거부라는 용어를 부각시키고 그 정당성을 얻고자 한다. 시스템과 거부자 간에 언어를 둘러싼 일종의 헤게모니 투쟁이 벌어진다.

군대를 가지 않는 동일한 행위에 대해 시스템과 병역거부자는 왜 이처럼 다르게 해석하는가? 왜 시스템은 병역기피라는 용어로 병역거부 행위

---

*여기서 말하는 시스템은 법무부, 국방부 등을 지칭한다. 이 글을 쓰면서 가능하면 법무부나 국방부와 같은 용어를 사용하지 않고 시스템이라는 용어를 사용하겠다. 양심에 따른 병역거부자의 인정 여부는 국가의 각 부처에 소속되어 업무를 수행하는 한 개인에 의한 결정이라기보다는 시스템에 의한 결정이라고 생각하기 때문이다. 다시 말하면 한 개별 재판관이 양심에 따른 병역거부의 정당성을 인정하고 우호적인 판결을 내린다 해도, 전체 시스템이 이를 인정하지 않는 한 양심에 따른 병역거부는 국가적으로 인정받기 어렵다. 결국 시스템의 전체적인 변화가 있어야만 양심에 따른 병역거부의 인정이 가능하다고 볼 수 있다.

를 깎아내리고, 거부자는 자신의 행위를 병역거부라고 주장함으로써 정당성을 얻고자 하는 것일까? 그 이유는 '병역기피'라는 용어가 시스템의 입장과 거부자의 입장에서 전혀 상반된 정치적 의미를 갖고 있기 때문이다.

우선 시스템은 '거부'란 용어 대신 '기피'란 용어를 사용함으로써 의도하는 '정치적 효과'를 얻고자 한다. 그 효과는 첫째, 거부의 정치적 성격의 제거효과이며, 둘째, 또 다른 거부의 발생 가능성을 미리 막는 예방효과이다. 이것은 시스템이 거부 대신 사용하는 '기피'라는 용어가 대단히 정치적이라는 것을 보여준다. 이러한 사실은 현실에서 행해지고 있는 면제, 기피, 거부를 살펴보면 확인할 수 있다.

병역면제란 일반적으로 육안으로 보아 명백하게 확인할 수 있는 육체상의 결함이나 육안으로는 보이지 않으나 심각한 육체적인 또는 정신적인 결함을 가진 병력자원이 병역의 의무를 다할 수 없다고 판단되는 경우, 국가가 이에 해당되는 사람에게 병역의 의무를 다하지 않아도 좋다는 것을 인정하는 것을 말한다. 일반적으로 병역면제는 합법적이다. 그 이유는 국가가 병역의 의무 이행이 불가능하다는 것을 법으로 보장하여(병역법 64조 참고) 주기 때문이다. 또한 병역면제는 면죄부적 성격을 지닌다. 그 이유는 국가가 병역의 의무를 다하지 않아도 죄를 범하는 것이 아니라는 것을 보증하기 때문이다. 따라서 병역면제는 국가가 보장하는 합법적 면죄부이다. 그러므로 병역면제의 사유에 해당되는 사람들이 면제를 받는 것은 국가가 당연히 보장해야 될 권리이다.

면제는 합법이고, 기피는 불법이다. 그러나 면제를 받지 않아도 될 기득권층의 면제는 법이 허용하는 합법인 반면, 일반 시민의 신체의 손상, 거짓행위('사위행위'), 양심에 의한 기피는 불법이다. 사회 상류층은 일반인들이 듣기에 생소한 병명과 사유로 병역을 면제받는다. 예컨대 폐결핵, 어깨 탈골증, 연골수술, 심장판막, 허리 디스크, 좌견관절 재발성 탈구, 좌슬관절 불안정성, 기흉술후, 사구체신염, 간질병, 습관성 어깨 탈구, 마약복용, 영주권 획득에 의한 면제, 재외교민의 지위 등을 이용한 병역 면제가 행해지고 있다. 사회 상층, 유명 연예인, 스포츠 스타들이 이러한 거짓 병치례 또는 재외교민의 지위 등을 악용하여 면제를 받는 것은 면제를 악용한 기피이다. 이러한 면제는 면제를 받을 만한 사람들이 받는 진정한 면제와 다르다. 이것은 분명 '면제를 통한 기피' 임에도 불구하고 기피가 아니다. 국가가 법에 의해 허용한 합법적인 행위이다.

반면 일반 병력자원이 군대를 가지 않기 위해 하는 행위는 기피이다. 예를 들어 군대를 가지 않기 위하여 고의로 신체를 손상시키거나 몸에 문신을 하는 것(반사회적 인격장애)은 기피이다. 또한 종교적인 이유와 양심상의 이유로 집총을 거부하고 군 입대를 거부하는 것 또한 기피이다. 이러한 종류의 행위는 기피이며 불법이다. 그러나 이러한 기피 중에서 종교적인 이유와 양심상의 이유로 군에 입대하지 않는 행위의 경우에는 분명 거부인데도 기피이며 불법이 된다. 시스템은 이런 행위에 대해 거부의 정당성을 인정하지 않으며 '기피' 라고 판단해 형량을 부여하고, 그 죄의 대가를 치르게 한다. 면제를 통한 기피와 거부에 의한 기피를 하나로 통합해 보자. 상류층의 면제를 통한 기피자와 종교·양심상의 거부자가 법원의 법과 국방부의 행정이라는 시스템을 통과하면, 한 부류는 합법적 면제자가 되는 반면 다른 한 부류는 법을 어긴 기피자가 된다.

| 상류층의 기피자 | ⇒ | 법(법원) | ⇒ | 합법적 면제자 |
| 종교·양심상의 거부자 | | 행정(병무청) | ⇒ | 불법 기피자 |

시스템이 양심에 따른 병역거부를 '기피'라고 부르는 것은 이 용어의 부정적 성격 때문이다. '기피'는 앞에서 살펴보았던 것처럼 '게으르기 때문에 의무적으로 해야만 하는 어떤 일을 **고의로**(deliberatively) 회피하는 것'을 말한다. 이에 따르면 기피자는 사회적인 또는 공동 의무로 책임져야 할 일을 개인적인 일신상의 사유로, 그것도 게으름과 같은 부정적인 이유로 수행하지 않는 자가 된다. 이러한 논리를 따르면 종교적인 이유와 양심상의 이유로 병역을 거부하는 자는 의무를 이행하지 않는 자이며, 그것도 '게을러서'와 같은 용납될 수 없는 이유로 기피하는 자이다. 시스템은 이와 같이 지속적으로 거부자를 기피자로 의미절하시켜 거부의 정치적 성격을 탈각시키고자 한다. 그럼으로써 시스템은 거부자를 사회적 의무 불이행자로 징계하는 효과 이외에 또 다른 거부자가 발생할 수 있는 토대를 거세시켜 버리는 '징벌의 연쇄 파급효과'를 거둘 수 있다. 즉 시스템은 "어떤 이유에서건 병역을 거부하거나 기피하는 자는 사회적인 문제아다. 그런 문제아는 개인적으로 문제가 있는 자이다. 따라서 그에게 법적 책임을 묻는 것은 정당하다"고 강변한다. 시스템은 이런 처벌을 통해 어떤 이유로도 병역을 거부하는 사태가 발생하지 못하도록 하는 예방효과를 노린다.

그러나 거부자의 입장에서 본다면, 기피 그 자체는 고도의 정치적 행위이다. 거부가 정치적 성격을 갖고 있는 것처럼, 마찬가지로 기피 또한 정치적 행위이다. 일반적으로 병역기피는 시스템이 병역거부를 거부로 인정하지 않을 때 발생하는 것이다. 따라서 병역거부자가 시스템으로부터 거부를 인정받을 수 있다면, 그는 당연히 병역기피가 아닌 병역거부를 선택할 것이다. 병역거부가 인정되지 않는 현실 때문에 병역거부자가 기피를 선택할 수밖에 없다는 것 자체가 이미 정치적이다. 이런 점에서 기피 역시 정치적 성격을 지니고 있다고 할 수 있다.

또한 기피의 정치적 성격은 현실에서 벌어지고 있는 병역기피에 대한 지나칠 정도의 가혹한 처벌과 소수자라는 관점에서 확인할 수 있다. 우선 기피에 대한 처벌부터 살펴보자. 시스템이 병역거부까지를 포함해서 지칭하는 '병역기피'가 발생하는 경우를 가정해 보자. 그러면 앞에서 말한 것처럼 그 기피 행위에 대해서 처벌을 가하는 주체(국가)와 당연히 그 맞대응자인 처벌을 당하는 주체(기피자)가 있게 마련이다. 처벌을 가하는 주체는 상식적으로나 국제적인 기준으로나 이해할 수 없을 정도의 가혹한 처벌을 한다. 반면 처벌받는 주체는 지나칠 정도의 가혹한 처벌이 일상화되어 있음에도 불구하고 기피를 선택한다. 병역을 기피한 자에 대한 국가의 처벌은 1차처벌과 가중처벌로 최소한 두 차례 이상 행해진다. 우선 병역을 기피하는 행위 자체에 대한 1차처벌이 가해진다. 1차처벌 이후 일상적인 사회생활에 대한 제약 및 구속으로 2차, 3차의 가중처벌이 가해진다.

병역기피 자체에 대한 처벌은 흔히 징역형으로 나타나는데, 이는 도망과 잠닉 등에 대한 처벌을 규정한 병역법 제86조와 징병검사의 기피에 대해 규정한 병역법 제87조, 입영의 기피를 규정한 병역법 제88조에 설명되어 있다.

병역법 제86조(도망·잠닉 등)
병역의무를 기피하거나 감면받을 목적으로 도망하거나 행방을 감춘 때 또는 신체손상이나 사위행위를 한 사람은 1년 이상 3년 이하의 징역에 처한다.

병역법 제87조(징병검사의 기피)
징병검사 또는 신체검사통지서를 받은 사람이 정당한 사유 없이 그 기일에 징병검사 또는 신체검사를 받지 아니한 때에는 6월 이하의 징역에 처한다.

병역법 제88조(입영의 기피)
현역입영 또는 소집통지서를 받은 사람이 정당한 사유없이 입영 또는 소집기일부터 … 기간이 경과하여도 입영하지 아니하거나 소집근로에 불응한 때에는 3년 이하의 징역에 처한다.

이와 같이 병역법에 따르면 병역기피자는 최소한 1년 이상 3년 이하의 기간을 감옥에서 보낼 각오를 하지 않으면 안 된다. 실제로 병역기피에 대해서는 지금까지 대부분 법정최고형이 내려졌다. 한 인간이 살아가면서 가장 왕성한 혈기를 뿜어내고 가장 활발한 활동을 해야 할 시기를 감옥에서, 그것도 병역법 76조 3항의 40세까지 처벌이 유효하다는 규정에 따라 인생에서 가장 황금 같은 시기를 감옥에서 보낼 각오를 하지 않으면 안 된다. 따라서 한 청년이 시스템이 규정한 병역기피를 결정하고 행동에 옮기기 위해서는 엄청난 각오가 있어야만 한다. 그렇기 때문에 병역기피를 결정한 자는 한때의 젊은 열정이 아닌 깊은 생각과 성찰에 의거해 병역기피를 감행하는 것이다.

설사 깊은 생각과 성찰에 의해 병역을 기피하기로 결정했다고 해도 쉽게 행동에 옮길 수 있는 것은 아니다. 병역기피에 대한 처벌은 징역형만으로 끝나는 것이 아니기 때문이다. 국가는 병역기피자에 대해 2중, 3중의 가중 처벌을 준비하고 있으며 일상적인 사회생활을 제약하고 구속하는 공권력은 징역형을 살고 난 이후에도 계속해서 작동한다. 병역기피자에 대한 일상적 사회생활의 제약 및 구속에 대한 규정은 병역법 제76조에 기술되어 있다.

> **병역법 제76조(병역의무 불이행자에 대한 제재)**
> ① 국가기관, 지방자치단체의 장 또는 고용주는 다음 각호의 1에 해당하는 사람을 공무원 또는 임·직원으로 임용 또는 채용할 수 없으며, 재직중인 경우에는 해직하여야 한다.
> 1. 징병검사를 기피하고 있는 사람.
> 2. 징집·소집을 기피하고 있는 사람.
> 3. 군복무 및 공익근무요원을 이탈하고 있는 사람.
> ② 국가기관 또는 지방자치단체의 장은 제1항 각호의 1에 해당하는 사람에 대하여는 각종 관허업의 특허·인가·면허·등록 또는 지정 등을 하여서는 아니되며, 이를 이미 받은 사람에 대하여는 취소하여야 한다.

이러한 규정에 따라 병역기피자는 징역형을 마친 이후에도 공직 생활은 말할 것도 없고 심지어 일반 회사 생활도 불가능하다. 나아가 국가기관 또는 지방자치단체장의 관허를 요구하는 특허, 인가, 면허, 등록, 지정 등도 불가능하다. **병역기피자는 사회 속에서 평범하게 살아가는 것이 평생소원일 정도로 평범하게 살아가는 것이 불가능한 2중, 3중의 혹독한 처벌을 받는다.** 이것이 법이 규정한 병역거부자가 아닌 병역기피자에 대한 처벌 조항이다. 따라서 병역기피를 결정한 자는 자신의 인간으로서의 모든 권리를 포기할 것을 각오하지 않으면, 병역기피를 실행에 옮기는 것이 불가능하다.

그럼에도 우리 사회에서 군 입대를 앞두고 군에 가지 않았으면 좋겠다고 생각해 보지 않은 사람이 과연 얼마나 있겠는가? 군대 안 가면 '신의 자식'이고 군대에 가는 사람은 '어둠의 자식'인 이 시대에 누구나 한번쯤은 군대를 가지 않았으면 좋겠다고 생각할 것이다. 그리고 실제로 군대를 가지 않을 방법을 막연하게나마 고민해 본다. 술을 마시며 친구들과 이야기도 해볼 것이고, 군대 안 가는 방법이라며 떠도는 유언비어에 혹해 보기도 할 것이다. 그러나 입대일이 며칠 남지 않게 되면 대부분 모든 생각을 떨쳐버리고 입대를 결심할 것이다. "까짓것 군대가서 xxx까고 말지, 뭐", "국방부 시계는 거꾸로 매달려 있어도 간다더라!", "잘 됐다. 어차피 돈도 없고, 취직도 잘 안 되는데" 등의 이유를 들면서, 결국 그는 처벌의 가혹성 앞에 굴복할 것이다. 2~3년의 징역형을 살 수는 있어도, 사회에서의 일상 생활을 어렵게 하는 각종 제약과 구속을 견딜 수 없다고 생각할 것이다. 그래서 대부분의 청년들이 그렇듯이 한번 마음을 먹자마자 아무런 미련 없이 군 입대를 할 것이다. 그리고 자신에게 의무로 부여된 기간 동안 충성심 없는 의무복무를 다한 후 제대할 것이다.

그러나 끝까지 **심사숙고**(deliberatively)를 한 후 병역기피를 결행한 청년이 있다고 생각해 보자. 그는 병역을 기피하고 난 이후 자기 앞에 주어질 삶의 고단함을 누구보다도 깊이 생각하고 또 생각할 것이다. "까짓것 남들도 다 하는데 나라고 못할 이유가 없지", "딱 한 번 내 양심을 속여보자, 그러면 남들보다 낫지는 않아도 남들처럼 살 수 있을 테니까"라는 유혹을 물리친 이후, 그 청년이 병역을 기피했다고 가정해 보자. 이렇게 결심한 순간 그리고 그 결심을 실천에 옮긴 순간, 그는 국가가 자신에게 가하는 어떤 처벌도 달게 받을 것이며, 처벌 이후에 자신에게 가해지는 2중 3중의 국가와 사회의 억압과 횡포도 달게 받을 것이다. 이때 개인의 주체적 의지가 작동한다. 그는 2년여의 국방의 의무를 다하지 않는 대신 1년 6개월에서 길게는 3년이 넘는 기간을 감옥에서 썩을 것을 각오한 자이다. 그는 또 징역형 이후 평생 동안 국가와 사회가 제공하는 모든 권리의 포기를 각오한 자이다. 기피를 결심한 순간 그는 국가와 사회에 '인간으로서의 모든 권리 포기 각서'를 제출하게 되는 것이다.

기피에 대한 가혹한 처벌에도 불구하고 기피자는 지속적으로 생겨난다. 이 점에서 기피는 정치적이다. 아니 저항적이다. 기피는 처벌을 가하는 주체와 처벌을 받는 주체 간의 심각한 갈등이자 대립이다. 처벌을 가하는 주체는 기피자에게 처벌을 각오하라고 협박하고, 국가와 사회가 제공하는 모든 권리를 박탈하겠다고 위협한다. 반면 기피자는 이 모든 것을 묵묵히 받아들이며, 저항하지 않는다. 그러나 그는 협박이나 위협에 굴복하지 않는다. 공권력의 강력한 억압과 폭력이 한 쪽에 있다면 밖으로 표현하지는 않지만 내부적으로 강한 신념으로 가득찬 비폭력적 무저항이 다른 한 쪽에 있다.

소수자의 관점에서도 병역기피의 정치적 성격을 찾아볼 수 있다. 병역기피는 소수자의 문제를 바라보는 리트머스 용지이다. 군 입대 연령이 된

'여성 같은 남성'이나 동성애자의 경우를 가정해 보자. '징병신체검사등검사규칙' 11조 별첨자료 2에 따르면, 이러한 성적 소수자들은 여성처럼 행동하는 '성주체성 장애자'이거나 동성애자와 같은 '성선호 장애자'이다. 이 규정은 또한 "정신과 치료의 과거력이 확인된 자 또는 학교 생활기록부 및 그밖의 증빙자료로 입증된 사회적 부적응적 행동이 있는 자" 중에서도 그 증상이 현저하게 드러나는 인격장애자나 행태장애자라면 면제를 받을 수 있다고 규정하고 있다.

하지만 성적 소수자가 시스템의 기준대로 정신과 치료를 받는 경우는 거의 없다. 스스로 다만 성적 취향이 다를 뿐이라고 생각하기 때문이며, 정신과 의사들도 정신질환이라고 생각하는 경우가 많지 않기 때문이다. 학교 생활기록부가 이러한 내용을 세밀하게 기록할 리도 거의 없다. 이런 성적 소수자의 성 정체성이 그렇게 빨리 나타나지도 않을 뿐더러 징후가 나타난다 해도 감출 것이기 때문이다. 또한 선생님이 이를 파악했다 해도 아이들의 장래에 불리한 영향을 미칠지도 모를 사실을 기록할 리 없기 때문이다. 더구나 입시에 혈안이 된 교육현장에서 이런 개인의 특이성까지 꼼꼼하게 파악하고 기록한다는 것은 불가능하다.

따라서 이러한 성적 소수자들이 면제를 받기 위해서는 '그밖의 증빙자료'가 요구된다. 이 증빙자료는 다름아닌 정신과 의사의 진단서와 소견서일 것이다. 그리고 이 소견서에는 아마 "위 사람은 여성처럼 행동하는 심각한 성주체 장애가 있으므로 군 생활에 상당한 지장이 초래될 것으로 판단됨"이라고 적혀 있거나, "위 사람은 동성애자로서 심각한 성선호 장애가 있으므로 병역의무 이행을 다하기 어려울 것으로 사료됨"이라고 적혀 있을 것이다. 병원의 진단서 또는 정신과 의사의 소견서를 첨부한다면, 이러한 성적 소수자들은 병역면제를 받을 수 있다.

그러나 심각한 문제가 발생한다. 동성애는 정신질환이 아니기 때문이다. 동성애자들은 미국정신의학회의 DSM(정신병의 종류와 통계에 관한 편람) 규정, 세계보건기구(WHO)의 ICD(국제질병분류) 규정에 따라 "동성애는 지극히 당연하며 자연스럽고 건강한 인간 본성의 한 부분"이라고 주장한다(임태훈, 2003). 또한 성적 소수자 스스로도 동성애를 정신질환이라고 생각하지 않는다.

이런 성적 소수자는 면제를 받을 수 있는 쉬운 길이 있음에도 그 길로 가기를 거부한다. 정신질환으로 면제를 받을 수 없다는 인간으로서의 존엄성 때문이다. 성적 소수자는 인성검사 중 동성애자를 찾아내기 위한 몇 항목이 동성애자의 인격을 모멸한다고 생각한다. "저는 동성애자임에도 불구하고 그 조항에 표기할 수 없었습니다. 그 이유는 프라이버시권이 보장되지 않은 불특정다수가 어깨를 밀착하고 있어서였고, 동성애자라고 밝히는 순간 그곳에서 어떠한 일들이 벌어질지 그 누구도 알 수 없었으며, 그 사실을 가족에게 통보할지 모른다는 막연한 공포심리 때문이기도 했으나 **나의 내면에서 온갖 가지 형언할 수 없는 수치심과 모멸감이 나의 성 정체성을 짓누르고 있었기 때문입니다.**"(임태훈, 2003)

성적 소수자의 입장에서 동성애자를 찾아내기 위한 인성검사나 진단서를 통한 면제는 한 인간의 고유한 특이성(idiosyncrasy)과 정체성(identity)을 부정하는 것이다. 특히 질식할 듯한 신체검사장의 억압적 구조와 분위기는 성적 소수자가 자신의 고유한 특이성과 정체성을 드러내지 못하도록 억압하는 장소이다. 이럴 경우 발생하는 병역기피는 정치적인 결정인 동시에 저항적인 결정이다. 이때의 병역기피는 성적 소수자가 인간으로서의 존엄성을 선언하는 것이다.

개인적으로 결정한 병역기피는 두 가지 의미에서 정치적이다. 하나는 앞에서 밝힌 바와 같이 시스템이 의도적으로 변용시킨 '기피'라는 용어의 정치적 성격이고 다른 하나는 병역기피자의 행위 자체가 안고 있는 정치적 성격이다. 전자가 인간의 권리를 억압하기 위한 것이라고 한다면 후자는 인간이 인간으로서의 권리를 요구하기 위한 것이다.

이와 같은 병역기피는 병역거부이며, 병역거부의 출발점은 개인적인 결단에 의한 것이다. 병역기피는 병역거부가 인정받지 못할 때 나타나는 병역거부의 또 다른 얼굴일 뿐이다. 이러한 양심에 따른 병역거부에는 어떤 집단의 사주도 없고, 어떤 권위에 의한 명령도 없다. 스스로 느꼈을 뿐이고, 진지하게 성찰한 것을 바탕으로 느낀 그대로를 실천할 뿐이다. 그 계기가 게으름이나 부적응과 같은 극히 개인적인 것일 수도 있으며, 성적 소수자가 느끼는 감정일 수도 있고, 소수파 종교에 대한 신앙상의 양심일 수도 있다. 각각의 이유는 다르지만 병역거부라는 행위에는 일치한다. 이런 병역거부자는 인간으로서의 권리가 보장되기를 바랄 뿐이다. 이들은 "인간으로서 위협을 받고 있으며, 한 개인의 규범과 가치의 존망이 걸린 문제이므로 보호받아야 할 필요가 있다"(Horeman & Speck, 2002, p.10)고 강조한다.

유엔은 1948년 「세계 인권선언」 제18조와 1996년 「시민적 및 정치적 권리에 관한 국제규약」(International Covenant on Civil and Political Rights)에서 개인의 사상, 양심과 신앙의 자유를 인정할 것을 요구하였다. "모든 사람은 사상, 양심 및 종교의 자유를 향유할 권리를 가진다. 이 권리는 자신의 종교 또는 신념을 바꿀 자유, 그리고 교리·전례·예배의식에 있어서 단독으로 또는 다른 사람과 공동으로, 공적으로 또는 사적으로 자신의 종교나 신념을 표현할 자유를 포함한다." 또한 유엔 인권위원회는 1987년 "종교적, 윤리적, 도덕적 또는 이와 유사한 동기에서 발생하는 심오한 신념에 기초한 양심적 병역거부를 인정하라"는 양심적 병역거부권에 관한 최초의 결의를 하였다.

병역거부를 인권적 관점에서 바라본다는 것은 한 개인의 권리, 사상, 양심, 표현 등에 있어서의 자유가 최대한 보장되어야 한다는 점을 강조하는 것을 의미한다. 이러한 관점에서의 병역거부는 지극히 개인적인 것으로, 인간의 권리를 보장받기를 원할 뿐 징병제, 병역, 반전, 평화와 같은 문제를 다루지는 않는다. 따라서 탈정치적이라고 비판을 받는다. 그렇다면 인권적 관점에 따른 양심적 병역거부는 탈정치적이라는 이런 비판은 온당한가? 결코 아니다. 오히려 인권적 관점의 양심에 따른 병역거부는 강력한 정치적 성격을 지니고 있다. 인권적 관점의 양심에 따른 병역거부는 정치적 성격을 드러내지 않고 어떤 것을 의도하지는 않지만, 상상을 초월할 정도로 커다란 정치적 효과를 낳는다.

"네덜란드에서 징병제가 폐지되었다. 그 이유는 주로 징병제가 진부하고 현명하지 못한 제도라고 대중들이 광범위하게 생각하고 있었기 때문이다. 강제 병역의 도덕성에 도전하는 것, 바로 이것이 양심에 따른 병역거부라는 개인적 행위의 정치적 요소라고 확신한다. 양심에 따른 병역거부 행위는 군 징집에 대한 논쟁을 촉발시키거나 그 논쟁을 지속시키는 공적 성명이라고 볼 수 있다."(Horeman & Speck, 2002, p.10)

개인적인 양심과 신념 그리고 결단에 근거한 양심에 따른 거부가 현존하고 있는 군의 권위에 도전하는 것은 결코 아니다. 오로지 유기농만을 구매하려는 결정이 생명산업에 도전하는 것은 아니고 여성의 권리 찾기가 남성의 권리를 침해하는 것은 아닌 것처럼. 하지만 한 사람, 두 사람 ⋯⋯ 점점 더 많은 사람들이 이런 주장을 하고 행동을 한다면, 그 행위는 의도하지 않은 커다란 정치적 효과를 창출한다. 이런 행위는 논쟁을 촉발시키고, 다른 사람들이 이런 행위에 동참하도록 용기를 북돋워주며, 들불처럼 확산된다. 그 결과 마침내 제도의 변화를 이끌어 낼 수 있다. "이런 행위가 바로 개인적인 행위이다"(Horeman & Speck, 2002, p. 10). 그러한 개인적인 행위가 결국 네덜란드에서처럼 징병제의 폐지를 가져올 수 있다.

인권적 관점의 양심에 따른 병역거부는 비폭력적이고 무저항적이다. 하지만 흩뿌리는 가랑비가 옷을 적시는 것처럼 인권적 관점의 양심에 따른 병역거부는 커다란 성과를 낳는다. 점점 더 많은 사람이 동참하면서 인권적 관점의 양심에 따른 병역거부는 실천적인 의미를 갖는다. 무수히 많은 사람들이 인간 권리의 관점에서 병역거부를 하게 되면, 그것이 곧 징병제를 허무는 토대가 되는 것이다. 인권적 관점의 양심에 따른 병역거부가 정치적인 이유는 바로 여기에 있다. 이러한 효과는 독일에서도 나타나기 시작했다.

독 징병제 폐지 급물살—법원 '위헌소지' 판결 속 군 기피자 늘자 전환 검토
시사주간『슈피겔』에 따르면, 법원은 지난달 23일 한 입대 대상자가 "독일군 의무복무 소집규정이 불공평해 소집에 응할 수 없다"며 낸 집행정지 가처분 신청에 대해 "국가의 징집명령에 따를 필요가 없다"고 판결했다.
법원은 "이런저런 핑계로 징집을 피하는 젊은이들이 너무나 많다"며 "현행 징집제는 기본법(독일 헌법)이 보장하고 있는 평등권을 침해하고 있다"고 지적했다. 독일은 19세가 되면 10개월간의 병역의무를 져야 하지만 군사훈련이나 사회봉사 가운데 선택할 수 있다. 그러나 문제는 구멍이 많다는 점이다. 기혼자, 23세 이상의 입영대상자는 징집을 면제해 주며, 신체검사에서 1, 2급 판정을 받지 못한 불합격자들도 면제된다. 이에 따라 병역면제를 위한 온갖 편법이 동원돼 "국민개병제 원칙이 허물어졌다"는 개탄도 나오고 있다.
사실 이 판결이 있기 전에도 집권 사민당 소속의 레나테 슈미트 가족부 장관과 연정에 참여하고 있는 녹색당 당수 앙겔리카 베어 등 핵심 정책입안자들은 징병제의 폐지를 예고해 왔다. 베어 당수는 "올해 안에 내각에서 징병제 폐지가 의결되고 곧 의회에서도 통과될 것"이라고 장담하고 있으며, 슈미트 장관도 비슷한 생각을 갖고 있다. 독일판「파이낸셜 타임스」는 "징병제가 2008년까지는 없어질 것이며, 올 가을에는 복무기간이 10개월에서 9개월로 단축될 것"이라고 최근 보도했다. 이들은 "모병제로 뽑은 소수 정예병력을 최첨단 무기로 무장시키면 예산이 덜 들면서도 국방력은 강화할 수 있다"는 논리를 펴고 있다. (「중앙일보」 2004년 1월 17일)

한 마디로 독일 페미니스트 운동의 슬로건처럼 "개인적인 문제제기는 정치적인 것이다"(Horeman & Speck, 2002, p. 10). 개인의 인권에 해당하는 양심에 따른 병역거부는 분명 개인적인 행위이기는 하지만 커다란 정치적 효과를 가져온다. 경우에 따라서 그 효과는 생각했던 것보다 훨씬 더 클 수 있다.

3) 반전주의적 관점의 양심에 따른 병역거부

반전주의적 관점의 양심에 따른 병역거부는 반군사주의를 바탕으로 하여 평화주의를 실천하는 운동이다. 이는 소극적 의미에서는 반군사주의를 주장하며, 적극적 의미에서는 평화주의를 실천하고자 한다. 반군사주의는 국가의 군사화와 침략화 등을 반대하는 것이며, 평화주의는 이보다 한 발 더 나아가 적극적 운동으로써 군사주의를 원칙적으로 막아내고 저지하는 것이다.

앞에서 설명한 인권주의적 관점의 양심에 따른 병역거부와 반전주의적 관점의 양심에 따른 병역거부는 여러 면에서 차이가 난다. 전자가 개인적이며 비공개적으로 활동한다면, 후자는 조직적이며 공개적으로 활동한다. 전자가 수십 년 동안 자신들이 어떤 개인적인 또는 종교적인 양심을 가지고 있는지 사회에 적극적으로 알리지 않은 채 양심에 따른 병역거부를 해왔다면, 후자는 시작된 지 얼마 되지는 않았지만 자신들이 어떤 양심상의 이유로 군대에 가지 않는지를 적극적으로 설명하면서 공개적으로 활동해 왔다. 전자가 국가에 대해 **무저항의 저항**을 한다면, 후자는 국가를 상대로 대중에 기반을 둔 **선동적인 저항**을 한다. 전자가 수십 년 동안 때리면 맞고 감옥에 가두면 들어가고 사회적인 징벌도 불평 없이 받아들였다면, 후자는 "왜 내가 감옥에 가야 하는가, 내가 왜 부당한 처우를 받아야 하는가, 현 병역제도는 문제가 없는가?"라고 강하게 저항한다. 전자가 무저항의 저항을 통해 병역제도의 문제점에 대해 광범위한 대중의 동의를 얻어내는 이른바 **'의도하지 않는 정치효과'**를 만들어낸다고 한다면, 후자는 적극적인 정치활동을 통해 대중들에게 자신들의 평화주의 신념을 설파함으로써 **'의도적인 정치효과'**를 창출하고자 한다.

평화주의의 출발점은 아주 다양하다. 브록(P. Brock)의 분류에 따르면 성직자들의 평화주의를 지칭하는 소명론적(vocational) 평화주의, 요한계시록에 계시된 최후의 전쟁 이전의 모든 전쟁 참여를 거부하는 종말론적인(eschatological) 평화주의, 신의 선택을 받은 자와 받지 않은 자를 분리하는 분리론적(separational) 평화주의, 현대 퀘이커 교도와 같은 통합론적(integrational) 평화주의, 특수한 목적을 달성하기 위하여 비폭력을 주장하는 목적지향적(goal-directed) 평화주의 등이 있다. 요더(J. H. Yoder)의 분류에 따르면, 기독교적 평화주의, '전쟁은 필요악'이라면서 정의로운 전쟁을 주장하는 정전론적(just war) 평화주의, 인간을 살상하는 어떤 행위도 부정하는 절대적(absolute) 평화주의, 평화적인 저항을 주장하는 간디의 비폭력주의(Gandhian non-violence), 정언적 명령으로서의 평화주의 등이 있다.(Teichman, 1986, pp. 6~9)

지구상에 전쟁을 없애려는 모든 종류의 시도는 모두 평화주의에 포함될 수 있다. 평화주의는 폭력을 거부하지만 모든 종류의 폭력, 예컨대 학교 선생님이나 경찰력과 같은 상대적으로 작은 폭력조차 거부하는 것은 아니다. 평화주의는 전쟁의 폭력을 원칙적으로 거부한다(Teichman, 1986, pp. 3~4). 이는 평화주의라는 용어가 기본적으로 반전주의(anti-war-ism)를 지칭하기 위해 만들어졌기 때문이다.

평화주의는 전쟁의 폭력을 없앤다는 목적을 달성하기 위해서 적극적인 운동을 한다. 평화주의는 프로파간다(propaganda), 의회를 상대로 한 활동, 평화적인 저항, 국가에 대한 직접적인 호소 등을 통해 자신들의 운동의 정당성을 주장한다. 또한 평화주의자는 이러한 활동을 통해 국가 정책에 영향력을 미치려고 시도한다(Teichman, 1986, p. 16). 반전주의적 관점의 양심에 따른 병역거부자는 병역거부를 이런 평화운동의 일환으로 생각하고, 그 생각을 적극 실천한다.

양심에 따른 병역거부자는 평화주의자일 수 있다. 그러나 평화주의자와 양심에 따른 병역거부자가 반드시 일치하는 것은 아니다. 즉 평화주의자가 아니면서도 양심에 따른 병역거부를 할 수 있으며, 또한 양심에 따른 병역거부자라고 해서 반드시 평화운동을 하는 것은 아니다. 예를 들면 종교적 관점에서 양심에 따른 병역거부를 한 경우이거나, 다른 전쟁에는 다 참전하지만 특정한 전쟁을 거부하는 선택적 병역거부, 재래식 전쟁에는 반대하지 않으나 핵무기 사용과 같은 전쟁을 반대하는 재량적 병역거부를 하는 경우가 그렇다. 이들은 양심에 따른 병역거부자이기는 하지만 평화주의자는 아닐 수 있다.

평화주의 운동을 하는 반전주의적 관점의 양심에 따른 병역거부자는 전쟁의 폭력을 반대하며, 전쟁의 폭력을 제거하기 위해 적극적으로 활동한다. 평화주의자들에게 있어서 반전주의적 관점의 양심에 따른 병역거부는 평화주의를 실천하기 위한 운동의 일환이다. 그들은 인권적 관점의 양심에 따른 병역거부자들과 달리 적극적으로 자신들의 병역거부 행위를 선언한다. 그들은 '징병제도의 소멸, 전쟁에 대한 대중적 저항, 전쟁의 원인을 제거하기 위한 사회적 변혁'을 주장하고 실천한다.

평화운동을 하는 평화주의자들은 '행동하는 양심' 과 '실천하는 양심'

을 바탕으로 병역거부 운동을 한다. 반전 평화주의자이기도 했던 아인슈타인(A. Einstein)은 평화주의자와 양심에 따른 병역거부자가 밀접한 연관이 있으며, 평화주의적 병역거부를 행동하고 실천해야 한다고 주장한다. "**진지한 마음을 가진 평화주의자들은 …… 실제로 무엇인가를 시도해야만 합니다.** …… 우리는 전쟁이 일어났을 때, 모든 이들이 살인이라는 죄를 저지르는 것을 마치 자신의 의무인 양 생각하고 있다는 것을 깨달아야 합니다. 우리는 사람들에게 전쟁의 부도덕성을 이해시켜야 합니다. 우리는 이 낡아빠지고 야만스러운 관습으로부터 우리 스스로를 해방하기 위해, 그리고 노예의 족쇄로부터 우리 스스로를 해방하기 위해 힘이 닿는 한 모든 것을 해야 합니다. 이를 위해 두 가지 제안을 드리겠습니다. 그 중 하나는 …… 어떠한 상황에 부딪치더라도, 전쟁과 관련된 어떠한 종류의 복무에도 참여하지 않는 것입니다. 비록 커다란 개인적 희생과 고난이 따를지라도 **세계 평화를 위해서 무엇인가 구체적인 일을 하려고 하는 모든 이들은 전쟁과 관련된 모든 복무를 거부해야만 합니다**"(Speck, 2003, 33쪽에서 재인용). 이러한 반전주의적 관점의 양심에 따른 병역거부자는 단기적 측면에서는 대체복무제가 아닌 민간대체복무제를 주장하고 장기적으로는 징병제 폐지를 주장한다.

반전주의적 관점에 서 있는 양심에 따른 병역거부자들은 원칙적으로 대체복무를 부정한다. 반전주의적 관점에서 양심에 따른 병역거부 운동을 하는 '반전저항자 인터내셔널'(War Resisters' International)은 이를 분명하게 표현하는데 이들 입장에서 대체복무를 인정하면 세 가지 딜레마에 빠지기 때문이다.

첫째, 군사적 대체복무든 민간부문의 대체복무든, 대체복무는 전시체제의 일부가 될 수 있다는 점이다. 예컨대 징집연령에 달한 한 청년이 병역거부를 선언하고, 국가가 그의 요구를 들어주었다고 가정해 보자. 그는 다른 사람을 살상하는 훈련을 받지 않은 채 비전투 분야에 배치되어 대체복무를 수행할 기회를 얻을 수 있다. 그는 전쟁을 준비하는 것과 거리가 먼 섬유업체에 근무할 수도 있으며, 화학공장에서 일을 할 수도 있다. 그러나 전쟁이 발발하게 되면 그는 자신의 의사와 무관하게 전쟁에 참여할 수밖에 없는 시스템의 포로가 된다. 그가 만드는 섬유는 군복을 만드는 원단이 되고, 그가 가공한 화학제품은 다른 인명을 대량 살상하는 무기가 될 수 있다. 이때 그는 전쟁에 직접 참여하지는 않았으나 간접적으로 전쟁에 참여하여 다른 사람의 생명을 빼앗는 행위를 한 셈이 된다. 이때 그는 자신의 병역거부 신념과 전혀 다른 살상행위에 개입하게 됨으로써 간접살인을 했다는 양심의 가책에 사로잡힐 수 있다. 이 점에서 대체복무는 전시체제의 일부에 포섭될 수 있으며, 그 결과 한 개인의 양심에 따른 병역거부 자체가 위협받게 되는 결과를 초래할 수 있다.

둘째, 대체복무는 불평등의 딜레마를 만들어 낸다. 국가가 양심에 따른 병역거부를 한 사람에게 대체복무를 허용한다고 가정해 보자. 그렇다면 양심에 따른 병역거부를 행하지 않은 사람은 병역의무를 이행해야 한다는 결론이 나온다. 이것은 한편으로는 타당하다. 수많은 양심에 따른 병역거부자들이 이제 더 이상 자신의 양심에 반하는 병역의 의무를 수행하지 않아도 되기 때문이다. 그러나 다른 한편으로는 부당하다. 사회를 구성하는 일부 특정한 집단이나 특수한 사람들은 사람을 살상하지 않는 '혜택'을 보는 반면 나머지 대다수의 시민들은 사람을 살상하는 병역의 의무를 이행해야 하기 때문이다. 대체복무의 선별적 허용은 결국 모든 인간은 평등하게 태어나고, 평등한 권리와 의무를 가지고 있다는 사실을 제도적으로 파괴하는 것이 된다는 점에서 딜레마를 만들어낸다.

셋째, 전쟁체제를 폐기하지 않은 상태에서도 사실상의 대체복무를 허용할 수 있다는 딜레마가 생겨난다. 다시 말해 국가의 체제는 군사화와 침략화로 치닫으면서도 양심에 따른 병역거부자들에게는 대체복무를 허용할 수도 있다는 것이다. 예컨대 징집연령대의 병력소집자원이 국가가 필요로 하는 자원보다 많을 경우, 국가는 양심에 따른 병역거부자에게 대체복무를 허용할 수도 있다. 국가는 병역특례제도와 같은 형태로 대체복무제를 사실상 도입하면서도, 양심에 따른 병역거부자들이 반대하는 국가의 군사화와 침략화를 강행할 수도 있다. 더구나 무기의 첨단화와 현대화를 추진함으로써 훨씬 적은 병력으로도 군대를 유지할 수 있다고 판단되는 경우, 군의 정당성에 대해 정면으로 문제를 제기하는 양심에 따른 병역거부자들을 군대 밖으로 몰아내는 것이 훨씬 유리하다고 판단할 수도 있다. 이른바 격리를 시킴으로써 반전주의적 양심에 따른 병역거부자들의 전염성을 사전에 차단하는 것이다. 이 경우 국가는 언제든지 대체복무를 허용할 수 있다. 그러나 반전주의적 관점의 양심에 따른 병역거부자들의 주요 주장인 평화는 무참히 무너지고, 국가의 군사화와 침략화는 강화될 수도 있다.

이런 딜레마들 때문에 반전주의적 관점의 양심에 따른 병역거부자들은 군사적 대체복무든, 민간적인 대체복무든 원칙적으로 거부한다. 이들은 완전한 의미의 민간대체복무에도 문제가 있다고 주장하는데, 그 이유는 민간대체복무라 할지라도 첫째, 국가에게 자국 시민들을 징집할 수 있는 권리가 있음을 인정하는 것이며, 둘째, 대체복무의 내용이 오로지 민간 성격의 것이라 할지라도 또 다시 전시체제의 일부가 될 수 있기 때문이다. 예컨대 민간대체복무를 인정한 독일의 경우, 전쟁이 발발하면 양심적 병역거부자들은 병원, 민방위, 지뢰제거, 난민통제와 같은 대체복무에 무기한 소집된다.(Speck, 2003, 37~38쪽)

따라서 이들은 **완전한 의미의 민간대체복무마저 부정하기도 한다**. 이러한 병역거부운동은 궁극적으로 국가의 군사화와 침략화를 제거할 수 있는 전(前)단계로서, 평화주의를 실현하기 위해 징병제 폐지를 주장한다. 물론 우리 사회에서 반전주의적 관점의 양심에 따른 병역거부 선언을 한 사람들이 모두 징병제 폐지를 명시적 또는 공개적으로 주장하고 있는 것은 아니다. 그러나 병역거부 선언자들과 예비 선언자들이 병역거부 선언 취지를 밝힌 글들을 분석해 보면, 대부분 국가 폭력의 상징으로서 징병제 폐지에 암묵적으로 동의하고 있음을 알 수 있다. "군대의 일원으로 참가한다는 것은 '물리적, 신체적 억압'만을 뜻하지 않습니다. 세계사를 피로 물들인 국가 폭력에 동참한다는 것을 뜻하며 개인의 가치에 반해 언제라도 위와 같은 부도덕한 조직적 살해에 동참할 의사가 있다는 것을 밝히는 행위입니다. 저는 이러한 국가 폭력에 동참할 의사가 없으며, 어떠한 전쟁 혹은 이와 관계된 모든 사안에 관여할 생각이 없습니다."(임성환, 2003)

다만 이들은 징병제도가 존속하는 현실에서 대체복무가 갖는 의미의 정당성에 대해서 인정하고 있으며 **병역거부자에게 대체복무 대신 완전한 의미의 민간대체복무가 주어져야 한다**고 주장한다. "징병제도가 존재하는 국가들에서 대체복무의 기회가 제공되어 있다면, 이러한 상황에 대해서는 진일보한 것으로 평가한다. 그러한 경우에 우리가 지원하는 모든 이들에게 민간대체복무가 열려 있어야 한다고 생각한다. 민간대체복무는 **사회적으로 건설적인 것**이어야 하며, 독립적인 기관의 지원하에서 **국제적 봉사와 평화 프로그램**에 참여할 수 있는 가능성을 포함하고 있어야 한다."(Speck, 2003, 37쪽)

반전주의적 관점의 양심에 따른 병역거부는 바로 평화운동과 연결된다. 평화운동의 가장 궁극적인 목표이자 결과는 한반도 내에서의 전쟁 위험의 소멸이며, 세계에서의 모든 전쟁의 소멸이다. 그리고 이런 결과를 이루기 위해 양심에 따른 병역거부 운동이 도출하는 한국 사회에서의 우선적인 목표는 첫째, 사회적 약자 문제의 해결, 둘째, 사회적 소수자 문제의 해결, 셋째, 군대를 넘어 사회에까지 만연해 있는 억압적인 군사문화의 소멸이다. 이와 같은 세 가지 목표는 2001년 3월 17일 파주 홍원 연수원에서 개최된 '징병제와 군복무의 실태 및 대안 모색을 위한 워크샵'에서 논의된 내용과 참여 단체에서 상징적으로 드러난다. 이 자리에는 '평화를 만드는 여성회', '한국여성민우회' 등의 여성계, '전국 군폭력 희생자 유가족협회' 등의 군폭력 희생자 문제를 다루는 단체, '평화인권연대' 등의 양심에 따른 병역거부 운동을 하는 단체, '미국친우봉사회' 등의 종교적 관점의 양심에 따른 병역거부 단체, 그밖에 양심에 따른 병역거부에 관심을 갖고 있는 학계, 법조계 인사 등이 참석하였다. 이들은 스스로가 징병제로 인한 피해의 상징이거나 징병제가 초래하는 희생자의 전형에 대해 다루는 사람들이다. 예컨대 군가산점을 둘러싼 논쟁으로 부각된 징병제로 인한 피해자의 전형인 여성은 장애인과 더불어 사회적 약자를, 양심에 따른 병역거부자는 사회 내의 소수자를 대표하며 군폭력 희생자는 군대 내 폭력을 상징한다. 이렇게 징병제로 인한 피해자들이 겪고 있는 고통의 해결이 징병제와 관련된 평화운동의 목표이자 결과가 된다.

그러면 반전주의적 관점의 양심에 따른 병역거부 운동이 징병제와 관련하여 도출하는 평화운동의 목표이자 결과에 대해 좀더 구체적으로 살펴보기로 하자.

첫째, 사회적 약자 문제의 해결이다. 반전주의적 관점의 양심에 따른 병역거부운동의 결과로 징병제가 폐지된다면, 가장 우선적으로 영향을 받는 것은 사회적 약자, 예컨대 여성과 장애인 차별의 문제일 것이다. 건강한 남성 중심의 징병제 앞에서 여성과 장애인은 죄인이 될 수밖에 없다. 여성은 국가의 절반을 차지하는 시민임에도 불구하고, 시민이라면 마땅히 이행해야 할 국방의 의무를 이행하지 않음으로써 유무형의 권리를 향유하지 못하는 절반의 시민이다. 군가산점이 폐지되었다고는 하지만, 실제로 공기업이나 사기업의 취업에 실질적 차별이 여전히 은밀하게 작동하고 있다. 직장 내 승진에서도 여성은 은밀한 따돌림의 대상이다. 고위직으로 올라가면 갈수록 그 차별의 정도는 더 심해진다. 이 모든 문제들은 징병제와 일맥상통하는 면이 있다. 모든 시민이 평등하게 태어남에도 불구하고, 국방의 의무를 다한 사람만이 완전한 시민이 되고, 국방의 의무를 이행하지 못한 시민은 '반쪽이 시민'이 되는 것이다.

둘째, 사회적 소수자 문제의 해결이다. 징병제가 폐지되면 국가 형성 이후부터 지금까지 무자비할 정도로 억압과 차별을 받아온 소수파 종교인과 성적 소수자 등 소수자의 문제가 해결되는 발판이 될 수 있다. 지금까지 50여 년이 넘는 동안 만여 명이 넘는 소수파 종교인들이 징병제의 희생자가 되어 왔다. 그들은 50여 년 전에 그랬던 것처럼 지금도 종교적인 이유로, 양심상의 이유로 군대를 가지 않고 있다. 이것은 징병제가 존속하는 한 끊임없이 되풀이될 악순환이고, 그 수는 점점 더 늘어날 것이다. 만 명이 2만 명이 되고, 2만 명이 3만 명이 될 것이다. 징병제에 의해 희생당하는 숫자가 늘어날수록, 사회의 어두운 그림자는 점점 더 짙어질 것이다. 하지만 징병제가 사라진다면, 모든 성인 남성에게 천편일률적으로 적용되는 징병법이 소멸됨으로써 소수파 종교인은 아무런 침해도 받지 않고 자신이 선택한 종교를 믿을 수 있게 된다.

이성애자를 중심으로 하는 징병제 하에서 성적 소수자도 피해자다. 성적 소수자가 징병제에 대해 대응하는 방법은 두 가지다. 하나는 사회의 소수자이자 피해자로서, 극단적 피해의식을 의식적으로 극복하고자 하는 경우이다. 이 경우 성적 소수자는 징병제에 더 적극적으로 응하고, 자신이 다른 이성애자와 다를 바 없다는 것, 나아가 이성애자들보다 병역의 의무를 더 잘 수행할 수 있다는 것을 보여주고자 한다. 또 다른 하나는 징병제의 병역의무를 부정하면서, 성적 소수자라는 것을 국가 앞에서 고백하고 병역의 의무를 이행하지 않는 경우이다. 전자나 후자 모두 자신의 특이성과 정체성을 국가가 인정해 주지 않기 때문에 발생하는 역리적인 현상이다. 징병제가 사라지면, 성적 소수자가 자신의 성적 정체성을 은폐하기 위해 가식적으로 과장하여 병역의무를 이행하거나, 자신의 성적 정체성을 고백해야 하는 일은 사라질 것이다.

셋째, 군대 내 폭력의 소멸과 이의 연장으로서 사회에 만연해 있는 억압적 군대문화의 소멸이다. 군대는 사회로부터 단절된 닫혀 있는 사회이다. 그 안에서는 하루가 멀다 하고 사망사건과 자살사건이 발생하고 있다.* 또한 드러나지는 않지만 매일 수십 수백 건의 구타 사건이 발생하고 있다는 것은 군을 다녀온 사람이라면 다 알고 있다. 왜 이런 폭력적인 군대 문화가 발생하고 있는가? 군대 안에서 받은 것은 군대 안에서 다 풀고 나오겠다는 보상심리 때문이다.** 상급자가 하급자에게 공공연히 폭력을 가하는

---

* **군대 사망사건 및 자살 통계치**(「징병제와 군복무의 실태 및 대안모색을 위한 워크샵」 22쪽 참고)

	80년대	1990년	1994년	1995년	1996년	1997년	1998년	1999년
사망인원	연692명	430명	522명	383명	408명	273명	248명	218명
자살인원	?	?	?	100명	103명	92명	102명	98명

** 군폭력의 유형은 다음과 같다. 군기 확립을 위한 구타, 계급에 의한 인격 모독과 이유 없는 구타, 학력 또는 가정환경에서 비롯된 자괴지심에 의한 구타, 지역감정에 의거한 모독 및 구타, 휴가 복귀시 아무것도 가져오지 않았다는 이유에 의한 구타, 하는 일마다 꼬투리를 잡아 갈구는 행위, 고문관 취급과 집단적인 따돌림, 성폭력 및 성추행 등(「징병제와 군복무의 실태 및 대안모색을 위한 워크샵」 18쪽 참고).

군대문화는 제대와 동시에 사회로 이전되어, 온당하지 못한 상명하달식의 명령문화를 사회에 그대로 투영시킨다. 군대 안의 물리적 폭력문화가 사회의 비물리적 폭력문화로 탈바꿈하게 되는 것이다. 사회 안에서 육체적·물리적인 폭력은 상대적으로 감소하지만, 정신적으로 억압하고 괴롭히는 문화는 오히려 더욱 커진다. "군대에서의 폭력적인 문화는 남성지배적인 우리 사회에 큰 문제를 일으킵니다. 군대를 갔다 온 교사들에 의해 중고등학교 현장으로 전달되고, 그렇게 배워간 아이들은 다시 군대에 들어가서 그 폭력적인 문화를 재학습하게 됩니다. 그리고 사회로 나아가 가정을 이루고 그 자식들에게 그런 폭력적인 문화를 아무런 거부감 없이 보여주고 그것이 세상을 살아가는 방법이라고 말을 합니다. 인격이 형성되는 10대와 20대에 학교 폭력과 군대 폭력을 겪은 사람들은 자신도 모르게 직장이나 생활공간에서 내재되어 있는 폭력성을 발현하게 됩니다. 그 폭력은 끊임없이 재생산되고 학교와 직장, 생활공간으로 이어지게 됩니다." (영민, 2004)

군대와 사회의 폭력문화의 근본적인 원인은 징병제이다. 모든 건강한 남성 시민에게 강제로 병역의무를 부여하는 징병제는 일방적 복종심을 요구한다. 막 입대한 청년은 처음에는 불평도 하지만, 곧 자신이 시스템화된 거대한 폭력적 군대문화에 아무런 저항을 할 수 없는 무력한 존재라는 것을 발견하게 된다. 어떻게 주어진 시간을 때우고 살아남을 것인가 눈치보기에 급급한 초라한 자신을 발견하는 것이다. 그는 곧 폭력적 군대문화에 순응하고 그런 폭력적인 군대문화 앞에 자신을 맡겨버리는 현실 체념주의에 빠져버린다. 그리고 자신이 지금까지 받았던 폭력을 그대로 후임병들에게 물려준다. 폭력의 희생자였던 사람들이 폭력의 가해자로 변해 가는 것이다.

폭력의 형태는 다르지만 사회에서도 마찬가지의 과정이 진행된다. 교사는 학생에게, 직장 상사는 부하 직원에게, 남성은 여성에게, 이성애자는 성적 소수자에게, 노동자는 외국인 노동자에게 폭력을 가한다. 물리적 폭력을 직접 가하기도 하고, 눈에 드러나지 않는 폭력을 가하기도 한다. 폭력의 일상화가 사회 곳곳에서 관철된다. 반전주의적 관점의 양심에 따른 병역거부 운동이 목표로 하는 징병제 폐지는 이런 폭력적인 사회문화에 맞서 저항하는 것이며, 궁극적으로는 우리 사회에 횡행하고 있는 폭력적 군사문화를 소멸시키기 위한 것이다.

4) 양심에 따른 병역거부자의 개념과 유형

이상의 논의를 바탕으로 양심에 따른 병역거부에 관한 정의, 의미, 현실에서 진행되고 있는 형태 등을 살펴보기로 하겠다. 일반적으로 양심에 따른 거부(conscientious refusal)는 다소 직접적인 법령이나 행정적인 명령에 순응하지 않는 것을 의미한다(Rawls, 1971, p.368). 양심에 따른 거부자(conscientious objector)는 합법적으로 요구되는 것을 양심에 의거하여 거부하는 자이다. 양심에 따른 거부자는 만약 자신에게 요구된 행동을 그대로 수행한다면 심각한 도덕적 잘못을 범한다고 느끼며, 그런 관점에 근거하여 자신에게 요구되는 것을 거부하는 자이다(Greenwalt, 1989, p.7). 이런 점에서 양심에 따른 거부자는 법보다는 개인의 양심과 도덕을 더욱 중시한다. 양심에 따른 거부의 역사적 사례로는 이교 국가가 규정한 경배 행위에 대한 초기 기독교의 거부, 여호와의 증인들의 국기 경배에 대한 거부, 소로우(H. D. Thoreau)가 말하는 세금 납부의 거부 등이 있다.(Rawls, 1971, p.368)

단순기피자가 아닌 양심에 따른 병역거부자는 어떤 상황에서건 사람을 죽이는 데 절대적으로 반대하는 순수한 평화주의자이다(오재창, 2002, 43쪽). 그는 정치, 경제, 사회 문제 등을 해결하기 위한 수단으로 조직적 폭력을 자행하고 인명을 살상하는 것을 자신의 양심에 의거하여 거부하는 자이다. 양심에 따른 병역거부자는 국가가 의무로 규정한 병역의 의무가 자신의 양심과 어긋난다고 생각하여 병역의 의무 이행을 거부하는 자이며, 법이 명령한 그대로 병역의 의무를 수행한다면 심각한 양심의 분리 현상을 느끼는 자이다. 양심에 따른 병역거부자는 법의 명령을 따르기보다는 자신의 양심에 충실하기를 원하는 자이며, 법을 어겨서라도 심지어는 목숨을 버리고서라도 자신의 양심을 지키려는 자이다.

양심에 따른 병역거부자에게 남성 성인이라면 누구나 받아들여야 할 병역의 의무, 국가를 지키기 위한 수단으로서의 징병, 살기 위해 서로를 죽여야만 하는 전쟁은 자기 양심과의 줄다리기 대상이다. 양심에 따른 병역거부자에게 징병은 지속적이고 혹독한 군사훈련에 참여하는 것이다. 즉 개인적·집단적 무기사용 훈련, 권위에의 복종, 군사임무를 위해 가장 절실한 욕구와 욕망을 포기하는 것이며, 살상을 목적으로 한 전투훈련 등을 통해 자신을 살상용 병기로 바꾸어 가는 것이다. 양심에 따른 병역거부자에게 전쟁은 군사 훈련의 실습이다. 즉 살상용 병기가 되어 자신에게 직접 해를 가하지 않은 적군이나 민간인과 같은 임의의 적을 명령과 훈련방식에 따라 살상하는 것이다. 양심에 따른 병역거부자에게 병역과 징병은 이미 조직화된 폭력과 생명 살상행위를 제도적·법적으로 정당화한 것이며, 전쟁은 그러한 폭력과 살상행위를 자신의 의지와 무관한 명령에 따라 실행하는 것이다. 양심에 따른 병역거부자들은 이런 행위들의 제도화와 법제화를 반대하며, 그 실행을 거부하는 자들이다.

양심에 따른 병역거부자들은 어떤 상황에 부딪쳐도 '양심상 나는 살인을 할 수 없다'고 생각하고 이를 실천한다. 이런 생각의 토대는 종교적 양심일 수도 있고 세속적인 양심일 수도 있다. 또는 인도주의나 반전주의에 의거한 양심일 수도 있다. 종교적 관점에 근거한 병역거부자들에게 병역, 징병, 전쟁에 참가하라고 명령을 내리는 것은 신성모독이며 인도주의와 반전주의에 근거한 병역거부자들에게 그런 명령은 자기모독이다. 이런 이유 때문에 양심에 따른 병역거부자들은 일반적으로 죽음(사형)이나 투옥(징역)과 같은 고통을 마다하지 않는다. 그러나 일제시대의 신사참배 거부부터 이어져 온 종교적 이유의 병역거부, 사회적인 이유에서 비롯된 병역거부, '침략전쟁 반대' 등 직접적인 정치적 사안을 이유로 하는 병역거부 등 다양한 형태의 병역거부가 압축적으로 나타나고 있는 우리 사회의 현실에서 일반론적인 양심에 따른 병역거부만으로 병역거부를 정의하는 것은 우리 사회의 양심에 따른 병역거부를 정확하게 이해하지 못하게 만들며, 공론장에서의 토론을 불가능하게 만들기 때문에 좀더 명확하게 분류할 필요가 있다.

양심에 따른 병역거부는 크게 종교적 동기에 따른 거부와 정치·윤리·철학적 동기에 따른 거부로 나눌 수 있다. 전자는 인권주의적 관점으로 분류할 수 있고, 후자는 반전주의적 관점으로 분류할 수 있다. 종교적 동기는 한국 사회에서 기독교가 주류를 이루어 왔으며, 최근 불교적 동기에 의한 병역거부도 나타나고 있다. 정치·윤리·철학적 동기는 혼재되어 있는 경우가 많으며, 이 경우 정치적 동기의 근원에 윤리적·철학적 동기가 개입되어 있다.

우리 사회의 여러 기독교 종파 중에서 '여호와의 증인'과 '제칠일 안식일 예수재림교회'(이하 재림교회)는 종교에 근거한 양심에 따른 병역거부의 대표적 사례이다. 특히 여호와의 증인은 국내에서 양심에 따른 병역거부의 살아있는 역사다. 최근까지 여호와의 증인 중 만여 명이 넘는 신자들이 항명죄, 병역기피죄로 실형을 선고받았으며, 현재 수감되어 있는 1천여 명의 병역거부자 중 대부분이 이들이다.

여호와의 증인들은 양심에 근거하여 세속 국가들이 수행하는 모든 형태의 전쟁을 반대하며, 어떠한 형태로도 그러한 전쟁에 참여하는 것을 거부한다. 그들은 일체의 군복무를 부정한다. 그들은 군사 기구에서 군복무하는 것을 거부하며, 민간시설에서 복무한다 해도 그것이 군에 관계된 일이라면 일체의 복무를 거부한다(오만규, 2002, 125쪽). 그들은 공익근무요원으로 판정받아 4주간의 집총훈련만 받으면, 공익근무요원으로 복무할 수 있어도 이를 거부하고 '3년형'을 받는다. 그들은 '양심의 문제란 그런 게 아니겠습니까'라고 말하며 '단 1분, 단 한 순간도 총을 잡을 순 없다'고 생각한다.

그러나 여호와의 증인들이 적극적으로 평화주의를 설파하는 것은 아니다. 다만 여호와의 증인들은 "하느님의 왕국을 위해 헌신하는 사람이 어떻게 세상 파벌들의 투쟁에서 어느 한 편을 편들 수 있겠는가"라는 주장을 하면서, 이른바 세상 파벌들의 대립에 대해서 중립적인 입장을 취할 뿐이다. "우리는 정치문제에는 아무 관심이 없으며 다만 하느님께서 임명하신 왕 그리스도가 다스리는 하느님의 왕국에 모든 것을 바칠 뿐입니다"(「파수대」 2002년 11월 1일, 16쪽)라는 이들의 주장처럼 여호와의 증인들은 이 세상 나라들의 전쟁에 참여하는 것을 양심으로 인해 거부하는 것일 뿐, 모든 성격의 전쟁에 반대한다는 의미에서의 평화주의를 전파하는 것은 아니다. 그들이 발행하고 있는 「깨어라」에 실린 다음과 같은 글은 이러한 생각을 잘 보여준다.

참 그리스도인들은 평화를 사랑합니다. 그들은 세상의 군사적·정치적·민족적 싸움에서 완전히 중립을 지킵니다. 그러나 엄밀히 말해서, 그들은 평화주의자가 아닙니다. 이유가 무엇입니까? 그들은 마침내 땅 위에 하느님의 뜻을 시행할 하느님의 전쟁 ─ 우주 주권이라는 중대한 쟁점을 해결하고 평화의 모든 적들을 땅에서 영원히 제거할 전쟁 ─ 을 환영하기 때문입니다.(「깨어라」1997년 5월 8일, 23쪽)

여호와의 증인들은 군 입대를 거부하여 병역기피죄로 처벌받고 있다. 그들에 대한 강제 입영이 이루어지던 유신 시절부터 지난 2000년까지는 군부대 내에서 병역을 거부하여 항명죄로 처벌받기도 하였다.

또 하나의 대표적 사례인 재림교회는 입대 자체를 거부하기보다는 군에 입대하여 비무장 군복무를 희망한다. 따라서 입대는 하되 총 들기를 거부한다. 이런 점에서 재림교회는 양심에 따른 참전 반대론자들이 아니라 다만 비폭력적 수단으로 군복무의 의무를 이행하고자 하는 양심적 협조자로서 집총훈련의 면제와 비전투병과에 배치해 줄 것을 요구한다(오만규, 2002, 118쪽). 이러한 입장은 1954년에 채택한 「정부와 전쟁에 대한 제칠일 안식일 예수재림교회의 입장」(The Relationships of Seventh-day Adventists to civil Government and War)에 잘 나타나 있다.

진정한 기독교는 민간 정부에 대한 충성과 훌륭한 시민 정신을 표방하고 있다. 사람들 사이에 전쟁이 발생한다 해도 하느님에 대한 그리스도의 충성과 책임은 달라지는 것이 아니다. 자신의 신상을 실천해야 되고, 하느님을 첫번째로 섬겨야 하는 그 의무는 달라지지 않는다. 제칠일 안식일 예수재림교회는 사람들을 멸하지 않고 오히려 사람들을 구원하기 위하여 이 세상에 오신 예수 그리스도를 통하여 하느님과 더불어 협력하는 정신 때문에, 사람의 생명을 해하는 대신에 사람의 생명을 구하기 위하여 가능한 모든 봉사를 제공하신 그들의 신성한 주님의 모본을 따라 비무장 전투원의 입장을 취하게 되었다. 제칠일 안식일 예수재림교인들은 시민으로서의 권리들과 함께 시민으로서의 의무들을 수용하여 정부에 대하여 충성하고자 하기 때문에 민간복무이든지 군복무이든지, 전시에나, 평화시나, 제복 차림으로나 생명을 구원하는 일에 기여하는 비무장 전투원의 기능으로 국가에 봉사하고자 한다. 이들은 오직 자신들의 양심적 신념에 어긋나지 않는 기능들로써 봉사할 수 있기만을 요구한다.(오만규, 2002, 118쪽)

재림교회의 비무장 군복무에 대한 요구는 최근까지 행해지고 있다. 가장 대표적인 사례는 1996년 11월 9일 동해안 무장공비 침투 때 집총과 실탄사격을 거부하여 2년형을 선고받았던 주재한, 2002년 2월 신학교 재학 중 입대한 후 집총훈련을 거부하여 3년형을 선고받았던 윤영철, 2003년 3월 윤영철과 동 사유로 1년 6개월형을 선고받았던 임희재 등이 있다.* 이들은 군사법정에서 항명죄로 형을 받는다.

여호와의 증인과 재림교회 같은 기독교에 근거한 양심에 따른 병역거부는 그 근거를 성경에 두고 있는 바, 근거가 되는 성경구절들을 정리해 보면 옆 페이지의 표와 같다.

기독교적인 양심에 근거한 병역거부와는 다른 불교적 관점에서의 양심에 따른 병역거부도 존재한다. 2001년 12월 불교도 오태양은 '살생을 해서는 안 된다'는 불교적 관점과 반전주의적 관점에서 병역거부를 선언하

---

* 이 사실은 삼육대학교 오만규 교수님과의 전화로 확인한 것임을 밝혀 둔다.

〈표5〉 기독교에 근거한 양심에 따른 병역거부와 관련된 성경교리

이웃 사랑	예수께서 가라사대 네 마음을 다하고 목숨을 다하고 뜻을 다하여 주 너의 하느님을 사랑하라 하셨으니, 이것이 크고 첫째 되는 계명이요, 둘째는 그와 같으니 네 이웃을 네 몸과 같이 사랑하라 하셨으니(마태복음 22:37~39, 마가복음 12:30~31, 누가복음 10:27) ● 눈은 눈으로, 이는 이로 갚으라 하였다는 것을 너희가 들었으나, 나는 너희에게 이르노니 악한 자를 대적지 말라 누구든지 네 오른편 뺨을 치거든 왼편도 돌려대며, 또 너를 송사하여 속옷을 가지고자 하는 자에게 겉옷까지도 가지게 하며, 또 누구든지 너를 억지로 오 리를 가게 하거든 그 사람과 십 리를 동행하고, 네게 구하는 자에게 주며 네게 꾸고자 하는 자에게 거절하지 말라, 또 네 이웃을 사랑하고 네 원수를 미워하라 하였다는 것을 너희가 들었으나, 나는 너희에게 이르노니 너희 원수를 사랑하며 너희를 핍박하는 자를 위하여 기도하라(마태복음 5:38~44) ● 이에 시몬 베드로가 검을 가졌는데 이것을 빼어 대제사장의 종을 쳐서 오른편 귀를 베어 버리니 그 종의 이름은 말고라. 예수께서 베드로더러 이르시되 검을 집에 꽂으라(요한복음 18:10~11) ● 살인하지 마라(출애굽기 20:13) ● 이르시되 이제는 전대 있는 자는 가질 것이요 주머니도 그리하고 검 없는 자는 겉옷을 팔아 살지어다(누가복음 22:36).
중립	내(예수)가 세상에 속하지 아니함같이 저희도 세상에 속하지 아니하였삽나이다(요한복음 17:16) ● 예수께서 저희가 와서 자기를 억지로 잡아 임금 삼으려는 줄을 아시고 다시 혼자 산으로 떠나가시니라(요한복음 6:15) ● 간음하는 여자들이여 세상과 벗된 것이 하느님의 원수임을 알지 못하느뇨. 그런즉 누구든지 세상과 벗이 되고자 하는 자는 스스로 하느님과 원수되게 하는 것이니라(야고보서 4:4).
세속 권력과 신성 권위	각 사람은 위에 있는 권세들에게 굴복하라, 권세는 하느님께로 나지 않음이 없나니 모든 권세는 다 하느님의 정하신 바라(로마서 13:1) ● 이에 예수께서 가라사대 가이사의 것은 가이사에게, 하느님의 것은 하느님께 바치라 하시니 저희가 예수께 대하여 심히 기이히 여기더라(마가복음 12:17 마태복음 22:21, 누가복음 20:25).
반전	그가 많은 민족 중에 심판하시며 먼 곳 강한 이방을 판결하시리니 무리가 그 칼을 쳐서 보습을 만들고 창을 쳐서 낫을 만들 것이며 이 나라와 저 나라가 다시는 칼을 들고 서로 치지 아니하며 다시는 전쟁을 연습하지 아니하고(이사야 2:4) ● 예수와 함께 있던 자 중에 하나가 손을 펴 검을 빼어 대제사장의 종을 쳐 그 귀를 떨어뜨리니, 이에 예수께서 이르시되 네 검을 도로 집에 꽂으라 검을 가지는 자는 다 검으로 망하느니라(마태복음 26:51~54).
영적 군대	마귀의 궤계를 능히 대적하기 위하여 하느님의 전신갑주를 입으라. 우리의 씨름은 혈과 육에 대한 것이 아니요, 정사와 권세와 이 어두움의·세상 주관자들과 하늘에 있는 악의 영들에게 대함이라. 그러므로 하느님의 전신갑주를 취하라. 이는 악한 날에 너희가 능히 대적하고 모든 일을 행한 후에 서기 위함이라, 그런즉 서서 진리로 너희 허리띠를 띠고 위의 흉배를 붙이고, 평안의 복음의 예비한 것으로 신을 신고, 모든 것 위에 믿음의 방패를 가지고 이로써 능히 악한 자의 모든 화전을 소멸하고, 구원의 투구와 성령의 검 곧 하느님의 말씀을 가지라.(에베소서 6:11~17)

※ 이 표의 성경 구절들은 기독교적 관점에서 양심에 따른 병역거부의 정당성을 주장한 글들을 바탕으로 구분한 것이다. 이 성경구절들이 이와 같은 분류에 완전히 들어맞는다고 말할 수는 없다. 다만 전달을 목적으로 이와 같이 구분한 것임을 밝혀둔다.

였다. 오태양은 기독교적 양심에 따른 병역거부자들과 마찬가지로 군 입대 자체를 거부하였으며, 군사훈련을 받을 것을 거부하였다. 오태양은 양심에 따른 병역거부가 기독교의 특정 소수 종파의 문제가 아니라 종교 일반의 양심에 근거하여 성립될 수 있으며, 또한 반전주의에 의거하여 성립될 수 있음을 보여주었다.

양심에 따른 병역거부 중에는 종교에 전혀 의지하지 않는 경우도 있다. 오태양이 오른발은 종교에, 왼발은 반전주의의 신념에 딛고 있었다고 한다면, 정치적 · 철학적 · 윤리적 동기에 근거한 양심에 따른 병역거부는 두 발 모두를 반전주의에 굳건히 버티고 있는 경우이다. 유호근의 사례가 대표적이다. 2002년 7월 민주노동당원인 유호근은 종교적 관점이 아닌 전쟁반대와 평화실현이라는 이유로 병역거부를 선언하였다. 유호근은 오태양과 마찬가지로 군 입대 자체를 거부하였으며 군사훈련을 받지 않았다. 유호근은 양심에 따른 병역거부가 종교에 근거하지 않는, 개인의 보편적인 양심과 신념에 근거하여 성립될 수 있음을 보여주었다.

종교에 근거한 양심에 따른 병역거부와 오태양 이후의 정치 · 윤리 · 철학에 근거한 양심에 따른 병역거부는 유사한 것 같지만 차이점이 있다. 전자는 법에 순응하지만, 후자는 법에 적극적 저항이 아닌 약한 저항을 하며, 자신의 생각이 올바르다고 동료 시민들에게 적극 선전하고 같이 참여해 줄 것을 촉구한다. 전자는 반전 · 평화주의를 적극 설파하지 않지만, 후자는 반전 · 평화주의를 적극 설파하고 전쟁과 평화 파괴에 저항한다.

또한 선택적 거부(selective objection)도 있다. 지금까지의 양심에 따른 병역거부가 군 입대 전과 훈련 전에 행해졌던 것과는 달리 선택적 거부는 입대 후와 훈련 후에 이루어진다. 선택적 거부는 일반적으로 특정한 전쟁이나 특수한 병기의 사용에 대해 도덕적으로 반대하는 것을 말한다(M. F.

Noone, Jr, 1989, p. 3). 선택적 병역거부자는 특정한 전쟁 또는 특정한 전쟁의 어떤 측면이 아주 심각하게 잘못되어 있기 때문에 양심상 군사 의무의 수행을 거부하는 자를 말한다(Greenwalt, 1989, p. 7). 선택적 거부는 주로 군 입대 후 행해진다. 선택적 거부자는 군 입대 후 각종 훈련도 받고 부대도 배치받으며 전쟁에도 참여하지만, 특정한 전쟁에 참전하는 것을 전면적으로 거부한다. 그 거부의 근원에는 반전·평화, 침략전쟁 거부와 같은 개인적 신념, 종교적 신념, 민족주의, 인종주의 등이 있을 수 있다.

 선택적 거부의 예를 들어보자. 미국에 이민온 소말리아인이 시민권을 빨리 얻기 위해 미국 군대에 입대하였는데, 마침 소말리아에 내전이 발생했다고 가정해 보자. 그는 특정한 종교적 신념이나 개인적 신념을 가지고 있지 않은 평범한 군인이었다. 그런 그에게 소말리아에 파견 명령이 내려졌다면 그는 가장 운이 좋은 경우에도 동족을 향해 총부리를 겨누어야 할 것이며, 가장 최악의 경우에는 자신의 부모, 형제, 어린 자녀나 조카들을 희생시키라는 명령에 복종해야 할 것이다. 그럴 경우 그 병사는 동족, 가족, 친지 살해와 빠른 시민권 획득 중 어느 것을 선택해야 할 것인가 고민에 빠질 것이다. 심각한 고민 끝에 소말리아 내전 참전 명령을 거부할 것을 결정하였다면, 그는 선택적 거부자가 된다.

 양심에 따른 병역거부 중에서도 선택적 거부가 성립될 수 있는 것은 양심의 '변화 가능성' 때문이다. 양심은 고정 불변하는 것이 아니라 시간, 조건, 상황에 따라 변화할 수 있다. 양심은 어느 날 갑자기 변하기도 한다. 예컨대 말콤 X를 들 수 있다. 그는 거리의 부랑아였지만, 교도소에서 한 인물을 만나 자신의 검은 피부가 아름답다는 것을 깨달았다. 그 후 말콤 X는 흑인의 인권을 가장 적극적으로 옹호하는 투사로 변했다. 여자 뒤꽁무니나 쫓아다니고 백인이 되고 싶어했던 거리의 부랑아 말콤 X를 보고 흑인 인권운동의 기수로 변할 것이라고 누가 상상이나 했겠는가? 그러나 말콤 X는 변했다. 양심은 바로 이런 것이다. 극적 계기만 마련된다면 이전에 살았던 삶과 전혀 다른 삶을 살아갈 수 있는 것이 인간이다. 한 인간의 변화 가장 밑바닥에는 꿈틀거리는 양심이 있다. 이 양심의 변화가 인간의 변화를 가져온다.

양심에 따른 선택적 병역거부도 마찬가지다. 선택적 병역거부를 하기 이전에 훈련에 응하고, 전쟁에 참여하는 것에 대해 아무런 문제도 느끼지 못했던 사람이 군대에 간 상태에서 갑자기 전쟁을 반대할 수도 있다. 종교 때문에 그럴 수도 있고, 심경의 변화 때문에 그럴 수도 있으며, 단 한 줄의 글을 읽고 그럴 수도 있다. 또한 위에서 예로 든 소말리아인처럼 민족적인 이유와 인종적인 이유로 그럴 수도 있다. 양심에 따른 선택적 병역거부는 언제든지 발생할 수 있다는 점에서 '시간의 비제약성'을 특징으로 한다. 시간의 비제약성이란 "이미 군복무를 수행하고 있는 군인들 또한 양심에 따라 병역을 거부할 권리를 가지고 있다는 의미이며, 또한 징집과정 중의 어떤 특별한 시점에서 양심적 병역거부가 허용되는 것이 아니라 어떤 시점에서도 양심적 병역거부를 청원할 수 있어야 한다는 것을 의미한다." (Speck, 2003, 40쪽)

UN 인권위원회의 1998년 결의는 시간의 비제약성에 근거한 양심에 따른 선택적 거부를 다음과 같이 분명히 인정하였다. "양심적 병역거부권은 종교적, 도덕적, 윤리적, 인도주의적 또는 이와 유사한 동기에서 발생하는 심오한 신념 또는 양심에서 유래하는 것으로, 이미 군복무를 하고 있는 사람도 양심적 병역거부권이 있다"(오재창, 2002, 48쪽). 2002년 UN인권위원회 결의안 45호도 위와 같은 내용을 분명히 명시하였다.

우리의 대표적인 사례로는 강철민 이병을 들 수 있다. 그는 군 입대 후 각종 훈련을 마치고 상무대로 자대 배치를 받았다. 그러나 그는 첫 휴가를 마치고 자대 복귀하는 날 선택적 거부를 한다. 침략전쟁을 반대하고 세계평화에 기여한다는 우리 군의 존재 이유에 부합하지 않는 이라크 침략전쟁 참전은 잘못이라고 생각했기 때문이다.

선택적인 양심에 따른 병역거부에는 재량적(discretionary objection) 병역거부도 있다. 즉 재량적 병역거부는 선택적 거부의 일종이다. 재량적 거부는 주로 상관의 잘못된 명령 거부와 인명을 대량 살상하는 무기 사용의 거부와 연관된다. "전쟁 중 민간인 학살의 경우 사병은 상관의 명령일지라도 이를 거부할 의무와 권리를 가지고 있다. 특히 핵무기와 열화우라늄탄, 생화학무기, 집속폭탄 등 상식적으로도 그리고 국제법상으로도 반인도주의적 무기로 규정된 무기를 사용할"(이대훈, 2001, 70쪽) 경우, 명령을 받은 병사가 그 명령을 거부하는 것이 재량적 거부이다. 재량적 거부는 전쟁 자체를 반대하지 않으나 대량살상무기, 그중에서도 특히 핵무기의 사용을 거부하는 것이다(한인섭, 2002, 7쪽). 그 신념의 사상적 기초는 인도주의와 반핵주의다.

이상에서 논의된 내용을 바탕으로 양심에 따른 병역거부를 유형화해 보면 다음 페이지의 도표와 같다. 양심에 따른 병역거부는 이처럼 매우 다양하여 하나의 개념으로 규정할 수 없다. 양심에 따른 병역거부는 사람마다 각기 다른 종교적·개인적 신념에 근거하고 있다. 또한 양심에 따른 병역거부는 군 입대 전에도 성립될 수 있지만, 병역의무 이행 중에도 행해질 수 있다. 종교와 신념이 서로 다르고 행위 방법이 서로 달라도, 양심적 병역거부자들에게는 공통적인 것이 있다. 바로 이웃에 대한 사랑, 살아있는 인간들에 대한 국경을 넘는 사랑, 폭력의 사용 거부, 인간의 권리에 대한 존중, 국제법에서 인정되는 평화의 존중이다.

(표6) 양심에 따른 병역거부의 종류

	종류	종교적 동기/인권주의적 관점			정치적·윤리적·철학적 동기/반전주의적 관점	
		기독교	불교			
동기	사상적 배경	마태 26:51~54, 22:37~39, 5:38~44, 마가 12:30~31, 누가 10:27, 요한 18:10~11, 출애굽 20:13 등	불살생 계율	반전 평화주의	민족주의 인종주의 정전론 등	반핵주의
	종파	퀘이커, 여호와의 증인, 동포교회, 메노나이트, 재세례파, 모라비안 등	불교신자 중 극히 소수			
	한국사례	재림교회	여호와의 증인			
거부 유형	거부형태	비무장 군복무	보편적 거부 또는 완전 거부		선택적 거부	재량적 거부
	군 입대	군 입대	입대 자체 거부 (강제 입영 관행이 존속되던 1975~2000년 동안에는 군대 내에서 거부)		군 입대	군 입대
	요구사항	집총훈련 거부와 면제, 비전투병과 배치, 군대 내 안식일 요구	군 입대 자체 거부, 군복무에 해당하는 모든 종류의 군사기구 참여와 일체의 복무 부정, 모든 종류의 전쟁 참여 거부, 군사기구 이외의 대체복무를 요구하거나, 이마저도 부정하는 경우 존재.		각종 훈련수행, 부대배치, 전쟁참여, 단 특정 전쟁 참전 거부	전쟁 참전하나 대량살상무기 특히 핵무기 사용 전쟁 반대
법적 제재 와 대응	법정	군사법정	민간법정		군사법정	군사법정
	죄명	항명죄	병역 기피죄		항명죄	항명죄
	형량	주재한(1996년 동해안 무장공비 출몰시 집총과 실탄사격 거부로 군사재판에서 2년 형 선고) 윤영철(2002년 3월 신학교 재학 중 입대, 집총훈련 거부 3년형) 임희재(2003년 3월 윤영철과 동사유 1년 6개월형)	한국의 양심에 따른 병역거부자 대부분. 대개 3년형과 1년 6개월형	오태양, 김도형 등 불구속	유호근, 나동혁 이후의 양심에 따른 병역거부 선언자들 보석	강철민 구속	국내 사례 없음
	법순응	순응	순응		불복종 선언(징병법, 적정 군사규모, 남북분단의 현실, 소수자 권리, 공동체의 선 등에 대해 일반시민이 다시 재고해 볼 것을 요청)	순응	순응

* 이 표는 이 글에서 인용한 책, 논문, 양심에 따른 병역거부자들의 선언문을 중심으로 만들었다. 그러나 현실에서는 인권주의적 관점과 반전주의적 관점이 혼재되기도 하고, 종교적 관점과 정치적 관점이 뒤섞여 나타나기도 한다. 그럼에도 이처럼 구분한 것은 이런 구분이 양심에 따른 병역거부자들을 명확하게 이해하는 데 도움이 되리라고 판단했기 때문이다. 도표에서 점선은 약간의 차이는 있지만 상대적으로 명확히 구분이 안 되는 경우를 나타낸다.

3 _ 양심에 따른 병역거부의 과거, 현재, 미래

1) 수면 위로 떠오른 양심에 따른 병역거부

비교적 최근까지 양심에 따른 병역거부는 특정 종교(기독교) 중에서도 소수파(여호와의 증인과 재림교회)의 신앙 문제였다. 헌정이 수립된 이후부터 지금까지, 수많은 사람들이 군대에 가기를 거부하거나 군대에 가서도 총들기를 거부한다는 이유로 3년 또는 그 이상의 기간을 감옥에서 보내야만 했다. 매년 5백 명이 넘는 청년들이 동일한 범죄를 짓고, 매년 평균 1천 5백 명 이상의 청년들이 동일한 형량을 채우기 위해 차가운 감옥을 지키고 있으며, 지금까지 1만여 명이 넘는 청년들이 '동일 범죄 동일 형량'으로 처벌받는 사태가 벌어지고 있는 것이다. 양심에 따른 병역거부로 인한 수많은 희생자들이 동시대 동일 공간에 존재하고 있는데도, 양심에 따른 병역거부는 열린 세계 속에서 묻혀진 문제였다. 지금까지 양심에 따른 병역거부는 말 그대로 한 개인의 내면적인 양심의 문제였지 사회적인 문제로 취급되지는 않았다.

양심에 따른 병역거부는 군대를 다녀온 사람들의 입에서 입으로 전해지는 이야깃거리였을 뿐 논의나 토론의 대상이 되지 못했다. 그러던 양심에 따른 병역거부가 이제 수면 위로 떠올랐다. 그것은 양지운의 노력 덕분이었다. 양지운은 국가인권위원회가 출범하는 2001년 11월 26일, 「양심적 병역거부자 수형자에 대한 차별행위의 개선 권고 및 구제에 관한 진정」을 동위원회에 제출하였다.*

양지운의 진정서 제출은 양심에 따른 병역거부에 관한 **논의의 시작**이었다. 그의 진정서 제출이 언론과 시민들의 입에 오르내린 지 한 달도 채 지나지 않아, **오태양**이 **불교와 반전주의적 관점**에 의거하여 국내 최초로 양심에 따른 병역거부를 선언하였다. 또 그로부터 한 달 보름만에 여호와의 증인인 **이경수**가 대체복무를 인정하지 않는 현 병역법은 위헌이라고 **헌법소원을 제기**하였다. 그후 5개월이 지나도록 양심에 따른 병역거부는 별다른 진전 없이 점차 잊혀지는 듯 했다. 그러나 침잠할 것 같던 양심에 따른 병역거부는 또 한번의 결정적 전기를 맞게 된다. 이경수의 헌법 소원제기 이후 6개월만에 민주노동당원 **유호근**이 **반전주의적 관점**에서 양심에 따른 병역거부를 선언하였다. 그후 두세 달이 멀다 할 정도로 임치윤, 나동혁, 최준호, 김도형, 임성환, 임태훈, 염창근 등이 잇달아 양심에 따른 병역거부를 선언하였다. 그들은 반전주의를 바탕으로 병역거부를 선언하고 군 입대를 거부하였다. 그러나 양심에 따른 병역거부 선언은 이것으로 끝날 운명이 아니었다. 이라크 파병과 관련하여 또 한 번의 큰 사건이 예고되고 있었다. 바로 **군에 복무 중인 현역 군인**의 양심에 따른 병역거부 선언으로, 그 주인공은 **강철민 이병**이다. 그는 현역 군인 중 최초로 한국군의 이라크

---

* 양지운은 이 이전에도 양심에 따른 병역거부의 공론화를 시도하였다. 그는 2001년 8월 21일 법무부에 양심에 따른 병역거부자들이 교도소 내에서 종교 집회를 할 수 있도록 요청하였다.

전 참전을 반대하며 **선택적 병역거부**를 선언하였고 그 이후 영민의 병역거부 선언이 이어졌다. 이를 시간순으로 그려보면 아래와 같다.

〈표7〉양심에 따른 병역거부 주요 일지(헌정확립부터 현재까지 구속수감)

2001.11.26	01.12.17	02.01.29	02.07.09.	03.11.21	04.05.21	04.07.15	04.08.21
여호와의 증인 양지운 국가인권위 호소	오태양 불교적·반전주의적 병역거부 선언	이경수 병역법 위헌소송제청	유호근 반전주의적 병역거부 선언	강철민 선택적 병역거부 선언	하급심에서 최초의 무죄판결	대법원 유죄확정	현재 병역법 헌법합치결정

우리의 경제발전과 정치발전이 압축적으로 진행되었듯이, 양심에 따른 병역거부도 단기간에 대단히 압축적이고 복합적으로 진행되었다. 서구의 경우 수많은 신학적·이론적 논쟁을 거쳐 소수파 종교의 양심에 따른 병역거부를 인정하는 데 수백 년이 걸렸고, 이것이 모든 종교의 양심과 정치적 신념으로 확장되는 데 다시 수십 년이 걸렸으며, 지금도 선택적 병역거부의 인정을 둘러싼 논쟁이 지루할 정도로 계속 진행되고 있다. 그러나 우리 사회에서는 소수파 종교의 문제에서 모든 종교 일반의 문제로의 전환, 병역법의 정당성에 관한 헌법 소원, 반전주의적 관점의 대두, 현역 군인의 선택적 거부 등, 양심에 따른 병역거부에 관한 거의 모든 논쟁이 나타나는 데 불과 3년이 채 걸리지 않았다.

이하에서는 한국의 양심에 따른 병역거부에서 나타난 주요 사건을 미국의 양심에 따른 병역거부의 주요 판례 및 법과 비교하여 설명하도록 하겠다. 이렇게 비교하는 이유는 사건의 유사성 때문만은 아니다. 보다 근본적인 이유는 현재 우리 사회에서 진행 중인 양심에 따른 병역거부가 요구하고 있는 내용의 본질과 과제를 파악하는 데 유용하기 때문이다.

여호와의 증인인 양지운·이경수 대 1948년 미국의 대체복무법, 불교도이자 반전주의적 선언자인 오태양 대 시거(D. A. Seeger), 반전주의적 선언자인 유호근 대 웰시(E. Welsch), 선택적 거부 선언자인 강철민 이병 대 질레트(Gillet), 이들을 이렇게 비교대상으로 묶은 것은 이들이 **절대자 인정 여부와 모든 전쟁을 거부하는가 또는 특정한 전쟁만을 거부하는가**를 그 기준으로 한 것이다.

2) 양지운 · 이경수 대 1948년 미국의 대체복무법

양지운은 국가인권위원회가 출범한 2001년 11월 26일 인권침해 및 차별 사례 진정서를 2호로 제출했다. 1호 제출자는 소아마비 환자라는 이유로 승진에서 탈락했던 충북 제천시 보건소 전 의무과장 이희원의 대리인인 서울대 의대 김용익 교수였다. 이 다음으로 양지운이 '여호와의 증인 양심적 병역거부자 수형자 부모 일동' 512명의 대표 자격으로 진정서를 접수했다. 진정서 제출 1호가 장애인 문제였고 2호가 양심에 따른 병역거부 문제였다는 것은 우리 사회에서 가장 심각하게 인권을 침해당한 사람들이 누구이며, 따라서 가장 시급하게 논의를 해야만 하는 문제가 무엇인지를 말해준다.

양지운은 이 진정서에서 양심적 병역거부 관련 수감자의 사면이나 대체 복무법의 제정을 요구하지 않았다. 그는 교도소에 수감된 자라고 하더라도 누구나 가질 수 있는 최소한의 두 가지 권리를 요구하였다.

첫째, 사면에 관한 규정을 여호와의 증인에게만 차별 적용하지 말라. 양지운은 "여호와의 증인 군 항명 수형자의 경우 누진 급수 및 초 · 재범, 기타 타 범죄의 유형별 세부 사항에 관계없이 무조건 27개월(75%) 이상 복역해야 한다"는 기준을 문제삼았다. 1998년 5월 1일부터 가석방은 재범가능성의 여부에 따라 형기의 1/3을 복역하면 허용되었다. 그러나 여호와의 증인은 100% 모범수이며, 다른 범죄와 달리 범죄를 다시 범할 가능성이 없는데도 불구하고 일괄적으로 현역 복무 26개월보다 1개월을 더 살아야 가석방을 받도록 규정되어 있었다.

둘째, 종교의 자유를 보장하라. 양지운은 "교도소 내에서 종교의 자유와 관련된 차별행위(교도소 내에서 허락되는 종교별 예배가 여호와의 증인 수형 자에게는 허락되지 않는 점)"가 벌어지고 있다고 주장했다. 여호와의 증인은 옥중에서 어떠한 예배활동도 할 수 없었다. 양지운은 예배에서 다루어질 내용의 사전 검열도, 그 검열의 내용대로 진행되는지 감시도 받을 것이니, 종교의 자유를 허용해 달라고 주장했다. 여호와의 증인을 대표하여 제출한 그의 요구는 절박하였다.

100% 모범수라고 그들 스스로 누누이 칭찬을 하면서도 가석방 혜택에 있어서는 중범죄의 전과자보다도 못한 기준을 적용하고 있습니다. 새로 개선된 행형 방침에 따르면 재범 가능성의 여부에 따라 형기의 1/3을 복역하면 가석방이 가능합니다. 그러나 유독 여호와의 증인에게는 가석방 심사 신청기준표에 '여호와의 증인'(75%)이라고 명시해 놓고 항명죄 최고형인 3년의 75%인 27개월 이상을 구속시키도록 미리 못박아 놓고 있습니다. 27개월이라는 기준은 군복무 기간인 26개월에 맞추고 거기에 1개월을 더한 것인데, 그렇다면 교도소 생활이 군복무와 같다는 말입니까? 이는 **대한민국 군복무를 스스로 감옥생활이라 인정하는 것과 다름없는 것입니다.** 또한 법적 근거도 없이 관습적으로 여호와의 증인 신도들의 집회를 금지하고 있습니다. 파렴치범, 잡범들도 종교집회의 자유가 인정되는데, **순수하게 종교적 신념 하나 때문에 잡혀온 많은 젊은이들에게는 종교집회를 인정하지 않는다는 것이 말이 됩니까?**(양지운, 2001b)

양지운은 이전에도 교도소 내 종교 집회의 자유를 요구했지만 법무부는 다음과 같은 이유로 이 요구를 거부했다. "여호와의 증인 수형자들은 군복무 당시 종교 교리상의 신념에 따라 병역의 의무 또는 정당한 지시 명령을 이행하지 않는 잘못으로 재판이 확정되어 복역 중에 있으므로 이들의 잘못된 신념을 굳건히 할 수 있는 종교 집회 및 외부인사 참여 활동 등은 교정·교화의 목적과 배치되므로 제한하지 않을 수 없음을 양지하여 주시기 바랍니다."(법무부 문서번호 교화 61407-10232)

양지운의 병역거부에 관한 최초의 공론화 시도는 사회적으로 커다란 반향을 불러일으켰다. 모든 일간지에 양심에 따른 병역거부자에 관한 기사가 실렸고, 논의도 활발해졌다. 약간의 성과도 얻었다. 국가인권위원회는 그의 진정서를 수용하여 2002년 10월 17일 법무부에 종교 집회를 허용하라는 권고문을 보냈다. "'여호와의 증인 수용자들이 집총거부 등 실정법을 위반한 혐의로 교정시설에 수용된 만큼 범죄행위를 정당화하는 종교집회를 허용할 수 없다'는 법무부의 입장은 동일한 실정법 위반자임에도 특정 종교를 믿는다는 이유만으로 종교집회를 불허하는 것으로 종교에 의한 차별행위"이다.('연합뉴스' 2002년 10월 17일)

그러나 법무부는 이에 대해 2003년 1월 20일 "여호와의 증인 수용자는 종교 교리를 이유로 실정법을 위반한 형 집행중인 자인데, 만약 종교집회를 허용한다면 실정법을 위반한 행위에 정당성을 강화해 주는 결과를 초래할 수 있다"고 회신했다. 이에 대해 인권위는 2003년 1월 27일 전원위원회를 열고 법무부의 주장이 설득력이 없다고 판단, 위의 권고사항의 재고를 요청하는 공문을 법무부에 재발송했다. 이에 대해 법무부는 "소수종교를 신봉하고 있는 수용자들이 종교집회 참여를 통한 고통의 극복이나 교정교화의 기회에서 원천적으로 배제되는 불이익을 받고 있어 헌법상 평등권을 침해하는 차별행위라는 지적을 적극적으로 수용"('2003년 법무부 인권개선사항 중에서')하여 "3대 종교 이외의 종교를 신봉하는 소수의 수용자에 대하여서 자소의 실정에 따라 종교교회를 시행하기 바람"(법무부 문서번호 교화 61490-327)이라는 공문을 통해 여호와의 증인들이 예배를 볼 수 있도록 허락하였다.

양지운의 진정서 이후 여호와의 증인 이경수는 양심에 따른 병역거부에 관한 논의를 한 단계 더 끌어올렸다. 양지운이 종교적 관점의 양심에 따른 병역거부자에게 가해지는 인권침해 요소의 근절을 요구했다면, 이경수는 인권침해의 발생 가능성을 근절시킬 수 있는 방법을 요구했던 것이다. 이경수는 현 병역법에는 대체복무에 관한 규정이 없기 때문에 인권침해적인 요소가 발생할 수 있다고 판단하고, 위헌법률심판을 제청하였다. 이경수는 대체복무에 관한 규정이 없는 현 병역법에 위헌 요소가 있으므로, 대체복무법이 제정되어야 한다고 주장했다.

이경수의 위헌법률심판제청은 다음과 같은 두 가지 관점에서 살펴볼 수 있다.

첫째 이경수의 양심에 따른 병역거부의 근거는 **절대적 존재자**이다. 그는 "3세부터 여호와의 증인인 어머니를 따라 종교 집회에 참석함으로써 일찍이 성경으로 훈련을 받은 투철한 양심"(안경환·장복희, 2002, 341쪽)의 소유자이다. 또한 그는 '하느님의 왕국에 바쳐진 자'로서, '하느님 앞에서 그분과 그분의 왕국 곧 신권 통치에 전적으로'(워치타워성서책자협회, 1993, 193쪽) 귀의한 자이다. 그는 절대자를 믿는다. 그의 입장에 따르면 이러한 종교적 입장을 반영하는 대체복무제가 도입되어야 한다.

둘째 이경수는 어떤 명분과 정당성을 지니고 있는가에 상관없이 **모든 전쟁을 거부**한다. 그는 "어떠한 전쟁에도 가담할 수 없음은 물론 전쟁을 연습하는 군에 입대"(안경환 · 장복희, 2002, 341쪽)하는 것도 거부한다. 그는 "하느님의 왕국에 바쳐진 사람이 어떻게 세상의 파벌들의 투쟁에서 어느 한 편을 들 수 있겠는가?"라고 의문을 제기한다. 그는 세속의 전쟁에서 정치적 중립을 지킨다. 독일의 혹독한 나치즘 하에서도 '무기를 들거나 공직에 종사하거나 공공경축 행사에 참여하거나 충성을'(워치타워성서책자협회, 1993, 194쪽) 표시하지 않았던 기존의 여호와의 증인들과 마찬가지로, 그는 어떤 전쟁에도 참전하기를 절대적으로 거부하는 자이다.

따라서 이경수가 자신의 신앙관을 바탕으로 요구하는 대체복무법은 절대적 존재자의 인정과 모든 전쟁에 대한 거부를 전제로 하는 것이다. 미국의 1948년 대체복무법도 대체로 위와 같은 두 가지 요소, **절대자의 인정과 모든 전쟁의 거부**를 전제로 한다.

미국 의회는 1948년 대체복무법에 '절대적 존재 조항'(Supreme Being clause)을 부가함으로써 종교의 정의를 명확히 했다.* 이는 대체복무법 6조 j항에 나타나 있다. "본 법에 규정된 어떤 조항도 종교적 훈련 및 신념을 이유로 통상의 참전을 양심적으로 반대하는 사람에게 미국의 육군 또는 해군의 전투훈련 및 복무를 요구한다고 해석될 수 없다"(윤명선 · 박영철, 2000, 106쪽). 이 규정에 따르면 종교적인 이유 이외의 어떤 양심에 따른 병역거부도 불가능하다. 이것을 미국의 대체복무법 동 조항은 다음과 같이 기술하고 있다. "본 조항에서 기술하고 있는 것처럼, **종교적 훈련 및 신념이라는 용어는 본질적으로 정치학적, 사회학적, 또는 철학적 견해 또는 단순한 개인의 도덕 규범을 의미하지 않는다**"(윤명선 · 박영철, 2000, 106쪽). 미

---

*미국의 경우, 남북전쟁과 1 · 2차 세계대전, 베트남 전쟁 시기에 징병을 실시했고, 이렇게 징병제가 유지되던 시기 동안 양심에 따른 병역거부의 문제가 제기되었다. 베트남 전쟁이 끝나고, 1974년부터 현재까지 미국은 모병제를 유지하고 있다.

국의 1948년 대체복무법에 따르면 절대자를 인정하지 않는 다른 종교를 믿거나, 개인의 정치적 신념 등에 의한 양심에 따른 병역거부는 법적으로 인정받지 못한다. 또한 미국 의회는 양심에 따른 병역거부란 "종교적 가르침 및 신념을 이유로 어떠한 형태의 전쟁에도" 참전하는 것을 거부하는 것이라고 분명히 못을 박았다. 이것은 모든 전쟁을 거부하는 절대적 거부자만이 양심에 따른 병역거부자라는 점을 분명히 한 것이다.

오태양은 절대자만을 인정하는 양심에 따른 병역거부를 넘어, 종교를 믿는 사람이라면 누구나 다 양심에 따른 병역거부를 할 수 있다고 주장하였다. 절대자를 믿지 않는 오태양은 미국의 1948년 대체복무법에 따르면 양심에 따른 병역거부자가 아니다. 이 법은 절대자를 믿지 않는 병역거부를 인정하지 않기 때문이다. 유호근은 한 걸음 더 나아가 개인의 정치적 신념에 의하여 양심에 따른 병역거부를 할 수 있다고 주장하였다. 반전주의적 신념에 의거한 유호근도 미국의 1948년 대체복무법에 따르면 양심적 병역거부자가 아니다. 이 법은 정치적·사회적·철학적 이유의 양심에 따른 병역거부자를 인정하지 않기 때문이다. 또한 침략적 전쟁을 반대한 강철민 이병도 이 법에 따르면 양심적 병역거부자가 될 수 없다. '통상의 전쟁' 즉 모든 전쟁을 거부한 자만이 양심에 따른 병역거부자가 될 수 있기 때문이다. 미국 의회는 대체복무법에 따라 "모든 전쟁들에 대한 종교적 거부자들만을 오직 면제"하고 있었다.**

** 독일의 대체복무법도 미국의 1948년 대체복무법과 마찬가지로 모든 전쟁을 거부하는 경우만을 양심에 따른 병역거부로 인정하였다. "판례에 의하면 인간생명의 말살에 대한 윤리적 거부로부터 출발하여 전쟁에서 무기로 인간을 살해하는 것을 목표로 한 **모든 행위를 거부하는 사람만이 병역거부권을 행사**할 수 있다. 따라서 독일과 외국 사이에서 발생하는 '**온갖' 전쟁에 참여하는 것을 거부**하는 경우에만 이러한 요건이 충족된다. 거부는 절대적인 거부여야 하지 상황에 따른 거부여서는 안 된다는 것이다." (이재승, 2002, 36쪽)

3) 오태양 대 시거

절대자에 의거한 병역거부만이 양심에 따른 병역거부인가에 대한 회의가 생겨났다. 미국에서는 베트남전이 가속화될 무렵 시거가 문제를 제기했다면, 우리나라에서는 한 청년의 양심에 따른 병역거부 선언으로 촉발되었다. 그 주인공은 오태양이다.

오태양은 어린 시절 부친의 알콜 중독증과 가난으로 고생을 했다. 그의 아버지는 행려병자였고, 어느 추운 겨울날 길 위에서 돌아가셨다. 그는 어린 시절부터 고등학생 때까지 기독교 교회에 다녔다. 대학 시절에도 교회에는 나가지 않았지만 신앙심을 포기하지는 않았다. 그는 대학을 다니는 동안 수차례 군 입대 연기 신청을 하였고, 연기를 위한 다양한 시험에 응시하였다. 그러던 중 1997년 북한 식량난이 발생하고, 그는 북한 어린이들이 속절없이 죽어간다는 소식을 접했다. 그는 자신의 배고픈 어린시절을 생각하며 북한동포돕기운동에 적극 나섰다.

대학을 졸업할 무렵 그는 정교사 2급 자격증을 가지고 있었지만 교직시험을 포기했다. 그는 "교사가 되는 것이야 내가 마음만 먹으면 1, 2년 늦더라도 할 수 있는 일이지만, 굶어 죽어가는 사람의 생명은 이 시간이 지나면 되돌릴 수 없다"는 절박한 심정에 사로잡혔다.

북한동포돕기운동을 하던 중 그는 불교를 접하고, 2001년 3월 9일 수계를 받았다. 그는 불살생(不殺生)의 계를 받으면서 "살생하지 말라 함은 생명을 존중하라는 뜻이기에 폭력, 살인, 고문, 사형, 전쟁, 공해, 핵무기 등을 반대함으로써 인권을 존중하고 평화를 옹호하겠습니다"라고 다짐했다. 그에게는 "평생을 비폭력과 이웃사랑으로 살아가신 예수님의 삶이나 부처님의 삶이 다르지" 않았다. 그는 다만 살아있는 모든 생명을 존중할 것을 결심하였다. 그는 병역의무의 이행 대신 사회봉사를 간절하게 희망했다.

저에게 기회가 주어진다면 저는 오지의 초등학교에서 무보수의 교직생활을 한다든가 길거리의 노숙자들을 보살피는 봉사를 통해, 국민의 의무를 이행하고 싶습니다. 서울 교대를 졸업한 저는 교원 부족으로 폐교될 수밖에 없는 지역의 소외받는 아이들을 위해 기꺼이 교사로서 봉사하고 싶습니다. 한편으로는 지금처럼 어느 추운 겨울 행려병자로 길거리에서 돌아가신 아버지를 생각하며, 직장과 가정에서 버림받고 길 위에서 고달픈 인생을 살아가는 노숙자분들을 도와서 희망을 찾아드리고 싶습니다.(오태양의 「병역거부 선언문」과 2002고단934 병역법 위반, '피고인에 대한 반대신문 사항' 요약 정리)

오태양은 2001년 12월 17일 불교와 평화주의에 근거하여 입영 대신 양심에 따른 병역거부를 선언했다. "지금도 저는 총칼을 들고 있는 부처님을 상상할 수가 없습니다. 저는 이렇듯 '불살생'의 종교적 신념과 평화·봉사의 인생관에 대한 확신으로 도저히 군사훈련과 집총을 할 수 없습니다. 그것은 일체의 전쟁행위에 대한 반대이며, 그런 확신에 따른 일체의 군사훈련 참여에 대한 거부인 것입니다. …… 오로지 평화와 봉사의 인생관과 불교신자로서 불살생의 원칙을 지키려는 양심 때문에 집총훈련을 받을 수 없어 입영할 수 없습니다"(2002고단934, '오태양 변호인 의견서' 중에서)라며 양심에 따른 병역거부를 선언하였다. 이 선언은 우리 사회의 양심에 따른 병역거부의 역사에서 여러 가지 의미를 갖는다.

첫째, 오태양의 선언은 우리 사회에서 최초의 양심에 따른 병역거부 선언이다. 그의 병역거부 선언은 한 마디로 충격이었다. 그의 선언 이전, 민주화를 이유로 한 각종 군 도피도 존재했고 만여 명이 넘는 양심에 따른 병역거부자들은 고통을 당하고 있었다. 하지만 어느 누구도 공개적으로 병역의 의미와 그 정당성에 대해 질문을 던진 적이 없었다. 병역의 의무와 군대는 우리의 의식에서 하늘의 공기와 바다의 물처럼 너무나 당연하여 의문의 대상이 되지 못했다. 그는 최초로 의문의 대상이 될 수 없었던 것을 의문의 대상으로 삼았다. 그는 내가 왜, 무엇 때문에 군대를 가야 하며, 평화를 사랑하는 사람도 꼭 군대에 가야 하는가라는 원초적인 질문을 던졌다. 그는 헌법 수립과 병역법이 시행된 이후 어느 누구도 묻지 않았으며 성역화되었던 군대에 대해 최초로 본질적인 문제를 제기하였다.

둘째, 오태양의 선언은 양심에 따른 병역거부 문제를 시민사회 중심으로 끌어들였다. 오태양 이전의 양심에 따른 병역거부는 기독교 소수파인 여호와의 증인과 재림교회 대 기독교 다수파 간의 문제였다. 따라서 양심에 따른 병역거부 논쟁은 기독교 내부의 이단 논쟁 또는 사이비 논쟁으로 귀착되곤 했다. 그러나 불교신자로서 반전주의적 관점에 의거한 오태양의 선언은 양심에 따른 병역거부 논쟁을 기독교에서 벗어나 종교 일반의 문제로 확대시켰다. 또한 반전주의적 관점을 공개적으로 선언함으로써, 양심에 따른 병역거부는 종교 논쟁의 틀을 벗어나 일반시민이 함께 생각해 보아야만 할 보편적인 주제로 등장하게 되었다.

셋째, 오태양의 선언은 기독교가 아닌 다른 종교를 믿는 사람도 양심에 따른 병역거부를 할 수 있는 가능성을 열어 놓았다. 즉 절대자가 아닌 불교적 관점, 다시 말하면 **절대자를 믿지 않는 모든 종교인들에게도** 양심에 따른 병역거부를 할 수 있는 길이 열린 것이다.

오태양은 분명 기독교인도 아니고 여호와의 증인은 더욱이 아니다. 그는 절대자를 믿지 않았다. 그는 불교의 불살생계를 믿는 불교도이다. 그러나 그의 입장에서 기독교의 절대자인 하느님과 불교의 교리는 맞닿아 있다. 그는 이러한 종교관을 바탕으로 평화주의를 받아들이고 평화주의 실천의 일환으로 양심에 따른 병역거부를 선언했던 것이다. 이것은 곧 양심에 따른 병역거부 인정의 단서 조항인 절대자 규정의 수정을 요구하는 것이다. 다른 말로 하면 그의 선언은 자신이 어떤 종교를 믿든지간에 양심에 따른 병역거부는 인정되어야 한다고 주장하는 것이다.

미국에서도 오태양의 경우와 유사한 사건이 발생했다. 1965년 3월 8일, 미국 법정은 미합중국 대 시거의 재판에서 **절대자 규정을 확대하는 판결**을 내렸다. 이 결정은 전쟁에 대한 종교적 거부의 의미의 확대를 가져왔다. 즉 어떤 종교를 믿든지간에 양심에 따른 병역거부를 할 수 있다는 결론이 도출되었다.

시거는 뉴욕의 가톨릭 가문 출신이었다. 그는 1955년부터 1958년까지 학생 유예를 주장하였다. 당시 학생이었던 시거는 양심에 따른 거부자 등급을 신청하였지만 징병위원회는 시거의 이러한 신청을 거부하였으며, 이의신청 역시 부결하였다. 시거는 결국 징집 거부로 뉴욕 남부 주법원에 기소되었다. 시거와 그의 변호사들은 양심적 거부 옹호 단체인 '양심에 따른 거부자를 위한 중앙위원회'(Central Committee for Conscientious Objectors)와 함께 소송을 대법원으로 가져갔다. 법정은 유사한 소송인 시거, 야콥슨(A. S. Jakobson), 피터(F. B. Peter)의 사건을 한꺼번에 묶어 심리하였다.

시거는 가톨릭 양육을 받았지만 대체복무제도 서식에 기록한 그의 신념은 주요 종교에 바탕을 둔 것은 아니었다. 앞에서 살펴보았듯이 대체복무법에는 절대적 존재에 관한 규정이 있었기 때문에 절대적 존재에 대한 신앙은 인정받을 수 있었지만 시거는 자신의 종교를 "선과 덕 자체에 대한 믿음과 헌신이며, 순수하게 윤리적 신조에 대한 종교적 신앙"이라고 주장하였다. 시거는 절대적 존재에 대한 질문을 받자, "물론 하느님의 존재는 증명될 수도 반증될 수도 없으며 그의 본성은 결정될 수 없다"고 대답하였다. 시거는 절대자에 대한 자신의 회의가 "필연적으로 그 어떤 무엇에 대한 신앙의 결여를 의미하는 것은 아니다"라는 진술을 덧붙였다. 게다가 그는 자신의 신념을 증명하기 위하여 "신에 대한 믿음" 대신 플라톤, 아리스토텔레스, 스피노자 같은 철학자를 인용하였다.

　야콥슨은 시거와 유사한 사례다. 그는 뉴욕 출신으로 1958년 비전투적 양심적 거부자 분류(non-combatant military duty I-A-O)를 요구했으며, 나중에 민간대체복무(alternate civilian service I-O)를 요구했다. "야콥슨은 시거처럼 징병 신고 기피로 기소되었는데 "우주의 존재 사실에 대한 궁극적 원인"인 '신성'(Godness)을 주장하고, 실제로 절대적 존재를 믿고 있음을 근거로 항소하였다.

　캘리포니아 출신인 피터도 시거와 야콥슨과 마찬가지로 모병을 거부하였다. 그는 특정 종교를 믿지 않았다. 그러나 그의 신념에 대하여 물었을 때, 그는 "당신들은 그것을 절대적 존재 또는 하느님에 대한 믿음이라고 부를 것이다. 이것들은 단지 내가 사용하는 단어들이 아닐 뿐이다"라고 대답하였다.

　청원자들은 절대자를 믿는 종교가 아닌 다른 신념들을 가지고 있었다. 그들은 절대자를 믿지는 않았지만 무신론자는 아니었다. 그들은 일종의 절대적 존재에 대한 믿음을 가지고 있었으며, 그 믿음 또한 진실하였다. 시거, 야콥슨, 피터는 대체복무법 6조 j항이 비종교적 거부자들에 대해 규정하지 않고 있으며, 따라서 헌법 제1수정 조항의 '설립 및 자유 행사'(Establishment and Free Exercise Clauses of the First Amendment)를 침해했다고 주장하였다.* 또한 그들은 법률이 유신론 및 무신론적인 종교들 사이에 차별을 둠으로써 헌법 제5수정 조항의 의무적 절차(Due Process Clause of the Fifth Amendment)를 침범했다고 주장하였다.**

이들의 양심에 따른 병역거부가 인정될지의 여부는 본질적으로 1948년 대체복무법의 절대자 규정이 정당한가 아닌가에 달려 있었다. 대체복무법에 따르면 종교적 가르침 및 믿음은 "어떤 인간적 관례에서 발생하는 것들에 우선하는 의무들을 포함하는 절대적 존재와 관련된 개인의 믿음"으로 정의되었다. 이 법에 의하면 시거, 야콥슨, 피터는 자신들의 양심에 따른 병역거부를 인정받을 수 없었다. 왜냐하면 그들의 믿음은 절대적 존재에 대한 전통적 정의와 부합하지 않기 때문이었다. 그러나 법정은 대체복무법의 정당성을 토론하는 대신 **절대자의 정의를 확장함**으로써 이 문제를 해결했다. 법정은 의회가 규정한 '절대적 존재' 란 용어는 "모든 종교를 포함하기는 하지만, 본질적으로 정치적, 사회학적, 또는 철학적 관점을 배제하는" 것으로 사용했다고 결론내렸다. 즉 전통적인 기독교를 믿지 않고 다른 여타의 종교를 믿더라도 정치적·사회적·철학적 관점의 양심에 따른 병역거부가 아니라면 그 양심에 따른 병역거부는 인정할 수 있다는 것이다. 따라서 양심에 따른 병역거부자는 "하느님에 대한 정통적 믿음에 의하여

---

* 수정 제1조(종교, 언론 및 출판의 자유와 집회 및 청원의 권리)

연방 의회는 국교를 정하거나 또는 자유로운 신앙 행위를 금지하는 법률을 제정할 수 없다. 또한 언론, 출판의 자유나 국민이 평화로이 집회할 수 있는 권리 및 불만 사항의 구제를 위하여 정부에게 청원할 수 있는 권리를 제한하는 법률을 제정할 수 없다.

** 수정 제5조(형사 사건에서의 권리)

누구라도, 대배심에 의한 고발 또는 기소가 있지 아니하는 한 사형에 해당하는 죄 또는 파렴치 죄에 관하여 심리를 받지 아니한다. 다만, 육군이나 해군에서 또는 전시나 사변시 복무 중에 있는 민병대에서 발생한 사건에 관해서는 예외로 한다. 누구라도 동일한 범행으로 생명이나 신체에 대한 위험을 재차 받지 아니하며, 누구라도 정당한 법의 절차에 의하지 아니하고는 생명, 자유 또는 재산을 박탈당하지 아니한다. 또 정당한 보상 없이, 사유 재산이 공공용으로 수용당하지 아니한다.

충만해지는 것과 비견되는" 믿음을 지니고 있는 것만으로도 그 정당성을 인정받을 수 있게 되었다.

그 결과 양심에 따른 병역거부자들은 자신을 '종교적'으로 분류하지 않더라도, 또 어떠한 종교를 믿더라도 대체복무를 인정받을 수 있게 되었다. 단 그 믿음들이 정치적·사회적·철학적인 것이 아닌 경우에 한해서라는 조건이 딸리긴 했지만.

1967년 6월 30일 의회가 징병을 부활시키자, 법률가들은 시거 판례를 대체복무법 6조 j항에 삽입했다. 의회는 '절대적 존재'에 대한 언급을 삭제하고, 다만 "종교적 가르침과 믿음"에 의해 **모든 전쟁을 반대한다는 것**만을 규정하였다(Nelson, 2002 ; Schlissel, 1968, pp. 260~270). 그러나 시거 판례 이후에도 정치적·사회적·철학적 신념의 양심적 병역거부와 특정한 전쟁에 반대하는 양심적 병역거부는 여전히 문제로 남아 있었다.

4) 유호근 대 웰시

새로운 형태의 양심적 병역거부가 발생했다. 오태양의 병역거부 선언의 충격이 가시기도 전, 종교적 양심에 의거한 병역거부만이 양심에 따른 병역거부인가라는 새로운 의문이 제기되었다. 종교적 신념과는 다른 정치적·사회적·철학적 신념에 의거한 병역거부가 터져나온 것이다. 미국에서는 베트남전이 혼전을 거듭하던 무렵 웰시가 문제를 제기했다면, 우리나라에서는 유호근이 반전주의적 관점에서 병역거부를 선언했다.

유호근은 보통의 어린이들이 그렇듯 이순신 장군, 김유신 장군의 전기를 읽었으며, 조국과 민족을 위해 싸우는 군인 아저씨가 되기를 꿈꾸었다. 그의 어릴 적 꿈은 국군장교였다. 대학에 입학한 그는 통일문제를 연구하는 동아리에서 한국 근현대사를 공부하면서 전쟁이 얼마나 비참한 것이고 인간성을 파괴하는지 이해하게 되었다. 1997년 북한의 식량난 당시, 그는 북한 동포돕기 활동을 하면서 '북한 바로알기' 등의 행사를 추진하였다. 그는 북녘의 동포들이 '뿔 달린 도깨비'가 아닌 같은 동포, 한 민족임을 느꼈다. 그에게 북한은 대립하고 적대시해야 할 대상이기 이전에 함께 돕고 살아가야 할 한 민족이었다. 이것은 그의 평화에 대한 신념으로 자라났다.

그러나 그에게는 여전히 미룰 수는 있지만 피할 수는 없는 병역의 의무가 기다리고 있었다. 그는 자신의 평화에 대한 신념을 최소한이나마 지키기 위해 방위산업체에 근무하는 병역특례를 받을 것을 결심한다. 그는 실제로 방위산업체에 근무하기 위하여 정보처리기사 자격증을 취득하였고, 원하기만 하면 병역특례의 혜택을 받을 수도 있었다. 그러나 그는 여호와의 증인의 양심에 따른 병역거부의 역사와 실태를 알고 큰 충격을 받는다. 그는 자신이 받을 수 있는 병역특례의 특혜를 포기하고, 대신 고난의 길로 들어설 것을 결심한다.

유호근은 2002년 7월 9일 "전쟁 없는 평화로운 세상을 만드는 것은 저의 소망이며 또한 모든 이의 소망일 것입니다. 다만 저는 그 소망을 현실로 만들기 위하여 적극적으로 노력하는 삶을 살고자 하는 것이고 그 실천의 진정성을 온전히 보존하고자 개인적 소신에 비추어 그에 반하는 행위를 적극 거부하고자 하는 것입니다"라고 병역거부 선언을 한다. 그는 양심의 자유와 소수자를 보호하는 국가와 사회야말로 진정한 의미의 성숙한 국가이자 사회라고 주장한다.

양심의 자유는 이미 헌법에도 보장되어 있는 인간의 기본적인 권리입니다. 그리고 그 권리는 국가가 가장 적극적으로 보장해 주어야 합니다. 국가의 존재를 부정하는 것도 아니고 국가의 안보를 해하려 함도 아니며 다른 방식으로 국가를 위해 기여하고자 하는 '다름'을 수용할 수 있는 사회적 '관용'을 간절히 바라는 것입니다. 소수자를 배려하고 다름을 인정하는 것이야말로 민주주의의 기본정신이며 이러한 성숙한 사회가 될 때 비로소 더 많은 이들의 더 많은 행복이 가능해지리라 믿고 있습니다.(유호근의 「병역거부 선언문」과 2002고단10177 병역법 위반, '보석허가청구서' 요약)

유호근의 양심적 병역거부 선언은 우리 사회에서 두 가지 의미를 갖는다. 첫째, 그의 선언은 양심에 따른 병역거부 선언의 연속성을 열어 놓았다. 사실 오태양의 병역거부 선언은 누구도 생각지 못한 일이었기에 역사상 전무후무한 일로 끝날 가능성이 높았다. 그러나 오태양의 선언 이후 약 7개월만에 이루어진 유호근의 병역거부 선언은 시민의 일상의식에 병역거부 선언이 우리의 삶과 그리 멀지 않다는 것을 심어주었다. 이는 오태양의 선언 이후 유호근의 선언이 있기까지 7개월이 걸렸지만, 유호근의 선언 이후부터는 병역거부 선언이 연속적으로 이루어졌다는 데서 확인할 수 있다. 실제로 유호근의 선언이 있은 지 한달이 채 지나지 않은 2002년 7월 30일 임치윤이 병역거부를 선언하였으며, 그로부터 두 달이 채 지나지 않은 2002년 9월 12일 나동혁이 병역거부 선언을 했다. 또한 나동혁의 병역거부 선언이 있던 날 14명의 예비 병역거부 선언도 있었다. 유호근의 선언 이후 지금까지 한 두 달이 멀다 하고 병역거부 선언자가 계속 나오고 있는 것이다.

둘째, 유호근의 선언은 종교가 아닌 정치적·사회적·철학적 동기에 의한 병역거부가 성립될 수 있는 가능성을 열어놓았다. 여호와의 증인과 재림교회 신자들의 기독교적 양심에 의한 병역거부, 오태양의 불교적 양심에 의한 병역거부가 말 그대로 종교적 양심에 의한 병역거부였다면, 유호근은 애초부터 종교적 양심에 관심을 갖지 않았다. 그의 신념의 배경에는 어떤 초월적 신도 없고, 종교 교리도 없다. 그는 실천적인 활동을 해가는 과정에서 자신의 삶을 되돌아보면서 평화주의를 체득했다. 그는 평화주의적 신념에 근거, 반전주의적 신념을 실천하기 위해 양심에 따른 병역거부를 선언하였다. 그는 정치적·사회적·철학적인 어떤 이유에 근거한 양심에 따른 병역거부도 가능하다는 것을 직접 보여주었다.

미국의 웰시는 유호근의 반전주의적 신념, 정치적·사회적·철학적 신념에 근거한 양심에 따른 병역거부와 유사한 사례다. 웰시는 종교적 가정에서 성장했지만, 양심적 거부 등급을 신청하면서 자신의 신념이 '종교'의 정의에 속하지 않는다고 생각했으며, 이 점을 특히 강조하였다. 웰시는 양심적 거부자를 위한 대체복무 서식을 작성할 때 '나의 종교적 훈련 및 믿음을 이유로'라는 구절에 선을 그어 버렸다. 대신 그는 "나는 어떤 형태의 전쟁에도 참여하는 것을 거부한다"라고 진술하였다.

그의 신념은 진실했지만 종교적인 양심은 명백히 아니었다. 그의 신념은 양심적 거부에 관한 의회의 규정에 포함되어 있지 않았다. 그의 양심은 분명 "정치적·사회적·철학적 관점 또는 단순한 개인적 도덕"의 범주에 속하였다. 웰시와 그를 담당한 변호사들은 시거의 판례에 근거하여 종교에 관한 광의의 정의에 따라 기소가 취하되어야 한다고 주장했다. 그들은 시거 때와 마찬가지로 대체복무법 6조 j항의 합헌성을 공격했다.

시거 소송 때처럼 대체복무법의 합헌성 문제를 피해가기로 결정한 법원은 시거 때와 마찬가지로 '종교'의 의미를 확대 해석할 필요를 느꼈다. 법정은 등록자의 신념이 진지한지의 여부와 '사물에 대한 생각에 있어서' 종교적인지 아닌지를 보는 것이 중요하다고 선언하면서, 6조의 정의를 한층 더 유연하게 해석했다. "6조 j항은 '기본적으로 정치적·사회적·또는 철학적 관점 또는 단순한 개인적 도덕'에 의거한 거부자들을 배제하고 있다. 그러나 이러한 배제가 국내 및 국외 사건에 대해 강력한 신념을 갖고서 거부한 자와 공공 정책에 대해 상당한 정도로 생각을 하고서 **모든 전쟁에의 참여를 거부한 자**를 배제하는 것은 아니다."

이 논리는 거부자가 자신의 정치적 신념을 깊이 있게 그리고 진지하게 고려했다면 정치적 신념조차 종교적인 것에 포함될 수 있음을 보여준다(Nelson, 2002). 이것은 일종의 타협책이다. 이 타협에서 현실에서 진행되고 있는 정치적·사회적·철학적 관점과 단순한 개인적 도덕에 근거한 양심적 거부는 그 자체로서는 인정되지 않았지만, 종교의 의미 확장을 통해 인정을 받았다. 법정은 이와 같은 일종의 트릭을 사용하여 정치적·사회적·철학적 관점과 단순한 개인적 도덕에 근거한 양심적 거부를 현실적으로 수용하였다. 그러나 대체복무제도는 특정한 어떤 전쟁을 거부하는 것이 아니라 **모든 전쟁을 거부하는 것이어야 한다는 사실을 분명히 못박았다**.(Nelson, 2002)

시거 판례에서 종교적 본성과 기원을 가지고 있는가의 여부가 양심에 따른 거부를 결정하는 기준이 되었다면, 웰시 판례는 거부자 자신의 신념의 진실성이 양심에 따른 거부를 결정할 수 있는 기준이 될 수 있음을 보여준다. 즉 거부자의 신념이 "자신의 삶에 있어서 주요한 통제력"(Nelson, 2002)이 될 수 있다는 것을 인정한 셈이다. 다만 대체복무제도에는 "등록자는 반드시 자신의 윤리적 또는 도덕적 신념들이 훈련, 연구, 명상 또는 기타 활동을 통하여 얻어진 것이어야 하며, 이것들이 종교적 신념들이 형성되는 엄격함 및 헌신과 비견될 수 있음을 증명하여야 한다"는 특별한 의무조항이 부가되었다(Nelson, 2002). 이런 의무조항은 일종의 여과장치로, 상당한 정도의 활동이나 훈련이라는 여과기를 이용하여 의도가 불순하고 자격이 없는 무자격 병역거부자를 걸러내겠다는 것이다. 이 여과장치는 또 단순히 군대를 가기 싫다는 이유만으로 군 입대를 거부하는 자를 추려냄으로써 양심에 따른 병역거부의 진지성, 순수성을 보호하겠다는 의도도 있었다.

그러나 웰시 판례는 여전히 양심에 따른 병역거부의 인정에 인색했다. 양심에 따른 병역거부의 정당성 인정에 있어서 두 가지 단서조항을 분명히 제시했기 때문이다. 첫째, 정치적·사회적·철학적 관점 또는 개인적인 도덕적 동기를 전면적으로 인정하지 않았다. 왜냐하면 '종교적 신념들이 형성되는 엄격함 및 헌신과 비견될 수 있음'이라는 구절이 암시하듯이, 기성 종교와의 비교를 통해서만 개인의 정치적·사회적·철학적·도덕적 동기가 인정되기 때문이다. 둘째, 선택적인 양심에 따른 병역거부를 인정하지 않았다. 이 판례는 분명히 모든 전쟁을 거부한 자만을 양심에 따른 병역거부자로 인정했기 때문이다. 이 두 가지 문제는 이후 새로운 유형의 양심에 따른 병역거부 논쟁의 초점이 된다.

5) 강철민 대 질레트

새로운 형태의 양심에 따른 병역거부가 나타났다. 이전의 양심에 따른 병역거부가 그 신념의 동기가 무엇이든 간에 모든 전쟁을 거부하는 절대적인 거부였다면 이 새로운 형태의 병역거부는 **특정한 전쟁만을 거부하는 선택적 거부**, 그것도 **정치적·사회적·철학적 신념에 의거한 거부**였다. 즉 군 입대 후 침략전쟁의 참전 반대를 이유로 양심에 따른 병역거부를 한 사례가 발생한 것이다. 미국에서는 베트남전이 끝나갈 무렵 질레트가 이런 식으로 문제를 제기하였다면, 우리나라에서는 강철민 이병이 이 사례의 주인공이다. 그는 자신의 정치적·사회적·철학적 신념에 의거하여 모든 전쟁이 아니라 이라크에서 벌어지고 있는 특수한 전쟁에 한국 군인이 참전하는 것을 반대하였다.

대구 근처 산골에서 태어나 자란 강철민은 군에 입대할 나이가 되자 운전병으로 입대를 했고 고된 신병훈련 끝에 전남 장성 상무대에 자대배치를 받았다. 이후 100일 휴가를 나온 그는 가족들에게 이라크전 파병 반대를 이유로 병역거부 선언을 할 거라고 이야기했다. 그는 자신의 부모님과 자식을 가진 모든 부모님의 눈동자를 생각했다. "한 마디 말씀드릴 때마다 걱정 어린 눈으로 바라보시는 부모님의 눈동자가 제 가슴을 쳤습니다. 하지만 파병결정이 현실로 나타난다면 자식 잃은 모든 부모님의 눈동자가 제 가슴을 칠 것 같습니다." 그는 2003년 11월 18일과 19일 사이에 양심에 따른 병역거부 선언자 염창근, 성공회대 한홍구 교수, 진관스님 등을 만나 이 문제를 상의하였다. 그들은 강철민 이병에게 피해가 너무 클 것이라고 만류했지만 그는 자신의 양심으로는 도저히 침략전쟁에 동원되는 군에 복귀할 수 없으며 이라크 파병이 철회되면 즉시 군에 복귀할 것이라는 자신의 결심을 굽히지 않았다.

마침내 그는 귀대일인 2003년 11월 21일 "침략전쟁에 반대하고 세계평화에 기여한다는 우리 군의 역할"이 변질되어 "자국의 군대가 자국의 국토와 자국의 국민을 보호하는 것 이외에 침략전쟁의 도구"로 사용되는 것을 반대한다는 내용의 '노무현 대통령께 드리는 이등병의 편지'를 발표하고 병역거부를 선언했다. 그는 거듭 "우리의 군대는 국가를 방어하고 국민을 지키기 위해 있는 것이지 침략군대로 존재하는 것이" 아니라며, 미국의 이라크 침략전쟁에 우리 군대가 파견되어서는 안 된다고 주장하였다. 이런 강철민의 주장 근저에는 정의의 전쟁론이 깔려 있다. 즉 정의로운 전쟁, 다시 말해 자국을 지키기 위한 방어전쟁을 위해서는 참전할 수 있으나 침략전쟁에는 참전하지 않겠다는 신념이 바로 그것이다.

그러나 재판부는 강철민 이병의 이러한 신념을 냉대하였다. 재판부는 "피고인이 주장하는 헌법상의 양심의 자유를 인정하더라도 **특정한 정치 사안**을 이유로 한 **선택적 병역 거부 행위**는 양심의 자유 보호 영역과는 그 차원을 달리하는 것으로 이를 인정할 경우 자신의 견해에 따라 병역의무를 각자가 결정하는 결과를 초래할 것이기 때문에 유죄를 선고한다"고 밝혔다.('오마이뉴스' 2003년 12월 26일)

강철민 이병의 양심에 따른 병역거부 선언은 우리 사회에서 중요한 의미를 갖는다. 그것은 현역 군인도 양심에 따른 병역거부를 할 수 있다는 것이다. 현역 군인이 양심선언을 한 경우는 이전에도 종종 있었지만 그 사유는 주로 군대 내 폭력과 비리의 척결, 군대 내 인권의 향상 그리고 민주화였다.* 그러나 강철민 이병은 이러한 현역 군인의 양심선언과 달리 양심

---

* 양심선언 일지 및 요지(김삼석 「병역 · 군사제도 변혁, 희망 있다」 도표 재정리)

일자	계급	성명	소속	요지
1988. 7. 7	중령	임택준	육군본부	군의 인간화와 민주화를 위한 고발문 제출
1989. 1. 5	대위	이동균 외	30사단	군의 정치적 중립을 요구하는 명예선언
1988. 6. 8	일병	정광민	수도방위사령부	조국의 자주, 민주, 통일을 위한 입장 발표
1988. 1. 7	일병	박길남	보병 35사단	군의 민주화 촉구 양심선언
1988. 11. 18	일병	김상철	제1전투 비행단	군의 비리 폭력 등의 척결 주장
1989. 4. 17	일병	서영완	보병 제28사단	군의 민주화 요구 양심선언
1989. 6. 3	이병	장문걸	공군본부	군의 민주화, 군의 비리와 폭력 폭로
1990. 7. 7	상병	서준섭	군수사령부	국군조직법 폐기, 주한미군 철수, 평화협정체결
1990. 10. 4	이병	윤석양	보안사령부	민간인 사찰, 프락치 활동 강요
1997. 12	중령	손대희	육군사단대대장	이회창 대통령 후보의 아들 병역기피의혹 제기

에 따라 병역의 의무 이행을 거부하였다. 강철민 이병의 병역거부 선언은 국내에서 현역 군인 중 최초로 발생한 양심에 따른 **선택적 병역거부**이며, **정치적·사회적·철학적 이유에 근거한 거부**였다. 그의 병역거부 선언은 군인으로서 국방의 의무를 수행하는 중에도 병역을 거부할 수 있음을 보여줌으로써 결과적으로 현역 군인이라 할지라도 자신의 양심을 형성할 권리, 그리고 양심을 실천할 수 있는 자유를 가지고 있음을 보여주었다.

베트남전이 종전으로 치달릴 무렵 미국에서도 강철민 이병과 유사한 선택적 거부의 판례가 주목을 끌었다. 바로 질레트와 네그레(Negre)의 사례가 그것이다.

질레트는 모든 전쟁을 거부한 것이 아니라 베트남전만을 거부하였다. 그는 인본주의적 종교관에 근거하여 베트남전이 정의롭지 않다고 생각했다. "나는 불필요하고 정의롭지 않은 전쟁이 지속되고 있는 한, 종교적 신념, 특히 휴머니즘에 근거하여 미합중국의 군대에 배속되는 것을 거부한다. 본질적으로 이것은 인간에 대한 존중과 사랑, 인간의 내적인 신성함과 완전성에 대한 믿음, 인간의 고통들 중 일부를 개선할 수 있는 우리의 능력에 대한 확신을 의미한다." 질레트는 국가 방어 또는 평화유지를 위한 명령에는 기꺼이 복종할 수 있다고 진술했다. 또 다른 선택적 거부자인 네그레는 독실한 가톨릭 신도였다. 그는 스스로 모병에 응했으나 훈련을 마칠 무렵 정의의 전쟁론에 입각해 병역거부자로서 제대를 요청했다.

그러나 미국의 징병법은 '모든 형태의 전쟁'을 반대하는 병역거부자에게만 병역면제를 허용했다. 법원은 1971년 3월 8일 질레트와 네그레의 요구를 일축했다. 법원은 병역거부의 근거가 비록 종교적이라 할지라도 **선택적 거부는 병역법 위반**이라고 판결했다.

질레트와 네그레는 법원의 이 판결이 다음과 같은 사실 때문에 헌법에 위배된다고 주장했다. 첫째, 법이 종교에 근거한 선택적 거부를 허락하지 않음으로써 종교의 자유로운 행사를 가로막았다. 둘째, 의회가 종교적 신념을 지정함으로써, 한 종교를 국교화했다. 셋째 대체복무법 6조 j항이 종교 간에 차별을 두고 있고, 양심에 따른 병역거부자의 지위에 적합한 자만 옹호함으로써 제5수정헌법의 '동등한 보호' 조항을 위반했다.

그러나 법원은 다음과 같은 이유를 들어 이러한 주장을 무시했다. 첫째, 징병법은 특정한 사람을 배제하거나 우대하지 않으며, 개인의 양심을 존중하는 것이지 집단의 양심이나 구성원을 존중하는 것은 아니다. 둘째, 징병법은 어떤 종교적 관행에 개입하기 위해서 고안된 것이 아니며, 어떤 특정한 신학적 입장을 불리하게 만들기 위한 것도 아니다. 셋째, 6조 j항은 의회가 그어놓은 선을 정당화할 만한 중립적이며 세속적인 이유가 있기 때문에 적합하다. 이런 근거로 법정은 질레트와 네그레의 선택적 병역거부를 허용하지 않았다.

6) 앞으로의 양심에 따른 병역거부

이상과 같이 양심에 따른 병역거부의 역사를 한국과 미국의 주요 사건과 그 의미를 통해 검토해 보았다. 그 주요 사례로 여호와의 증인 신자인 양지운·이경수와 1948년 미국의 대체복무법을, 불교도이자 반전주의적 선언자인 오태양과 시거를, 반전주의적 선언자인 유호근과 웰시를, 선택적 거부 선언자인 강철민과 질레트·네그레를 비교해 보았다. 그리고 그 논의를 전개하는 중심축은 **절대자 인정 여부와 모든 전쟁을 거부하는가 아니면 특정한 전쟁만을 거부하는가**였다. 이를 간단하게 도표로 정리해 보면 다음과 같다.

〈표8〉 각 유형별 쟁점에 따른 정리

	이경수 / 1948년 미국대체복무법	오태양 / 시거	유호근 / 웰시	강철민 / 질레트
절대자 인정 여부	절대자 인정	절대자 불인정, 모든 종교적 사유로 거부 가능 주장	절대자와 무관, 정치·사회·철학적 이유의 거부	절대자와 무관, 정치적 이유의 거부
전쟁 거부 여부	모든 전쟁 거부	모든 전쟁 거부	모든 전쟁 거부	특정한 전쟁만 거부

양심에 따른 병역거부와 대체복무 인정 여부는 각국의 사정과 시민사회의 관용 여부에 달려 있다. 그러나 양심에 따른 병역거부의 인정은 보편적인 추세다. 그러나 이런 추세에도 불구하고 특정한 전쟁만을 부정하는 정치적 이유의 거부 즉 선택적 거부는 여전히 문제로 남아 있다. 이와 같은 선택적 거부 형태는 현재 진행형이며 앞으로 더욱 가치를 지니게 될 양심에 따른 병역거부의 형태다. 현재 벌어지고 있는 이라크 전에서도 선택적 거부가 벌어지고 있는데 그 중 가장 전형적인 예가 미 육군 제504 보병강습연대 소속 제레미 힌즈먼 일병의 경우이다.

> '미군 병사가 캐나다로 간 까닭은?'
> 미 육군 제504보병강습연대 소속 제레미 힌즈먼 일병은 '9·11 동시테러' 뒤 아프가니스탄에서 복무했다. 하지만 그는 자신이 속한 부대가 이라크 전출명령을 받았을 때 이를 단호히 거부했다.
> "군에 입대한 건 조국을 지키기 위해서지, 침략행위에 동참하기 위해서가 아니다"라며 명령에 불복해 부대를 떠난 힌즈먼 일병은 가족과 함께 캐나다로 옮겨온 뒤, 이달 초 난민자격을 신청했다. 스스로를 '애국자'라고 생각한다는 그는 '근무이탈자'가 됐고, 이라크에서 저항세력과 싸우는 대신 캐나다 법정에서 미군 당국과 한판 전투를 벌이고 있다. 미군 병사 가운데 이라크 복무를 거부하고 난민신청을 하는 그가 처음이다.
> 현재 토론토에 머무르고 있는 그는 "이라크 침공은 어떤 명분도 없는 부당한 전쟁"이라며 "다른 전우들도 이라크 복무를 거부하고 캐나다로 오길 바란다"고 말했다. 영국의 「가디언」은 21일 인권단체 등의 말을 따 "이라크 주둔 미군병사의 휴가 뒤 미복귀율은 15~20%에 이르며, (힌즈먼 일병처럼) 이라크 복무를 거부하는 병사들이 급증할 것으로 보인다"고 전했다.(「한겨레신문」 2004년 2월 22일)

이러한 정전론에 입각한 선택적 병역거부는 이미 일상화되고 있다. 2004년 3월 16일 독일에 주둔하던 미군 병사 두 명은 자신들이 이라크 주둔군으로 배속되자 누군가를 죽여야 하는 임무를 수행할 수 없다며 양심적 병역거부자로서 전역시켜 줄 것을 요청했다. 또한 2003년 10월까지 이라크에서 복무한 뒤 노스 마이애미에 있는 플로리다 주방위군으로 복귀한 카밀로 메지아 하사는 중동지역으로 다시 돌아가는 것을 거부하고 양심에 따른 병역거부자 신분을 요구하였다. 그는 "**이라크에선 폭력의 도구였지만, 이제는 평화의 도구가 되고 싶다**"며 "나는 양심의 요구에 따라 감옥에 갈 준비가 돼 있다"고 말했다(「한겨레신문」 2004년 3월 17일). 뿐만 아니라 부시 미 대통령이 이라크 종전을 선언한 지 약 7개월 동안 복무지를 떠나 복귀를 하지 않는 병사들이 약 1,700여 명에 이르고 있다.(「한겨레신문」 2003년 12월 5일)

또한 영국군에서도 이라크전과 관련하여 선택적 거부가 발생하고 있다. 이라크 남부에서 군사 임무를 수행하던 영국군 세 명은 "**이라크 전쟁에서 무고한 시민들을 죽이는 일에 끼어들고 싶지 않다고 이의를 제기**"했다. 이 사건을 맡은 변호사들은 "부당한 전쟁에 항의하는 이 병사들은 전쟁이 시작되자 '잠깐, 우리가 여기서 뭐하는 거지'라고 자문했다"면서 "이 병사들은 전쟁 전 걸프만에 배치됐으나 이번 전쟁이 국제적 지지를 얻지 못했다는 사실을 안 뒤 임무 수행을 거부하기로 결심했다"고 밝혔다.('프레시안' 2003년 4월 1일)

이와 같은 선택적 병역거부는 이라크전의 예에서 보듯이 전쟁이 발생하면 항상 발생하는 전쟁의 그림자이다. 빛이 있는 곳에 그림자가 항상 존재하고 빛이 사라지면 그림자가 사라지는 것처럼, 전쟁이 발생하면 선택적 병역거부는 나타나며, 전쟁이 사라지면 선택적 병역거부는 사라진다. 보편적인 또는 완전 병역거부가 인정된다 할지라도 전쟁이 존재하는 한 선택적 병역거부는 여전히 생겨날 것이다. 따라서 선택적 병역거부를 위한 진정한 해결책은 전쟁의 소멸이다. 그러나 전쟁은 인간이 존재하는 한 지속된다.

선택적 병역거부는 전쟁을 소멸시킬 수는 없지만 해당 전쟁의 종식을 가능케 한다. 선택적 병역거부자가 늘수록 그리고 부당한 전쟁에 항거하며 총들기는 거부하는 현역 군인이 늘수록, 국내 반전 여론은 거세지고 철군 주장으로 이어지기 때문이다. "이라크 주둔 미군 병사들이 잇따라 복무를 거부하고 나서면서 미군 당국이 긴장하고 있다. 베트남전 당시에도 파월장병들의 병역거부가 잇따르면서 반전여론이 거세졌고 결국 철군으로 이어졌던 경험이 있던 탓이다"(「한겨레신문」 2003년 12월 5일). 이 점에서 선택적 병역거부는 전쟁의 종식을 원하는 반전운동이자 평화운동으로서 그 정당성이 인정되어야 한다.

제2부

불관용의 원리

1 _ 정상인과 비정상인들

시민들이 양심에 따른 병역거부자들을 애써 무시하거나 심지어 그들의 주장에 대해 눈감아 버리는 근본적인 이유는 무엇일까? 왜 시민들은 양심에 따른 병역거부자들을 사이비 종교 집단의 구성원이나 보편적인 상식을 벗어난 사람들로 보는 것일까? 이와 같은 오해의 근원을 밝히기 위해서 병역법과 '징병신체검사등검사규칙'에 관한 분석을 토대로 군대에 가지 않는 자들이 차별을 받게 되는 이유, 그들이 비정상인으로 전환되는 과정, 결론적으로 양심에 따른 병역거부자들도 비정상인으로 전환되는 과정을 살펴본다.

그 과정은 다음과 같은 흐름으로 진행된다. 대한민국의 모든 남자는 만 19세가 되면 반드시 신체검사를 받아야 한다. 신체검사에는 시민의 육체에 대한 검사만이 아니라 정신에 대한 검열도 함께 포함되는데 이러한 신체검사를 통해 대한민국의 모든 남성 시민은 병역의 의무를 다할 수 있는 정상인과 병역의 의무를 이행할 수 없는 비정상인으로 구별되고 시민들은 이러한 구별을 당연한 것으로 수용한다. 시민들은 스스로 이러한 구분의 대상인 동시에 판단자가 되어 사회의 모든 영역에서 이러한 구별짓기를 작동시키고 군대에 가지 않는 사람들을 비정상인으로 보는 편견을 확산시킨다. 시민들은 양심에 따른 병역거부자들의 거부 이유와 거부 행위에 대해서 관심을 갖지 않으며 그들이 주장하는 양심의 의미나 거부 행위의 의미 또한 생각하지 않는다. 시민들은 양심에 따른 병역거부자들을 누구나 하는 병역의 의무를 다하지 않는, 군대를 가지 않는 별종이나 비정상인으로 바라볼 뿐이다.

1) 차별을 받는 사람들

우리 사회에는 여러 가지 이유로 차별을 받는 사람들이 있다. 이들에 관한 규정은 국가인권위원회법 30조 2항에 나열되어 있다. 이들은 "성별, 종교, 장애, 나이, 사회적 신분, 출신지역, 출신국가, 출신민족, 용모 등 신체조건, 혼인여부, 임신 또는 출산, 가족상황, 인종, 피부색, 사상 또는 정치적 의견, 형의 효력이 실효된 전과, 성적(性的) 지향, 병력(病歷)을 이유로" 차별을 당하는 자이다. 이 법에 해당하는 사람들은 고용(모집, 채용, 교육, 배치, 승진, 임금 및 임금 외의 금품 지급, 자금의 융자, 정년, 퇴직, 해고 등)·재화·용역·교통수단·상업시설·토지·주거시설의 공급이나 이용에 있어서 불리하게 대우를 받고 있다.

  이상적으로는 어느 누구도 차별을 해서도 받아서도 안 되겠지만 현실적으로는 차별이 엄연히 존재한다. 국가인권위원회법 30조는 이상에 맞게끔 현실을 바꾸어 나가려는 노력이지만, 역설적으로 현실에 차별이 존재하고 있음을 보여주고 있다. 국가인권위원회법 30조에 장황하게 나열되어 있는 차별의 규정에는 한 가지 공통점이 있다. 그것은 '출신지역'을 제외한 모든 항목이 병역의무 이행에 해당되지 않는 사람들이라는 점이다.

예컨대 임신과 출산을 하는 대부분의 여성은 지원을 하지 않는 한 군대를 가지지 않는다. 여호와의 증인이나 재림교회 신자들과 같은 소수파 기독교인들은 군대가기를 거부한다. 몸과 정신이 군복무를 수행하기 불편한 사람들도 군대에 가지 않는다. 고아들도 군대에 갈 수 없고 외국인, 소수인종, 이민족, 혼혈인도 군대에 가지 못한다. 정치적인 이유로 군을 거부하는 자들은 군에 입대하는 것 자체를 부정한다. 일정 정도 이상의 전과기록이 있는 사람들도 군대에 갈 수 없다. 동성애자와 양성애자 등도 군에 들어가는 것을 꺼려하거나 부정하는 편이다. 설사 이들이 군에 입대하기를 희망해도 동성애자나 양성애자임이 확인된다면 군대에 갈 수 없다. 또한 병역의 의무를 다할 수 없을 만큼 치명적인 병을 앓았거나 앓는 사람들도 국가가 군대에 들어오지 말라는 합법적 면제를 내려준다.

국가인권위원회법 30조에서 규정하는, 차별을 받아서는 안 되는 사유는 다양하다. 그러나 그 사유들의 공통점은 군대를 가지 않았거나, 갈 수 없거나 가지 않을 자들에게 해당된다는 점이다. 이런 점에서 국가인권위원회법 30조는 우리 사회에서 '병역의 의무를 이행하는 자는 차별을 받지 않는다'는 것을, 그리고 '병역의 의무를 이행하지 못하거나 안하는 자는 차별을 받는다'는 것을 역설적으로 보여준다.

일반적으로 대한민국 시민은 권리와 의무를 가지고 있다. 대한민국 시민은 행복추구권, 평등권, 자유권, 선거권* 및 공무담임권과 청원권, 교육

---

* 행복추구권 헌법 제10조 "모든 국민은 인간으로서의 존엄과 가치를 가지며, 행복을 추구할 권리를 가진다. 국가는 개인이 가지는 불가침의 기본적 인권을 확인하고 이를 보장할 의무를 진다.
  평등권 헌법 제11조 1항 "모든 국민은 법 앞에 평등하다. 누구든지 성별, 종교 또는 사회적 신분에 의하여 정치적, 경제적, 사회적, 문화적 생활의 모든 영역에 있어서 차별을 받지 아니한다.
  자유권 헌법 제12조 1항 모든 국민은 신체의 자유를 가진다.
  선거권 헌법 제24조 모든 국민은 법률이 정하는 바에 의하여 선거권을 가진다.

권, 근로권, 사회권* 등을 가지고 있는 반면, 교육의 의무, 근로의 의무, 납세의 의무, 병역의 의무를 다해야 한다.** 일반적으로 권리를 향유하기 위한 전제는 의무 이행이며, 의무 이행의 전제조건 또한 국가에 의한 권리의 보장이다. 그러므로 의무를 이행하지 않는 권리는 있을 수 없으며, 권리를 보장하지 않은 의무 이행의 강제도 있을 수 없다.

병역법은 대한민국의 시민으로서 준수해야 할 의무 중 '병역의 의무를 규정하는 법이다. 그러나 병역법은 합법적 배제를 전제로 하며, 그 결과로 차별을 암묵적으로 묵인한다. 병역법 1조에는 "이 법은 대한민국 **국민의** 병역의무에 관하여 규정함을 목적으로 한다"고 규정되어 있으나, 병역법 3조에는 "대한민국 **국민인 남자**는 헌법과 이 법에 정하는 바에 따라 병역의무를 성실히 수행하여야 한다"고 규정함으로써 남자만 병역의 의무를 져야 함을 분명히 하고 있으며 그 결과 사회의 절반인 여성을 배제할 것도 분명히 규정하는 셈이다. 또한 병역법 12조에는 신체등위에 관한 판정을 분명히 함으로써 병역의 의무를 신체와 정신이 건강한 남자만이 받을 수 있도록 규정하고 있다. 더구나 병역법 64조 1항의 1에는 전신기형자 등

---

* 공무담임권 헌법 제25조 모든 국민은 법률이 정하는 바에 의하여 공무담임권을 갖는다.
청원권 헌법 제26조 1항 모든 국민은 법률이 정하는 바에 의하여 국가기관에 문서로 청원할 권리를 가진다.
교육권 헌법 제31조 1항 모든 국민은 능력에 따라 균등하게 교육을 받을 권리를 가진다.
근로권 헌법 제30조 1항 모든 국민은 근로의 권리를 가진다. 국가는 사회적, 경제적 방법으로 근로자의 고용의 증진과 적정 임금의 보장에 노력하여야 하며, 법률이 정하는 바에 의하여 최저임금제를 시행하여야 한다.
사회권 헌법 제34조 1항 모든 국민은 인간다운 생활을 할 권리를 가진다.
** 교육의 의무 헌법 제31조 2항 모든 국민은 그 보호하는 자녀에게 적어도 초등교육과 법률이 정하는 교육을 받게 할 의무를 진다.
근로의 의무 헌법 제30조 2항 모든 국민은 근로의 의무를 진다. 국가는 근로 의무의 내용과 조건을 민주주의 원칙에 따라 정한다.
납세의 의무 헌법 제38조 모든 국민은 법률이 정하는 바에 의하여 납세의 의무를 진다.
병역의 의무 헌법 제39조 1항 모든 국민은 법률이 정하는 바에 의하여 국방의 의무를 진다.

외관상 명백한 장애인은 병역의 의무를 다할 수 없다고 규정하고 있다. 그 결과 병역법은 장애인들이 병역의 의무를 다할 수 없도록 규정함으로써, 사회적 약자의 배제를 원칙적으로 정당화하고 있다. 나아가 교육 정도가 낮은 집단, 전과자, 고아, 귀화자, 혼혈아 등도 대한민국 시민이기는 하지만 병역의 의무를 다할 수 없도록 규정되어 있다.

이러한 배려적인 배제는 정당하다. 병역의 의무를 다할 수 없는 국가의 시민들에게 국가가 배려하는 것이기 때문이다. 하지만 이러한 배제가 차별로 귀착되어서는 안 된다. 그러나 병역법에 의거한 합법적 배제가 사회에서 각종의 불법적이며 비합법적인 차별을 정당화해 왔고 이 점이 문제가 된다. 교육의 의무, 근로의 의무, 납세의 의무, 병역의 의무 등 시민의 4대 의무 중 병역의 의무만이 시민을 차별을 받지 않는 자와 차별을 받는 자로 구별한다. 다른 의무의 불이행은 그로 인한 차별이 발생하지 않는 데 반하여, 병역의 의무 불이행은 사회적 차별의 징표가 되어, 각종 권리 행사를 가로막을 뿐만 아니라 평등한 권리마저 침해한다. 그 대표적인 사례가 한창 논란이 되었던 군가산점제 문제였다.

군가산점제 논쟁은 1998년 5월 5일 국방부가 7급 이하 공무원 시험에 적용되던 군필자 가산점을 일반기업체와 국가기관 모두에 적용하겠다고 발표했던 시점에서 시작된다. 이어 5월 8일 국가보훈처가 5급 공무원 국가고시 시험에도 3~5%의 군가산점을 주겠다고 발표함으로써 불에 기름을 붓는 격이 되었다. 이러한 두 발표의 배경에는 97년 대선 때 불거진 사회 기득권층에 만연된 병역비리가 있었으며, 이에 대한 시민들의 심리적 저항이 강했던 데 있다. 즉 군가산점의 확대 적용은 병역비리에 대한 불만이 징병제 자체, 의무복무 자체에 대한 사회적 저항으로 이어지는 것을 막기 위해 내놓은 미봉책이었다.(배은경, 2000)

논쟁은 현상적으로 남성과 여성의 대결로 비추어졌으며, 여성에 대한 남성의 사이버 폭력이라는 극단적인 사태로까지 발전하였다. 그러나 군가산점 논쟁의 핵심은 시민으로서 져야 할 병역의무의 이행에 대해 과연 특혜를 주어야 하는 것인가였다. 바꾸어 말하면 병역의무를 다하지 못한 시민은 취업상의 불이익을 받아야 하는 것인가였다. 군대를 가려고 해도 갈 수 없는 사람들이 군가산점제에 대한 공격의 중심에 섰다. 그들은 여성만이 아니었다. 예컨대 장애인 정강용*은 국가기관의 장애인 차별이 여성 차별 못지않게 부당하다면서 1998년 4월 헌법소원을 제기했다(김정열, 2000, 146쪽). 이렇듯 여성만이 아니라 신체적인 이유 등으로 군대를 가지 않거나 갈 수 없었던 사람들도 국가공무원 시험에서 각종 불이익을 당하고 있었다.**

그들은 공통적으로 병역의무의 불이행이 차별을 가져온다는 사실을 인식하였다. 그들은 군대를 다녀오지 않았다는 이유로 시민으로서의 권리는 커녕 인간으로서 누려야 할 기본적인 권리마저 박탈당하고 있어 정상적인 사회활동조차 불가능하다는 것에 대해 문제를 제기했다. 결과적으로 이들은 사회의 소수자였다.

---

* 장애인 정강용은 1988~1991년까지 3년여에 걸쳐 10차례 기업체 공채시험에 응시해서, 필기시험에 합격하고도 면접에서 탈락하곤 했다. 그는 일반 기업체 시험을 포기하고 1991년 총무처주관 7급 행정직 공개채용 시험에 응시해서 82.22점을 받아 차석을 차지하였다. 그러나 78.33점을 받는 군필자가 5%를 더해 83.33점을 받아 합격하고, 그는 탈락하였다. 그는 1992년과 1993년도에도 군가산점 때문에 연이어 불합격 처분을 받았다. 비장애인들이 한 과목당 5점씩 총 45점의 가산점을 받았기 때문이다.(김정열, 2000, 151쪽)
** 군가산점 논쟁은 다지형적으로 전개됐다. 기본적으로 군대를 가지 않아도 특권을 향유할 수 있는 특권층과 군대를 어쩔 수 없이 가야 하는 평범한 시민, 군대를 갔다온 남성들 중에서도 공무원 시험을 볼 수 있는 자격과 능력을 갖춘 계층과 군대를 갔다 왔어도 아무런 특혜도 받지 못했던 평범한 남성 제대자들, 남성과 여성의 성대결, 여성 내 공무원 시험을 볼 수 있는 자격과 능력을 갖춘 층과 이런 시험을 볼 수 없는 여성의 대결로 표출되는 여성 내 차이의 논쟁, 또한 장애인과 같은 사회적 소수자의 논쟁 등으로 전개되어 왔다.(정진성, 배은경, 박홍주, 권김현영, 김정열, 고길섶 등의 논의)

병역의무의 이행 여부에 따른 군가산점제만이 문제가 되는 것은 아니다. 사회의 모든 영역에서 군필 여부는 차별의 중심축으로 기능하고 있다. 문제는 병역의 의무를 다할 수 없는 조건을 타고 난 사람들에 대해서도 차별이 만연하고 있다는 점이다. 물론 형식적인 면에서 군가산점제와 같은 불평등한 법이 폐지되고 있다고는 하지만 병역의 의무를 다한 정상인과 병역의 의무를 다하지 못한 비정상인을 구분하는 사회적 시각은 여전히 변하지 않고 있다. 또한 병역의 의무를 다하지 못한(또는 않은) 사람들에 대한 사회의 일반적인 태도도 여전히 냉정하다. 많은 사람들은 군대를 갔다 오지 않은 남성은 어딘가 모자라는 사람으로 여기고, 기업들은 군대를 갔다 오지 않은 남성의 고용을 꺼린다. 이런 사회 분위기 속에서 군대를 갔다 온 남성은 그렇지 않은 남성에 대해 우월감을 갖게 되며, 심지어 부모들조차도 자식이 군대를 가지 않았다는 사실을 부끄럽게 여겨 드러내놓고 이야기하기를 꺼린다.

이러한 인식의 이면에는 군대를 갔다 오지 않은 남성을 비정상적인 인간으로 보는 시각이 깔려 있다. 병역의 의무가 무엇이기에 이와 같은 현상이 발생하는가?

2) 남성 성인의 해부(구별짓기)

병역법은 대한민국 남성 시민과 국가가 만나는 지점이다. 대한민국의 남성 시민은 병역법에 따라 일정 시기가 되면 일정 지역으로 호출을 받아 신체검사를 받고, 청소년에서 병역의 의무를 다하는 시민으로 거듭나야 한다. 대한민국 남자라면, 그리고 그 남자가 대한민국의 완전한 시민이 되고자 한다면, 누구도 예외 없이 병역법에 따른 신체검사를 거쳐야 한다. 심지어 신체가 기형인 사람마저도 '징병신체검사등검사규칙' 4조 2항 "신체검사에 있어 신체의 기형 등으로 인하여 신장·체중을 측정하기 곤란한 자에 대하여는 신장·체중의 측정을 생략하고 병적기록표의 질병 정도란에 그 사유를 기재한다"는 규정에 따라 병역법의 통과의례를 거쳐야 한다. 병역법에 따른 신체검사는 남자가 성인이 되기 위한 통과의례이다. 병역법처럼 현실을 살아가는 인간이 이렇게 밀접하고 광범위하게 접촉하면서 강하게 지배를 받는 법도 없다.

병역법 제8조 "대한민국 국민인 남자는 18세부터 제1국민역*에 편입된다"는 규정에 따라 대한민국 남성 시민은 18세가 되면 국가의 병력자원이 된다. 병역법 제11조 "병역의무자는 19세가 되는 해에 병역을 감당할 수 있는지의 여부를 판정받기 위하여 지방병무청장이 지정하는 일시 및 장소에서 징병검사를 받아야 한다"는 규정에 따라 대한민국 남성 시민은 국가가 규정한 신체검사를 받아야 한다. 그것도 그냥 받는 것이 아니다. '징병신체검사등검사규칙' 6조 "신체검사를 실시할 때에는 수검자로 하여금 팬티만을 착용하게 하되, 징병전담의사 또는 군의관이 필요하다고 인정하는 부위에 대한 검사를 위하여는 별실 또는 칸막이 안에서 나체로 검사할 수 있다"는 규정에 따라 **대한민국 모든 남성 시민은 19세가 되면 국가가 나누어 준 푸른색 팬티 한 장만 걸치거나 때에 따라서는 나체가 되어야 한다는 점에서 사실상 벌거벗겨져 검사와 검열을 받아야 한다.**

---

* 병역법 제5조에 따라 제1국민역과 제2국민역은 다음과 같이 구분된다. 제1국민역은 병역의무자로서 현역, 예비역, 보충역, 또는 제2국민역이 아닌 사람을 말하며, 제2국민역은 징병검사 또는 신체검사의 결과 현역 또는 보충역 복무는 할 수 없으나 전시근로소집에 의한 군사지원업무는 감당할 수 있다고 결정된 사람을 말한다. 보충역은 징병검사를 받아 현역복무를 할 수 있다고 판정된 사람 중에서 병력수급과 사정에 의하여 현역입영대상자로 결정되지 아니한 사람과 공익근무요원, 공중보건의사, 징병전담의사, 국제협력의사, 공익법무관, 전문연구요원, 산업기능요원으로 복무 또는 의무종사하고 있거나 그 복무 또는 의무종사를 마친 사람이다.

대한민국 남성 시민은 성년을 맞이하기 위해서 사실상 나체로 국가의 검열을 받아야 한다. 그리고 20년 동안 국가의 보호 아래 육체와 정신이 정상적으로 성장했는지, 기형적으로 성장했는지 수검을 받아야 한다. 그리고 나서 마치 도살장의 소와 돼지들이 도축된 후 등급을 받듯이, 19세가 된 대한민국의 모든 남성 시민은 각각 1급에서 7급 사이의 등급을 받아야 한다. 어느 누구도 이 등급을 벗어날 수 없다.

아무나 이러한 등급을 매길 수 있는 것은 아니다. 예외가 있다면 전문적인 지식 없이도 할 수 있는 신장과 체중검사이다. 이를 제외한 모든 것을 검사하는 자와 판단을 내리는 자는 전문 의사이다. 의사는 국가로부터 권한을 위임받아 이와 같이 등급을 매긴다. 병역법에 의거한 의사의 판단은 한 인간의 일생을 규정할 만큼 중대한 사안이므로 상당한 정도의 전문성과 신중을 요한다. 아래의 표를 보면 신검대상자를 검사하는 자와 신체 등급을 판정하는 자의 자격이 전담의사 또는 군의관으로 규정되어 있어, 상당한 전문 지식을 갖추고 있어야 함을 보여준다.

(표9) 신체검사업무와 담당자 ('징병신체검사등검사규칙' 제4조)

구분	신체검사 업무	담당자
1	신체 등위의 판정	수석징병전담의사 또는 수석군의관
2	시력, 곡광도검사 기타 안과검사	관계징병전담의사 또는 관계군의관
3	청력, 청기, 비강, 구강 및 인후검사	상동
4	관절운동검사	상동
5	일반신체구조검사	상동
6	언어, 정신, 피부 기타 신체검사	상동
7	신장, 체중의 측정	지방병무청 및 지방병무사무소의 직원 (신체검사를 군병원에서 실시하는 경우 군병원의 부사관 및 병)

신체검사장에서 의사는 육체의 병을 판단하는 권력의 징표이자, 인간 정신의 내면을 현미경으로 들여다보듯이 정교하게 조사하는 권위의 상징이다. 이때의 의사는 **진리의 권위자**이다. 또한 의사는 군대에 가지 않기 위해서 병이 없는데도 병이 있다고 허위 사실을 주장하는 사람에 대해서 육체와 정신과 관련된 병의 진실성 여부를 판단하는 도덕적 심판자이기도 하다. 이때의 의사는 **진실의 권위자**이다.

  대한민국 남성 시민은 국가로부터 권력을 위임받은 의사들에 의해 낱낱이 해부를 당한다. 신장, 체중, 시력, 혈압을 순서대로 측정당하고, 안과, 신경정신과, 내과, 외과, 이비인후과, 피부과, 비뇨기과, 치과의 순서로 검사를 당한다. 가장 간단해 보이는 신장과 체중을 재는 방식도 상당히 면밀하고 정교하다. "신장은 신체검사대상자로 하여금 눈높이의 전방에 설치된 목표를 바라보게 하고 턱을 곧게 하여 차려자세로 바르게 서게 한 후 측정한다. 이 경우 측정단위는 센티미터로 하되, 소수점 이하는 반올림한다." "체중은 신체검사대상자를 체중측정기의 중앙에 서게 한 후 측정한다. 이 경우 측정단위는 킬로그램으로 하되, 소수점 이하는 반올림한다."

  이러한 조사의 결과 남성 시민은 신장에 따른 체중에 따라 1등급에서 4등급까지 구분된다.('징병신체검사등검사규칙' 제8조 2항의 1과 2)

〈표10〉 신장·체중에 따른 신체등급의 판정기준 사례

등급 \ 신장	170~172cm	173~175cm	176~178cm
1등급	58이상~72미만	60이상~75미만	62이상~78미만
2등급	48이상~58미만 72이상~88미만	49이상~60미만 75이상~90미만	51이상~62미만 78이상~92미만
3등급	39이상~48미만 88이상~110미만	39이상~49미만 90이상~113미만	40이상~51미만 92이상~113미만
4등급	39미만, 110이상	39미만, 113이상	40미만, 113이상

신검대상자는 기본적으로 신장과 체중을 검사당한 후, 관계징병전담의사와 관계군의관에 의해 본격적으로 해부를 당한다. 해부는 주로 세 가지 영역으로 이루어진다. 눈에 보이는 육체, 눈에 보이지 않는 육체인 내과계통 그리고 인간의 내면 영역인 정신에 대한 검사가 그것이다.

첫째, 눈에 보이는 육체에 대한 검사는 안과, 외과, 비뇨기과, 치과 등을 말한다. 시력은 신체검사대상자를 시력표에 정해진 거리 앞에 맨눈 상태로 서게 한 후 먼저 왼쪽 눈을 눈가리개로 가리고 오른쪽 눈부터 검사하되, 시력표의 1.0(20/20)부터 시작하여 점차 큰 표를 가리켜 측정하며, 오른쪽 눈이 끝나면 오른쪽 눈을 눈가리개로 가리고 같은 방법으로 왼쪽 눈을 검사한다. 이때 시력표의 조도는 200룩스로 한다. 혈압은 신체검사대상자의 긴장을 풀게 한 후 혈압측정기로 측정한다. 안과의 검사는 먼저 신체검사대상자의 시력측정결과를 확인한 후 맨눈시력 0.4(20/50)미만인 자와 안과적으로 이상이 있는 자는 정밀검사를 하되, 부동시로 확인된 자는 시력교정수술 여부 및 콘택트렌즈 착용 여부를 확인한다.('징병신체검사등검사규칙' 제8조 2항의 3과 4)

외과의 검사는 신체검사대상자를 다섯 명 단위로 담당징병전담의사 또는 담당군의관으로부터 2미터 앞에 서게 한 후 손가락·몸통 및 팔다리 운동을 시켜 검사하고, 질환자에 대하여는 정밀검사한다. 특히 항문·수술흔적 및 화상 등 수치를 느끼는 부위의 검사는 개인별로 칸막이를 하고 검사한다. 피부과 및 비뇨기과의 검사는 개인별로 칸막이를 하고 검사한다. 치과의 검사는 신체검사대상자의 치아·잇몸 등 구강검사를 하고 치아 이상자는 방사선 촬영 등으로 정밀검사한다.('징병신체검사등검사규칙' 제8조 2항의 5, 10, 11)

내과의 검사는 먼저 신체검사대상자의 흉부 방사선간접촬영필름을 확인한 후 청진기에 의한 개인별 심장질환검사 등 질환유무를 검사하고, 혈압측정 결과 이상이 있는 자는 정밀 재검사한다. 이비인후과는 귀 · 코 · 목의 순서로 검사하며, 난청 등을 감별하기 위한 청력검사는 순음청력검사계기를 사용하여 회화음역에 속하는 주파수인 500헤르츠 · 1000헤르츠 및 2000헤르츠에서의 기도청력역치를 산술 평균하여 청력장애의 정도를 판정한다.('징병신체검사등검사규칙' 제8조 2항의 7과 9)

마지막으로 신체검사에서는 눈에 보이지 않는 인간의 정신에 대한 검열도 이루어진다. 신경정신과 및 신경과의 검사는 신체검사대상자의 태도가 이상하거나, 인성검사 결과 이상이 있는 자, 신체에 문신 · 자해흔적이 있는 자 또는 주사자국이 많은 자에 대하여 개인별로 칸막이를 하고 검사한다.('징병신체검사등검사규칙' 제8조)

이러한 기본 조사에서 특정 부위에 이상이 발견된 남성 시민은 해당 부위에 대해 상세한 병력의 조사를 받아야 한다. 정교하게 검사를 받은 남성 시민의 해당 육체 부위는 징병시, 전역시, 전시에 따라 각각의 등급을 받게 된다.

관계징병전담의사와 군의관은 눈에 보이는 가시적 육체와 눈에 보이지 않는 육체를 검사하고, 심지어 인간의 내면까지 검열을 한 후에 각 신체검사대상자의 신체검사기록표를 수석징병전담의사와 수석군의관에게 넘긴다. 수석징병전담의사와 수석군의관은 해당 신체검사대상자를 검사하고 검열한 자료를 검토한다. 19세를 맞은 대한민국 남성 시민은 자신에 대한 등급 판정을 기다린다. 수석징병전담의사나 수석군의관은 내과에서 정신과까지 약 405개 영역에 걸쳐 이루어진 신체검사대상자에 대한 상세한 검사기록을 받아 그것을 기준으로 다음과 같이 1등급에서 7등급으로 구분하여 판정한다.

〈표11〉 신장·체중에 따른 신체등위의 판정기준 사례

등위	판정기준
1	질병·심신장애가 없거나 질병·심신장애의 정도에 따른 평가기준이 모두 1급인 자
2	질병·심신장애 정도에 따른 평가 기준 중 가장 낮은 등급이 2급인 자로서 그 2급이 2개 이내인자
3	① 질병·심신장애 정도에 따른 평가 기준 중 가장 낮은 등급이 3급인 자로서 그 3급이 2개 이내인 자 ② 질병·심신장애 정도에 따른 평가 기준 중 가장 낮은 등급이 2급인 자로서 그 2급이 3개 이상인 자
4	① 질병·심신장애 정도에 따른 평가 기준 중 가장 낮은 등급이 4급인 자로서 그 4급이 2개 이내인 자 ② 질병·심신장애 정도에 따른 평가 기준 중 가장 낮은 등급이 3급인 자로서 그 3급이 3개 이상인 자
5	① 질병·심신장애 정도에 따른 평가 기준 중 가장 낮은 등급이 5급인 자 ② 질병·심신장애 정도에 따른 평가 기준 중 가장 낮은 등급이 4급인 자로서 그 4급이 3개 이상인 자
6	① 질병·심신장애 정도에 따른 평가 기준 중 가장 낮은 등급이 6급인 자 ② 질병·심신장애 정도에 따른 평가 기준 중 가장 낮은 등급이 5급인 자로서 그 5급이 2개 이상인 자
7	질병·심신장애 정도에 따른 평가 기준 중 7급이 있는 자. 다만, 5급 또는 6급이 함께 있는 경우에는 당해 등급에 의하여 등위를 판정한다.

대한민국 남성 시민은 19세가 되면 위와 같이 국가에 의해 등급을 부여받는다. 이를 위해 대한민국 남성 시민은 국가에 의해 거의 발가벗겨진 채, 은밀한 곳까지 검사를 당하고 그래도 해명되지 않는 부분이 있으면, 의사의 질문에 따라 자신의 육체와 정신에 관한 모든 것을 고해성사해야만 한다. 끝까지 감추고서 보여주고 싶지 않은 육체의 일부도 드러내야 하고, IQ도 공개되고 학교생활기록부를 통해 중고등학교 생활까지 검열을 당해야 한다. 그리고 나서 수석징병전담의사와 수석군의관은 눈도 들지 않은 채 "○○○ 1등급" "□□□ 2등급"이라고 외친다. 수석징병전담의사와 수석군의관이 "△△△ 5등급" 하고 외칠 때에는 눈을 들어 해당 남성 시민을 한 번 쳐다본다. '혹시 이번 판결에 의문이 있나' 라는 눈초리라기보다는 '5급을 받은 사람은 어떻게 생겨먹은 인간인가' 라는 눈초리이다.

신체검사를 받아본 사람이라면, 모두 똑같은 팬티를 입고, 치질 검사를 받기 위해 담당 군의관을 향해 항문을 벌리는 것과 같은 징병신체검사가 얼마나 인격을 침해하고 모독하는 것인지 느낄 수 있다. 털 벗긴 소와 돼지가 컨베이어 벨트에 실려 가는 것과 푸른색 팬티만 입은 남성 시민이 신장, 체중, 시력, 혈압, 안과, 신경정신과, 내과, 외과, 이비인후과, 피부과, 비뇨기과, 치과의 순으로 검사를 받는 것은 하등 다를 바 없다. 더구나 말도 안 되는 듯한 질문이 반복되는 질문지로 자신의 내면까지 검사를 받다 보면, 이것이 정상적인 것인가를 생각해 볼 틈도 없다.

그러나 조금이라도 예민한 사람이라면, 특히 성적 소수자라면 이러한 신체검사는 자기모멸감과 혐오감을 불러일으키고도 남는다. 국가가 병력자원을 관리하기 위해서 신체검사가 꼭 필요하다 하더라도, 이와 같은 인격모독적인 신체검사는 더이상 실시해서는 안 된다. 꼭 필요한 법집행이라 하더라도 인간의 인격과 인권을 침해해서는 안 되기 때문이다. 그래도 필요하다면 대안을 찾아야 한다. 각 신체검사대상자가 국가가 정한 또는 자신이 선택한 날짜에 국가가 지정하는 해당병원 또는 개인이 선택한 해당병원에 들러 자율적인 검사를 받는 것도 하나의 방법일 것이다.

3) 정상인의 창조

신체검사장에서 내려지는 등급 판정은 **병의 유무 판정에서 정상성의 판정으로 전환**된다. 1급에서 4급까지는 정상인이지만, 5급과 6급은 비정상인이다. 7급은 치료의 결과에 의해 정상인이 되기도 하고 비정상인이 되기도 한다. 이 판정의 결과는 사회 전체로 투영된다. 군대에 가서 병역의 의무를 다하는 시민은 정상적인 시민이지만, 어떤 이유로 군대를 가지 않아 시민의 의무를 다하지 않는 시민은 비정상인이다. 이러한 비정상인은 국가인권위원회법 30조에 나열된 "성별, 종교, 장애, 나이, 사회적 신분, 출신

국가, 출신민족, 용모 등 신체조건, 혼인여부, 임신 또는 출산, 가족상황, 인종, 피부색, 사상 또는 정치적 의견, 형의 효력이 실효된 전과, 성적(性的) 지향, 병력(病歷)을 이유로" 군의 의무를 다하지 못하는 사람들이다.

  정상인가 비정상인가의 판단을 내리는 사람은 전문적인 지식을 갖춘 관계징병전담의사 또는 군관계군의관이다. 이들은 의사이다. 신체검사장에서 이들은 인간의 신체에 대한 전문적인 지식을 갖춘 자이자 권위를 갖춘 자이다. 그는 기본적으로 전문성과 권위에 의거해 과거의 병력과 현재의 증상을 바탕으로 병의 유무를 판단한다. 그러나 그는 단순히 신검대상자가 현재 병을 앓고 있는가 또는 병을 앓은 적이 있는가만을 판단하는 것은 아니다. 의사의 판단 결과는 결과적으로 정상인과 비정상인을 나누는 기준으로 작동한다. 푸코가 "의학은 신체 기능에 이상이 없다는 개인적 차원의 건강뿐만 아니라 사회적인 차원에서의 '정상'과 병리적인 상태를 고려해야만 한다"(Foucault, 1993, 78쪽)고 언급했던 것처럼, 신체검사장에서 의사는 신검대상자가 군대라는 폐쇄된 공간에서 행해지는 동일한 규율과 훈련을 감당할 능력이 있는지를 판단하는 자이다. 푸코에 따르면 인간의 건강을 주로 탐구했던 18세기의 의학과는 달리 "19세기에 들어서서 의학은 건강보다는 '정상'의 문제에 더 큰 관심을 보이게 된다"(Foucault, 1993, 78쪽). 이때 "의학이란 자연으로서만이 아니라 동시에 사회인으로서 인간을 다루는 지식이다"(Foucault, 1993, 78쪽). 신체검사장에서 의사는 신검대상자의 과거와 현재의 병력을 검사하지만 이는 현재의 건강 상태가 아니라, 군에 입대해서 정상적으로 훈련을 받을 수 있는가 없는가를 판단하기 위함이다. 이런 의사의 판단에 의하여 군대에서 행해지는 규율을 따르고 훈련을 받을 수 있는 자는 정상인이고, 규율과 훈련을 받아들일 수 없는 자는 비정상인이 된다.

의사가 신체검사장에서 정상인과 비정상인을 구분하는 것은 군대의 성격 때문이다. 근대에 들어 정신병원이 사회로부터 분리된 공간이 아니라 동질적인 도덕율을 부과하는 사회적 도덕성을 실현하는 공간이 되었듯이 (양석원, 2003, 40쪽), 군대도 동질적인 규율과 훈련을 부과하기 위해서 일탈과 차이가 발생해서는 안 되는 공간이다. 군은 사회 중에서 가장 강력한 규율과 가장 강한 훈련이 작동하는 공간이다. 군대에서 행해지는 강력한 규율과 강한 훈련은 1+1을 2가 아니라 3 또는 4로 만들어내며 심지어 그 이상의 것을 만들어내기도 한다.

예컨대 건물을 지을 때 여러 방면에서 동시에 착수하는 경우, 비록 협업자들은 이때에도 같은 작업 또는 같은 종류의 작업을 하기는 하지만, 노동의 결합이 일어난다. 건물을 짓는 데 1명의 벽돌공이 12일간 [즉 144시간] 작업하는 것보다 12명의 벽돌공이 144시간의 집단적 1노동일에 작업하는 것이 훨씬 더 빠르다. 그 이유는 협력해 작업하는 노동자 집단은 앞과 뒤로 팔과 눈을 가지고 있어 어느 정도까지는 전면성(全面性)을 가지고 있기 때문이다.(Marx, 1991, 443쪽)

군대는 협업이 이루어지는 작업장과 마찬가지이다. 규율과 훈련을 통해 1+1을 2가 아닌 그 이상의 힘으로 만들어 내는 공간이다. 이러한 목적을 달성하기 위해서 다음과 같은 규율이 작동하고 있다.

첫째, 규율과 규칙은 끊임없이 작동하고 있으며, 이러한 규율과 규칙이 준수되고 있는지 끊임없는 감시의 눈초리가 작동하고 있다. 예를 들면 이렇다. "식당에서 생도감의 식탁은 식사 도중 자기 반 생도 전원의 식탁을 모두 볼 수 있도록 조금 높은 단상 위에 올려져 있었다. 변소는 담당한 감시원이 생도의 머리와 발을 볼 수 있게, 절반 크기의 문이 달려 있도록 했고, 변소 안에 있는 생도들이 서로의 모습을 볼 수 없게끔 옆쪽으로 충분한 높이의 칸막이 벽을 설치했다."(Foucault, 1995, 260쪽)

군대 내 규율과 규칙은 피라미드식으로 행해진다. 가장 높은 계급에서부터 가장 낮은 이병에 이르기까지, 계급이 낮으면 낮을수록 규율과 규칙의 강도는 더 커진다. 또한 가장 커다란 규칙부터 가장 세세한 규칙에 이르기까지, 심지어 식사를 하는 방법, 휴식 시간에 쉬는 방법, 심지어 올바르게 잠자는 방법에 이르기까지 군대 내에서 군인들은 규칙의 일상화 속에서 살아가고 있다. 상급자는 하급자가 규칙을 지키는지 안 지키는지 감시하고, 사병들도 선임과 후임으로 구분되어 규칙의 준수자이자 감시인이 되며, 나아가 사병들 자신이 규칙을 끊임없이 암기하며 학습하고 실천함으로써 규칙의 내부 검열자가 된다. 이와 같이 하는 것은 "**건강의 명제로서 튼튼한 신체를 단련시키고, 일정한 자격부여의 명제로서 유능한 사관을 만들고, 정치적 명제로서 복종하는 군인을 양성하고, 도덕성의 명제로서 방탕과 동성애를 방지**"(Foucault, 1995, 259쪽)하기 위한 것이다.

둘째 어리석어 보일 정도로 단순 반복적인 훈련이 지속된다. 행진할 때 팔을 흔드는 법, 다른 군인들과 보폭을 맞추는 것, 적을 압도하기 위한 총검술과 사격술에 이르기까지 단순 반복 훈련이 거듭된다. 수백, 수천 또는 수만 명의 군인이라 할지라도 손짓 하나만으로 일사불란하게 움직이는 것이 군대다. 이런 통일성이 견고할수록 전투력이 강한 우수한 군대다. 그러므로 왼손잡이는 훈련의 통일성을 위해서 왼손잡이로 존재해서는 안 되며 오른손잡이로 전향을 해야만 된다. 왼손잡이는 통일성을 해치기 때문이다. 현대전에서는 혼자서 적 100명을 상대할 수 있는 일당백의 용감무쌍한 장수형의 병사가 중요한 것이 아니라 명령을 정해진 절차와 규칙에 따라 수행할 수 있는 병사가 중요하다. 지루할 정도로 단순반복적인 훈련은 군대에 들어오기 전 나약했던 병사를 명령을 사수할 수 있는 투철한 군인으로 키운다.

훈련으로 키워진 병사는 자신의 의지에 따라 움직이는 인간이 아니라 명령에 따라 죽음도 무서워하지 않는 유기체의 일부가 된다. 군인의 "신체들은 이제 신호들로 구성된 작은 세계 속의 한 요소이며, 신호에 따라 강요된 획일적인 반응을 할 뿐이다. 그것은 모든 점에서 사소한 표현이나 작은 불행의 소리도 전혀 허용하지 않는 전체적인 훈련 기술이다. 훈련을 받은 병사는 '어떤 명령에라도 복종하게 되고, 그 복종은 즉각적이며 맹목적이고, 불복종의 태도나 명령 이행을 조금이라도 지연시키는 일은 죄가 될 것이다.'"(Foucault, 1995, 249쪽).

셋째, 병사들 상호간의 전우애가 지속적으로 주입된다. 고된 훈련 중 끊임없이 강조되는 것은 전우애이다. 병사들은 훈련 중 같이 땀을 흘리며 진흙탕을 뒹굴고, 고지탈환 작전을 수행하기 위해 서로 도우며 싸워간다. 병사는 단일한 병사로 존재하는 것이 아니라 전체 속의 부분으로 존재한다. "신체적으로 일정한 활동을 위해서 부분별로 기능하도록 훈련받아 왔던 병사는 이번에는 또 다른 차원의 구조 안에서 한 구성 요소가 되어야 할 것이다. 병사들은 처음에는 '한 사람씩, 이어서 두 사람씩, 그 다음에는 보다 많은 사람씩 짝을 지어 교육받도록 하며 …… 무기를 취급할 경우, 개별적으로 교육 받은 후 두 사람씩 짝을 지어 실습단계로 들어서야 함을 잊어서는 안 된다'"(Foucault, 1995, 246~247쪽). 그것은 전쟁을 병사 개인이 치르는 것이 아니라 조직으로 치르기 때문이다. 최소 단위가 분대와 소대이며, 그보다 큰 단위는 중대와 대대이다. 소대원 중 한 명이 죽는다는 것은 그 역할을 수행할 수 있는 병력 자원의 소멸을 의미하며, 전투 능력의 상실을 의미한다. 나아가 소대원 전체의 전투 능력 상실을 의미한다. 전투 중 전우가 사는 것이 자신이 사는 것이고, 자신이 사는 것이 전우가 사는 것이 된다.

이러한 것은 모두 전투의 효율성을 극대화하기 위한 것, 즉 결합 노동일의 극대화를 위한 것이다. 이러한 목적을 달성하기 위해 병영에서 행사되는 엄격한 "규율은 첫째, 일람표를 작성하며 둘째, 작전을 세우고 셋째, 훈련을 시키며 넷째, 힘의 조합을 확고히 하기 위해서 '전술'을 꾸미는 것이다. 신체를 배치하고 그로부터 규범화한 활동과 숙달된 능력을 만들어낸 전술, 그리고 다양한 힘의 결과가 계산된 조합"(Foucault, 1995, 250~251쪽)을 한다.

이러한 엄격한 규율과 훈련이 작동하기 위해서 군대는 평균적인 인간을 필요로 한다. 군대는 엄청나게 강도 높은 규칙과 지루할 정도로 단순 반복적이고 고된 훈련을 받아들일 수 있는 병력자원을 필요로 한다. 키가 너무 크거나 작은 병력자원도, 몸무게가 너무 많이 나가거나 적게 나가는 병력자원도, 몸이 불편하여 고된 훈련을 받을 수 없는 병력자원도, 지루한 단순반복적인 훈련을 견딜 수 없는 병력자원도 군대에서는 필요없다. 이러한 것을 수용할 수 있는 평균적인 인간, 그 인간이 정상적인 인간이고, 그런 정상적인 인간만이 필요한 곳이 군대다.

군대에는 훈련을 소화해내지 못하는 여성과 장애인도 필요 없으며, 국가 이념에 충성을 다하지 않는 소수파 종교인도 필요없고 명령의 전달을 이해하지 못하는 외국인 노동자나 이민족도 수용될 수 없다. 성적 충동과 방탕과 타락을 야기할지도 모를 동성애자와 양성애자를 수용해서는 안 되며, 위화감을 불러일으킬 수 있는 혼혈인 등도 필요하지 않은 곳이 바로 군대다.

4) 이데올로기의 대상이자 판단의 주체로서의 시민

신체검사장에서 정상인과 비정상인으로 구분되었다고 해서, 이러한 구별이 사회에서 곧장 적용되는 것은 아니다. 사회에 적용되기 위해서는 이러한 구별이 하나의 이데올로기로, 다시 말하면 사회를 구성하는 모든 시민이 이러한 구별짓기를 아무런 문제제기 없이 아주 당연한 것으로 받아들여야 한다. 이러한 구별짓기의 필요조건은 시민이 판단의 대상이 되는 동시에 판단의 주체가 되는 것이다. 즉 판단의 대상인 시민이 그 판단에서 생겨난 비정상인을 배제하는 주체가 되었을 때, 이러한 구별짓기는 비로소 정당성과 타당성을 지니고 작동한다. 이상의 과정을 다시 한 번 정리하자면 이렇다.

신체검사장에서 의사는 구별짓기를 한다. 의사는 정상적인 인간과 비정상적인 인간을 변별해내고, 변별력이 작동할 수 없는 경우에는 정밀 검사를 통해 변별해낸다. 의사는 병역의 의무를 수행할 수 있는 인간을 정상이라고 판정하고, 병역의 의무를 수행할 수 없는 사람을 비정상이라고 판정한다. 이때 의사의 판단 기준은 신장과 체중의 예에서 보듯이 사회적인 평균에 놓여 있다. 평균 이하도, 평균 이상도 군에서는 필요하지 않다. 의사의 판단은 다양한 면제 사유에 해당되는 질병을 열거해 놓은 것에서 볼 수 있듯이 병역의 의무를 수행할 수 없는 큰 병에 걸린 사람을 우선적으로 제외한다. 치명적 질병에 걸린 사람이나 전염성의 질병이 있는 자는 군에 필요하지 않다. 마지막으로 의사는 억압적 규율과 반복적인 훈련을 받아들일 수 있는가를 기준으로 정신이 건강한가 불건강한가를 판단한다. 정신이 불건강하다고 판단되는 자, 다시 말하면 억압적 규율과 반복적인 훈련을 받아들일 수 없는 자, 종교적 양심과 자신의 신념에 근거하여 살상 훈련을 받아들일 수 없는 자는 군대에 들어갈 수 없는 정신이 불건강한 자이며, 이와 마찬가지로 동성애자나 양성애자는 군대의 규율을 해칠 수 있는 자이다. 군대에 들어갈 수 있는 자는 사회에서 인정할 수 있는 표준적이고 규격화된 인간이며, 군대에 들어갈 수 없는 자는 사회에서 인정할 수 없는 평균에서 벗어난 인간이 된다.

시민이 의식 속에서 군대를 갈 수 없는 자를 비정상인으로 전환시키는 것은 다음과 같은 세 가지 방향에서 이루어진다.

첫째, 교육이다. 납세의 의무, 교육의 의무, 근로의 의무, 병역의 의무 중 병역의 의무에 관해서만 유일하게 신성한 의무로 강조하는 교육이 이루어지고 있다. 병역의무의 신성함에 대한 강조는 어려서부터 학교교육을 통해 체계적으로 주입되며, 성인에 대한 각종 교육을 통해서 강화되고, 심지어 광고에서 그 모습을 드러내기도 한다.*

둘째, 법에 의해서이다. 법은 병역의무 불이행자에 대한 체계적이고도 은밀한 배제를 작동시킨다. 병역의무 불이행자에 대한 각종 불이익 조치는 앞에서 병역법 76조와 관련하여 상세하게 설명하였다.

셋째, 시민의 내면화된 신념으로 자리 잡은 병역의무의 신성함에 의해서이다. 각종 공교육, 성인교육, 광고 등에 의해 이념적으로 주입될 뿐만 아니라 법에 의해 각인된 병역의무의 신성함은 시민의 의식에 깊이 새겨진다. 시민 스스로가 병역 의무의 수행자이자, 이를 수행하지 않는 자에 대한 감시자가 된다. 이 과정에서 시민은 병역의 의무를 다하지 않는 자에 대해서 자신과 다른 비정상적인 자로 판단한다. 시민은 이중적인 이성을

---

* 최근의 한 광고가 전형적인 예이다. 눈이 너무 나빠 군대에 갈 수 없는 청년이 시력검사에서 숫자를 계속 틀리게 읽다가 '마치 대한민국 청년이라면 누구나 다 군대를 꼭 가야 된다는 듯이' 군대에 가고 싶다고 크게 소리친다.

작동시킨다. "시민은 이중의 의미에서 보편이성이다. 즉, 시민은 인간 본성의 직접적인 진실이고 모든 법제의 척도일 뿐만 아니라 **비이성이 이성과 분리되는 기준**이며, 그가 갖는 자발적인 형태, 그가 모든 이론적이거나 사법적인 착상 이전에 단번에 내리게 되는 판단에 비추어볼 때, **분할의 장소이자 동시에 분할의 수단 겸 판단자이다.**"(Foucault, 2003, 687쪽)

이제 시민들 스스로 자신들의 눈으로 구별짓기하는 권력을 작동시키며, 각종 영역에서 배제를 작동시킨다. 시민의 입장에서 병역의 의무 이행자는 정신적으로나 육체적으로 각종 조사와 심사를 통과한 자이며, 국가가 부여하는 KS(Korean Man Standards)*를 받은 자이다. 사회의 기득권층이 아닌 평범한 여성이 결혼을 한다고 가정해 보자. 그 여성은 군필자를 우선적인 선택대상으로 삼는 것이 좋다. 왜냐하면 병역의 의무를 이행한 군필자는 언제든지 믿고 구매해도 좋다는 KS 증서를 받은 사람이기 때문이다. KS 증서는 육체 건강은 물론이고 정신 건강도 1급이라는 것을 보증한다.

기업주가 병역의무를 이행한 자를 고용하는 것도 국가가 보증한 1등급의 인간을 고용하는 것이다. 군필자는 신체상으로나 정신적으로 아무런 문제가 없다고 국가가 공인한 자이다. 따라서 고용주가 군필자를 고용한다면, 고용으로 인한 비용의 손실을 볼 가능성이 가장 적어진다는 것을 의미한다. 군대의 목적이 '튼튼한 신체', '유능한 군인', '복종하는 군인', '방탕의 방지'를 체계적으로 훈련시키는 것이라고 한다면, 군필자는 기업의 이익 극대화를 달성할 수 있는 자임에 틀림없기 때문이다.

상황이 이 정도에 이르면 양심에 따른 병역거부자는 존속할 여지가 없어진다. 시민들의 입장에서 본다면 양심에 따른 병역거부자도 마찬가지로

---

* KS는 본래 Koran Industrial Standards의 약자이다.

비정상인의 범주에 들어간다. 그는 사회의 보편적 규범에 동의하지 못하는 특수한 시민, 무언가 특수한 가치를 추구하는 사이비 종교 집단의 구성원이거나, 자신들만의 신념과 이념을 실현하기 위해서 사회적으로 공유하고 있는 보편적 의무인 병역의 의무를 다하지 않는 자로 정상적인 궤도를 벗어난 자이다. 국가가 시민에게 이렇게 판단하라고 강요하는 것이 아니다. 시민들 스스로가 자율적으로 이렇게 판단한다. 시민들은 병역의 의무가 신성한 것으로 이해되는 구조화된 체제에서 살아가고 있기 때문이다. 이런 구조화된 비정상의 딱지로 인해 양심에 따른 병역거부자들은 취업이나 승진에서 불이익을 당하거나 심지어 사회의 극단으로 몰려 아무런 가치도 없는 존재나 사라져야 할 존재로 치부되어 버린다. 양심에 따른 병역거부자들이 소중하게 생각하는 양심이나, 신념도 모두 국가의 존속을 위해 무가치한 것으로 여겨지고, 심지어 존속해서는 안 되는 가치로 전락한다.

2 _ 평등 또는 형평성의 파괴

시민들은 양심에 따른 병역거부자들을 애써 무시하거나 심지어 그들의 주장에 대해 눈감아 버린다. 왜 그럴까? 왜 시민들은 대한민국 남성 시민이라면 누구나 다 가는 군대를 그들만 특혜를 요구하면서 가지 않으려 한다고 생각하는가? 다양한 이유가 있을 수 있다. 그러나 그 근본적인 이유는 군대가 당위적으로 지향해야 하는 완전 평등과, 군 입대·입대 방식·복무 방식과 관련된 평등과 형평성의 파괴 간에 괴리가 있기 때문이다. 특권층은 군대를 가지 않고, 학력 등을 이유로 하는 군 입대 방식에서의 불평등이 작동하고 있으며, 또한 군에 입대해서도 많이 배우고 부유한 계층은 좋은 보직을 받고 배운 것이 적고 가난한 계층은 힘하고 어려운 보직을 받는 복무방식의 불평등이 작동하고 있다. 군과 관련해서 이런 평등과 형평성의 파괴를 경험하거나 전해 들었던 시민들은 양심을 근거로 군대에 입대할 것을 거부하는 병역거부자들 또한 불평등을 요구하는 자, 또 다른 특권을 요구하는 자로 볼 뿐이다. 이 장에서는 시민들이 양심에 따른 병역거부자들을 불평등을 요구하는 자로 보는 이유를 상세히 밝혀 보고자 한다. 이를 위해서 평등 및 형평성과 관련된 기본적인 사상들, 사회에서 벌어지는 군 입대의 불평등, 입대 방식의 불평등, 복무 방식의 불평등을 병역법과 연관하여 살펴볼 것이다. 또한 군대라는 제한된 공간에서의 경제적 불평등이 초래하는 문제점도 살펴볼 것이다.

1) 불평등을 고착화시키는 입대의 불평등

근대 이전의 군대는 귀족을 위한, 귀족에 의한, 귀족의 군대였다면, 근대 이후의 군대는 시민을 위한, 시민에 의한, 시민의 군대이다. 근대 이전의 군이 특권층인 귀족만의 군대로서 불평등을 유지·작동시키는 공간이었다면, 시민혁명 이후에 탄생한 근대 군대는 절대 평등이 작용하는 곳이다.

절대주의에 대한 반항아였던 루소(J. J. Rousseau)는 상비군에 의해 유지되는 절대주의 시대의 군대와 새로운 시대의 군대를 구분하였다. 루소에 따르면 절대주의 시대 군대의 목표가 이웃을 정복하고 시민을 노예처럼 억압하는 것이었다면, 과거 로마 공화국의 군대나 자신이 살던 시대의 스위스 군대 같은 새로운 군대의 목표는 '모든 시민이 직업이 아니라 의무로서 군인이 되'어 나라를 지키는 것이다. 새로운 군대는 삭스(M. Saxe)가 주장한 것처럼, 20~40세에 이르는 모든 남자들이 5년의 기간 동안 복무하는 국민개병제를 채택한다. 이와 같은 국민개병제는 시민들 사이에 차별을 두지 않으며, 특히 귀족과 부유한 계층도 일반 시민과 평등하게 군복무를 수행해야만 한다. 귀베르(C. Guibert)는 "백성들이 신민이 아닌 시민으로 되어 있어 이들이 정부를 소중히 하고 영광을 사랑하며 고생을 두려워하지 않는 국가에서 무적의 군대를 갖는 것은 대단히 쉬운" 일이라며 이러한 시민의 군대를 창설할 것을 주장한다. 이와 같은 강력한 군대가 출현했다. 그 군대는 다름아닌 혁명을 겪으면서 만들어진, 시민으로 구성된 프랑스 군대였다. "1793년 모든 상상력을 무색케 하는 힘이 출현하였다. 갑자기 전쟁은 국민 전체, 즉 모두가 자신을 시민으로 여기는 3천만 국민의 일이 되었다. 따라서 국민 전체의 무게가 저울로 던져지게 되었다. 이제 확보될 수 있는 자원과 노력은 재래적인 한계를 모두 넘어서게 되었다. 어떤 것도 전쟁 수행에 수반된 활력을 막을 수 없었고, 따라서 프랑스의 적들은 결정적인 위험에 봉착하게 되었다."(박상섭, 1996, 190~195쪽)

새로운 시대에 시민으로 구성된 군대는 유럽의 모든 국가를 능가할 만큼 막강한 힘을 자랑하였다. 그 이유는 모든 시민이 평등하다는 원리 위에서 평등한 시민이 평등한 군대를 구성하였기 때문이다. 그러나 이러한 평등의 원칙은 새로운 집단이 만들어지면서 파괴되었다. 이른바 봉건적인 의미의 신분과는 다른 새로운 신분(Stande)집단*이 만들어졌으며, 그 집단이 자신들만의 특권을 남용하게 되었기 때문이다.

새로운 신분집단은 다음과 같은 특징을 갖고 있다. 첫째, 새로운 신분집단은 단순한 개인들의 집합이 아니라 자신들만의 주관적 의식, 다른 집단과 명백히 구분되는 어떤 집단의식을 가지고 있는 사람들의 집단이다. 둘째, 새로운 신분집단은 자신들을 나머지 사람들과 구별짓는 독특한 '생활양식' 또는 '행동양식'을 소유하는 경향이 있다. 셋째, 새로운 신분집단은 신분질서 내에서 배분된 '사회적 명예 또는 위세'로부터 획득되는 권력을 소유하고 있다. 넷째, 새로운 신분집단은 자신들만의 주관적 의식을 바탕으로 외부인들을 배제시키는 경향이 강하다. 다섯째, 새로운 신분집단의

---

* 그랩의 『사회불평등』에서 옮긴이 양춘은 이 용어를 지위집단으로 번역하고 있다. 그러나 이 단어는 특정한 지위와 신분이 집단화되고, 생활양식으로 굳어지고 의식에 반영된다는 점에서, 신분의 의미가 더 강한 것으로 이해하는 것이 옳다. 특히 베버가 이 용어를 사용했던 것도 마르크스주의적 의미의 '계급'과 대비되는 현대적인 의미에서의 '신분'으로 사용했다고 이해할 수 있다.

구성원들은 대부분 막강한 경제적 권력(economic power)을 소유하고 있다.(Grabb, 2003, 76~77쪽)

새로운 신분집단은 이런 점에서 단순한 의식의 공동체 또는 생활양식의 공동체가 아니다. 새로운 신분집단은 사회적 평균을 훨씬 상회하는 재산을 소유하고 있다는 점을 공통적인 특징으로 한다. 그들은 엄청난 재산의 축적과 강력한 경제 권력을 바탕으로 한 신분공동체이자 의식의 공동체이며 생활양식의 공동체이다. 그들은 자신들만의 생활양식을 공유하고 신분집단화하고 있다.

새로운 신분집단은 중세 봉건제의 계급적 특권과는 다른 의미에서 신분의 특권을 누리는 망령을 되살리고 있다. 새로운 신분집단은 평등한 인간의 권리를 고의적/무의식적으로 무시하고, 사회의 다양한 영역에서 자신들만의 특권을 누리고 있다. 왈쩌(M. Walzer)에 따르면 돈으로도 살 수 없는/사서도 안 되는 교환불가(blocked exchanges)의 것들이 있다. 예컨대 인간(인신매매), 정치권력, 사법부의 재판, 언론, 출판, 종교 집회의 자유와 같은 기본적인 자유, 혼인과 출산권, 정치적 공동체로부터의 탈퇴의 권리, **국방의 의무**, 공무와 직업, 경찰의 보호와 초중등 교육 등 기본적인 국가의 서비스 같은 것들은 거래의 대상이 될 수 없으며 절망적인 상태에서 보장되어야 하는 어떤 것들(최소임금, 8시간 근무제, 건강과 안전을 위한 규제 등), 상을 받는 것과 명예, 은총, 사랑과 우정도 역시 돈으로 좌우되어서는 안 된다. 법에 어긋난 판매와 소유(살인청부, 장물취득, 마약)도 행해져서는 안 된다(박정순·왈쩌 대담, 2000, 160쪽). 그러나 새로운 신분집단은 이러한 것들을 돈으로 손쉽게 좌우할 수 있다고 생각한다. 새로운 신분집단은 막대한 화폐 권력을 바탕으로 화폐가 아닌 다른 가치들도 지배한다. "자본주의 사회의 가장 중대한 문제는 돈의 불평등한 분배만이 아니라 돈을 소유하고 있는 사람에게 모든 것이 집중되어 다른 가치들을 지배하게 된다"(박정순·왈쩌 대담, 2000, 156쪽)는 것이다.

이런 특권 향유는 국방의 의무에서도 예외가 아니다. 중세와 절대 왕정 시대에 귀족이 군을 독점함으로써 신분의 특권을 유지했다면 우리 사회의 새로운 신분집단은 병역의무를 돈으로 구매함으로써 특권을 과시한다. 그 신분집단의 구성원과 그 자식들은 특권을 이용하여 군대를 가지 않는다. 이는 2001년도 국정감사에 나와 답변한 당시 병무청장의 발언에서도 잘 드러난다. "정부 공직자의 병역공개 현황의 면제율 17.5%와 …… 16대 국회의원 면제율 22.6%와 언론사 일가의 면제율 42.1%는 일반 국민에 비하여" 높다. 그러나 병무청장은 "고위직이 직접 청탁을 하거나 압력을 행사한 사례는 없는 것으로 판단"(2001년도 국감—국방부록)된다고 주장한다. 병무청장의 이 말을 인정한다 해도, 새로운 신분집단의 병역기피 비율이 높은 것은 새로운 신분집단이 자신들만의 특권을 이용하여 병역의 의무를 기피하고 있기 때문이라고 볼 수 있다. 새로운 신분집단은 청탁이나 압력과 같은 불법적인 방법이 아니더라도 다음과 같은 방법을 사용해서 병역의 의무를 기피하고 있다.

첫째, 새로운 신분집단은 일반시민에 비해 병역과 관련된 정보에 접근하기가 상대적으로 아주 유리하다. 2001년 당시 병무청장은 "일반 국민에 비하여" 특권층의 면제 비율이 "높은" "이유는 정보의 접근이 유리하"(2001년도 국감—국방부록)기 때문이라고 직접 밝히고 있다. 예컨대 A4 용지 52쪽, 405개 항목에 걸친 병역면제의 사유를 일반 시민이 확인할 수 있는 방법을 알기란 쉽지 않다. 그러나 새로운 신분집단은 자신들의 정보 공유를 통해서 이런 정보를 쉽게 확보할 수 있다.

둘째, 새로운 신분집단은 상대적으로 많은 부의 소유를 토대로 일반인들이 병명조차 들어본 적이 없는 병을 검사할 수 있다. 설사 일반 시민들이 병무관련 정보를 알았다고 하더라도 그들은 병역면제를 받을 수 있는 병에 걸려 있는지의 여부를 확인할 수 없다. 경제적 비용이 너무나 엄청나기 때문이다. 반면 새로운 신분집단은 이러한 병을 의학적으로 뒷받침할 수 있는 비용을 충분히 치를 정도의 부를 소유하고 있다. 병무청장이 "의료혜택을 받음으로써 신체검사 과정에서 질병 확인이 용이하기 때문"(2001년도 국감—국방부록)이라고 밝히고 있듯이, 새로운 신분집단은 병역면제를 받을 수 있는 작은 징후라도 보이면 엄청난 비용을 들여서라도 병이 확인될 때까지 검사를 받을 수 있다.

셋째, 막대한 부의 소유를 바탕으로 병역면제를 살 수 있다. 새로운 신분집단은 자신이 소유하고 있는 부를 바탕으로, 앓아본 적도 없는 병을 마치 현재 앓고 있는 듯 조작하거나 또는 과거에 심하게 앓아서 병역의 의무를 다할 수 없는 신체조건을 가졌다고 조작할 수 있다. 병무청장은 이를 다음과 같이 직접 밝혔다. "최근 3년간 적발된 병역비리 대부분이 신체등위 판정과 관련하여 병무청 실무직원과 군의관, 의무자의 가족 등이 결탁, 금품을 주고받는 사건"(2001년도 국감—국방부록)이다.

새로운 신분집단은 자신들만이 공유하는 고급정보, 질병 확인을 가능케 하는 막대한 검사 비용 지불, 직접적인 구매 등을 통해 병역을 면제받는다. 새로운 신분 집단이 군을 가지 않았던 것은 어제 오늘의 일이 아니다. 조정래의 소설 『태백산맥』의 한 구절은 이를 상징적으로 보여준다.

글치도 않소. 우리맹키로 없이 사는 집구석덜이나 그렇제 권세 있고 돈 있는 집구석덜이야 호강날라리 아니요? 권세로 돈으로 뒷구녕으로 빼돌리고, 그리 안돼 군대에 나가드라도 총 맞어 죽지 않을 안전헌 디로 빼돌리니 무신 근심 걱정이 있겠소. 요런 썩어빠진 시상에서 없이 사는 사람덜 자석만 죽여감서 …… 머허겄냐 그것이요. 있는 집 자석덜만 존 일 시키는 것 아니겄소? …… 나도 동상은 노무자에, 아덜은 군대에 끌려나갔소.(조정래, 『태백산맥』 8권, 209쪽)

근대 이후 군대는 절대 평등이 작용해야만 하는 공간이다. 군대는 고귀한 집안의 출신인가 비천한 집안의 출신인가, 또는 부유한가 가난한가에 관계없이 사회를 구성하는 시민이라면 누구나 입대해야 하는 공간이다. 군대 안에서는 군 계급에 의한 서열만이 존재할 뿐이다. 그러나 우리의 현실은 그러하지 못하다. 우리 사회에서는 부유한 자와 '고귀한' 집안 출신인 자는 아예 군대에 가지 않고, 가난하고 '비천한' 자만이 군대에 들어간다. 이른바 입대 방식에 있어서 강한 불평등이 작용하고 있다. 그래서 흔히 군대를 '빈민들의 군대'로 부르기도 한다. 이러한 불평등은 언론보도를 중심으로 사회상층의 군 면제 비율을 정리한 다음 페이지의 표에서 잘 드러난다.

경향적으로 보면 재벌의 면제 비율이 가장 높으며, 그 다음으로 면제 비율이 높은 순서는 언론 사주, 차관급 등의 고위직 공무원, 국회의원 등이다. 특권층의 병역면제 사유는 분명하다. 첫째, 질병. 둘째, 유학 등에 의한 고령이다. 특권층과 그 직계 비속은 일반 시민들이 들어본 적조차 없는 병명과 유학 등의 다양한 연기 사유에 의한 고령으로 군에 입대하지 않는다. 일반 시민의 면제율이 해에 따라 다르기는 하지만 4~8% 정도라는 것을 고려하고, 그 사유가 대부분 저학력, 고아, 생계곤란이라는 점을 생각해 보자. 특권층의 면제율이 상대적으로 너무 높다는 것도 문제지만 더 심각한 문제는 면제 사유의 대부분이 질병이라는 점이다.

〈표12〉 주요 인사와 직계 비속들의 면제비율과 면제 사유

년도	면제비율	면제사유	출처
1996	장관 및 장관급(28.57%), 차관 및 차관급(41%), 청와대 수석비서관(50%), 시·도지사(6.67%), 외청장(33.33%) 전체 평균 32.29%	질병 41.93%, 체격미달 32.26%, 고령 6.45%	「세계」 96. 11. 5
	국회의원(25.17%), 국회의원의 아들(15.5%)		
'97	20대 기업 총수 아들의 면제 비율 52.4%		「국민」 97. 8. 19
'98	차관급 이상 공직자, 국회의원 362명 중 83명(24%)	질병 39명, 고령 31명, 수형 5명, 장기대기 3명, 국외이주 1명, 생계곤란 1명	「조선」 98. 8. 4
	차관급 이상 공직자, 국회의원 아들 333명 중 80명(24%)	질병 92.5%	
'99	국회의원 298명 중 81명인 28.2%, 국회의원 아들 21.6%	질병 78.2%	「동아」 99. 10. 30
	장차관의 아들·손자 16.4%		
	고위직 5,885명 중 30%(외무공무원 26.7%, 장차관급 23.6%, 1급 공무원 21.8%, 검찰 18.7%, 대통령 비서실과 경호실 17.4%, 시도지사 12.5%)	질병 53.8%	「동아」 99. 10. 30 「한겨레」 99. 11. 1
	병무브로커와 군의관에 돈 건넨 사람 중 62% 강남 거주자		「동아」 94. 4. 28
2000	동아, 매일경제, 서울경제, 스포츠투데이, 조선, 중앙, 한국, SBS 등 언론사주 일가 병역대상자 19명 중 8명 면제로 42.1%	신체결함 31.6%(기타 고령, 체중초과 등)	「미디어오늘」 00. 2. 17
'01	정부공직자 17.5%, 16대 국회의원 22.6%, 언론사 일가 42.1%		'01국감 국방부록
'02	전국광역단체장 16명 중 5명(31.3%)	질병 및 고령	연합뉴스 02. 8. 13
	기초단체장 230명 중 38명(16.5%)		
	광역·기초단체장, 광역·기초의회의원 4,273명 중(여성 142명 제외) 639명으로 14.9%, 직계비속 4,219명 중 343명으로 8.1% 면제	직계비속의 면제 사유 질병 81.6%	
'03	장차관 17.7%		「한겨레」 03. 3. 14
	장차관의 자녀들 10%		

※ 위 표는 각종 언론 보도와 국감자료를 바탕으로 만들었음. 일반 시민의 병역면제율은 해마다 다르기는 하지만 대개 4~8% 내외. 일반시민의 주요 면제사유는 주로 학력미달, 생계곤란자, 고아, 범죄 등.

부유하고 권력을 갖고 있으면 그 자식이 군대를 가지 않으며, 그가 또 아버지가 되어 돈이 많고 권력을 소유하고 있으면 그의 자식도 군대에 가지 않는다. 돈 있는 자와 권세 있는 자와 그 직계비속은 "조금만 돈을 쓰면 빠질 수 있다. 왜 3년 동안 고생하느냐"(「대한매일」 1994년 4월 28일)며 돈으로 병을 사기도 하고 심지어 없는 병을 만들어 내어 유전면제(有錢免除)와 유권면제(有權免除)의 특혜를 누린다. 이와 같은 과정을 통해 '군면제의 대물림' 현상이 공고화된다. 이것은 모든 사람이 평등하게 태어나고 누구나 국방의 의무를 평등하게 수행해야 하는 국가에서, 평등이 파괴되는 것을 보여주는 전형적인 현상이다. 사회의 불평등 현상이 군 입대의 불평등을 낳고, 군 입대의 불평등이 다시 사회의 불평등을 낳는 악순환의 고리가 형성된다.

2) 입대 방식의 평등 파괴와 복무 방식의 불평등

군과 관련된 평등 파괴는 군 입대의 불평등만으로 나타나지 않는다. 평등 파괴의 또 다른 두 가지는 누적적 차별에 의한 **입대 방식의 평등 파괴**와 합리적 차별에 의한 **복무 방식의 불평등**이다.

누적적 차별은 경제적 게임의 기본적인 속성상 한 번 지는 것으로 끝나는 것이 아니라 그 결과가 다음 게임에 직접적인 영향을 미치는 것을 말한다(황경식, 1996, 185쪽). 요컨대 경제적 형편이 좋은 사람은 자신의 재력을 이용하여 자신의 자식들이 새로운 게임에 들어갈 때 상당히 유리한 환경을 조성할 수 있는 것이다. 예를 들면 고시공부를 한다거나 특정한 시험을 준비하는 시기와 군 입대의 시기가 겹칠 경우, 부유한 집안의 자식들은 군 입대를 하지 않고 다른 방식으로 병역의 의무를 치를 수 있다. 병역의

의무를 돈으로 대신하는 것이다. 이것의 가장 보편적인 형태가 바로 병역특례다.

병역특례제도는 "국가산업 발전을 위한 우수인력을 확보하기 위하여 1973년 도입됐다. 대졸 이하 학력자 중 기술능력을 갖춘 사람이 병역특례업체에서 28~36개월간 근무하는 산업기능요원제도와 석사 이상 학력자가 전공과 관련된 업체에서 연구요원으로 3~5년간 근무하는 전문연구요원제도 등 두 가지가 있다. 최근에는 국방의 의미가 단순한 영토방위의 소극적 개념에서 벗어나 국가의 지식기반 확장, 산업발전을 통한 국가경쟁력 강화 등으로 확대되면서 병역특례업체 범위가 공공서비스, 산학협동을 하는 기업, 유전공학이나 인터넷 등과 관련된 벤처기업, 지식기반사업체 등으로 크게 확대됐다."(「문화일보」2002년 8월 22일)

돈으로 병역의 의무를 치를 수 있는 하나의 방편이 되고 있는 병역특례는 법에 의해 보장되어 있다. 병역법 제37조(전문연구요원의 편입대상)에 따르면 "석사 이상의 학위를 취득한 사람으로서 지정업체로 선정된 연구기관에 종사하고 있는 사람(공익근무요원소집대상 보충역으로서 자연계 학사학위를 취득하고 지정업체로 선정된 연구기관 중 중소기업부설연구기관에 종사하고 있는 사람을 포함한다)", "지정업체로 선정된 자연계 대학원에서 박사학위과정에 수학 중인 사람"이라고 규정되어 있다. 이 법령이 규정하고 있는 바에 따르면, 석사 이상의 학위를 받은 사람과 박사과정에 재학 중인 사람은 일반적으로 남들보다 수월한 방식으로 병역의 의무를 이행할 수 있다.

병역특례가 문제가 되는 것은 이 뿐만이 아니다. 다음의 신문기사에서 볼 수 있듯이 병역특례는 병역의 의무를 돈으로 대신할 수 있는 주효한 수단이기도 하다.

팔고 사는 병역특례

병역특례업체와 군복무 대상자가 병역회피 수단으로 병역특례를 거래하는 '병역특례 매매'는 병역면제 비리에 못지 않은 충격파를 던지고 있다. 수천만원을 주고 병역특례를 사는 사람들이 대부분 고시공부나 유학을 준비 중인 부유층이어서 일부 부유층의 병역 불감증을 대변하고 있다.

병역특례업체 대표들이 서로 아들을 교환 입사시키거나, 의무복무를 해야하는 특례자의 약점을 이용하여 부당노동행위를 일삼는 사례 이후 병역특례의 매매까지 확인되어 병역특례제도의 대대적 수술이 필요하다는 지적이 일고 있다.

• 병역특례 매매실태 : 95학번인 최모(27)씨는 사법고시에 낙방하고 2000년 졸업하자 고민에 빠졌다. 사시준비를 위해 휴학까지 했던 최씨는 현영입영 대상자였다. 고시 미련을 버리지 못한 그는 병역특례로 군복무를 대체하기로 마음먹고, 컴퓨터 학원에 등록해 2개월 만에 정보처리기사 1급 자격증을 취득했다. 최씨는 선배, 친척 등을 통해 병역특례업체를 수소문하다 친척의 소개로 "5천만원을 주면 병역특례요원 채용은 물론 출근을 안해도 된다"는 파격적 제의를 받았다. 그는 2001년 3월 입사했지만, 회사에는 출근하지 않고 학교 도서관에서 고시를 준비하고 있다. 최씨는 "수도권 제조업체의 경우 2천~3천만원 선에 거래되고, 서울 소재 벤처기업은 5천만원이 평균가다"라고 전했다. 고시생 김모(27)씨는 2001년 2천만원을 주고 특례요원으로 수도권 지역의 기계부품 공장에 취업했다. 그는 출근은 하지만 손을 놓은 채 고시공부를 하고 있다. 그는 "고시생 사이에선 정보처리기사, 전기기사 등 자격증 따기 바람이 불고 있다"고 털어놓았다.

병역특례 매매가 치열해지면서 '입도선매' 현상까지 빚어지고 있다. 방모(28)씨는 오는 9월부터 벤처회사에 입사할 예정이다. 그는 특례요원 채용 대가로 5천만원을 냈지만, 정보처리기사 1급 자격증이 없어 컴퓨터 학원에 다니며 자격증 시험을 준비 중이다. 이씨는 "특례요원이 한정되어 있는 데다 병역특례업체인 벤처기업 수가 크게 줄어들어 자리싸움이 치열하다"면서 "거래가격도 치솟을 조짐을 보이고 있다"고 말했다. (「문화일보」 2002년 8월 23일)

이와 같은 병역특례제도는 결과적으로 부유한 자나 힘 있는 자들에게 '지정업체와 특례자의 암거래'를 통한 '병역기피 수단'(제228회 국방 제1차 부록)으로 악용된다. 이 중에서도 특히 전문연구요원제도는 병역기피 수단으로 악용될 소지가 최근 들어 더욱 커지고 있다. 그 이유는 과거 5년이었던 병역특례 기간이 점점 짧아져 현역의 복무기간과 비슷해질 가능성이 높아지고 있기 때문이다. 2003년까지도 전문연구요원의 복무기간은 4년이었으나, '병역대체복무와 관련한 다른 제도의 경우 복무기간이 대부분 3년'이므로 "전문연구요원의 경우에도 형평성을 맞출 필요가 있는 만큼 3년으로 조정되리라고 본다"(「한겨레신문」 2004년 5월 28일)라는 기사에서도 볼 수 있듯이 2004년 현재 복무기간을 3년으로 축소시키는 방안이 모색되고 있다. 병역특례로 병역의 의무를 대신하고 있는 사람들 중 이와 같은 전문연구요원은 적지 않은 수로, 2001년에는 2,578명, 2002년에는 3,354명이었다.

병역특례의 혜택을 받는 전문연구요원에게는 법적인 제재보다는 도덕적 규범만으로 제재를 하는 경향이 강하다. 병역법 제39조(전문연구요원 및 산업기능요원의 복무)는 이를 "전문연구요원 및 산업기능요원에 편입될 사람은 제1항의 의무종사기간 중 성실히 종사하겠다는 서약서를 제출하여야 한다"고 규정하고 있을 뿐이다. 법적인 제재가 아닌 도덕적 규범의 제재만을 받는 병역특례의 전문연구요원들은 양심에 가책을 받지 않고도 이런 규범을 간단히 어길 수 있다. 더구나 '70여 명의 인원으로 1만 8천 8백여 개 업체에 8만 8천여명에 달하는 대체복무자를 관리·감독' 하는 것이 병역특례 관리의 현실이다(제234회 국회 국방위원회 회의록 부록). 따라서 이와 같은 방식으로 대체복무를 통해 병역의 의무를 이행한 자는 다른 병력자원들이 26개월의 병역의무를 다하는 동안 각종 시험에 합격하기도 하고 돈을 벌기도 한다. 그 결과 아버지로부터 자식으로 누적된 게임의 불공정성은 다시 더욱 누적된 형태로 유증되기 마련이며, 현역으로 복무하고 제대한 자와 병역특례로 병역의 의무를 이행한 자 간에는 현격한 차이가 벌어진다.

병역특례와 같은 병역의무 이행이 평등을 파괴한다는 것은 어제 오늘의 일이 아니다. 병역의 의무와 관련된 누적적 차별은 소멸되지 않고 있으며 다양한 형태로 탈바꿈하면서 누적적 게임을 정당화시키고 있다. '국가산업 발전을 위한 우수인력을 확보하기 위해'서 병역특례제도가 필요하다는 등의 명분에도 불구하고 그것은 분명 힘없고 가난한 사람에게는 평등을 짓밟는 제도로 작동하고 있다.

> 며칠 전 어느 학생이 석사장교로 군에 간다고 해서 잘되었다고 이야기했는데, 그렇지만 한편으로 매우 꺼림직했습니다. 석사장교 문제라든가 특례보충역 같은 것 말입니다. 방위산업체에 근무하면서, 승진 다 되고, 가정생활하고 즐길 것 다 즐기고 하면서 5년만 근무하면 병역을 면제받게 된단 말입니다. 또 특수 전문요원 같은 것도 있습니다." (박은정, 1998, 188쪽)

과연 우리나라의 군 입대 방식은 공평하고 정의로운가? "해마다 징병검사를 받는 40만 명 중 실제 현역병으로 입대하는 수는 20여만 명에 불과하며, 잉여자원들은 각종 병역특례제도의 혜택을 보고 있다. 여기에서 형평성 문제가 생긴 것이다. 군대가는 사람만 바보가 됐고 신성해야 할 국방의 의무가 신성해지기 어렵게 됐다"(「조선일보」 2002년 3월 16일)는 기사로도 알 수 있듯이 지금의 병역제도는 커다란 문제점을 안고 있다.

군 입대 방식에서 행해지는 누적적 차별과는 또 다른 차별이 존재한다. 군복무 방식과 관련된 합리적 차별이다. 합리적 차별이란 '작은 비용'으로 '큰 효과'를 얻기 위하여, 주로 경제성과 효율성에 근거하여 능력이 있다고 판단되는 자에게 상대적으로 더 나은 기회를 부여하는 것을 말한다. 합리적 차별은 능력과 실력에 근거한 것이기 때문에 보편적인 것으로 간주되는 경향이 강하다. 또한 합리적 차별에 대해 저항하는 것은 일반 시민들로부터 인정받기 힘든데 그 이유는 일반 시민들은 합리적인 것을 보편적인 것으로 인정하기 때문이다. 합리적 차별은 한 시민이 기존에 소유하고 있는 능력에 우선성을 부여하는 것으로서 기본적으로 기회의 불평등을 낳는데 이것은 기회의 불평등으로 그치지 않고 결국 결과의 불평등으로 이어지게 된다.

  군 입대와 관련한 합리적 차별은 복무방식에서 나타난다. 군대 안에서는 합리성에 의한 평등파괴가 더 보편적이고 공고하며 일반적이고 체계적으로 행해지고 있다. 이러한 차별은 병역법에 의거하고 있다. 병역법 13조(적성의 분류·결정 등) 1항은 "지방병무청장은 신체검사의 결과 신체등위가 1급 내지 4급으로 판정된 사람에 대하여는 자격·면허·전공분야 등을 고려하여 군복무에 필요한 적성을 분류·결정하고, 각군참모총장은 적성에 적합한 병종을 부여한다"고 규정하고 있다. 또한 제14조(인성검사 및 적성분류) 2항은 "법 13조 1항에 의한 적성은 건축·토목, 전기, 전자·통신·전산, 중장비운전, 수송장비정비, 차량운전, 화학, 기계, 항공, 의무, 요리 및 공통으로 분류·결정하되, 그 분류·결정기준은 병무청장이 정한다"고 규정되어 있다. 위와 같이 병역법 13조 1항과 14조 2항에 따라 군대 내의 모든 병력자원은 자신의 주 특기로 다음 도표의 병종 중에서 한 가지를 부여받게 된다.

〈표13〉 병역법 15조 1항에 의한 병종표

군별		병종
육군		보병(11), 기갑병(12), 야포병(13), 방공병(14), 정보병(15), 공병(16), 통신병(17), 항공병(18), 화약병(19), 보급병(21), 정비병(22~27), 수송병(28), 탄약병(29), 부관병(31), 헌병(32), 경리병(33), 정훈병(34), 의무병(41), 법무병(42), 군종병(43)
해군	해상	수병, 전탐병, 통신병, 군악병, 기관병, 시설병, 전공병, 운전병, 의무병, 통기병
	해병	보병, 포병, 공병, 기갑병, 병기병, 통신병, 보급병, 차량병, 헌병, 군악병
공군		일반병, 기술병

위의 병종 중 힘들지 않은 병종은 없겠지만 그럼에도 여기에는 나름대로의 서열이 있다. 우선 정훈병, 의무병, 법무병, 군종병은 각종 대학원 졸업자이거나 각종 고시 합격자, 또는 종교와 관련된 자들이 많다. 둘째, 정보병, 보급병, 부관병, 경리병 역시 상당한 전문성을 요하는 경우가 많다. 셋째 기타 병종의 경우로써 약간의 전문 자격증을 가진 경우가 있다. 넷째 보병이나 공병 또는 야포병의 경우, 이들은 아무런 자격도 없고 말 그대로 몸으로 때우는 경우다.

이러한 병종 부여는 병역법 13, 14, 15조에 의거하여 60만이 넘는 거대한 군대를 가장 합리적으로 유지하기 위해 분류한 것으로 일면 아무런 문제도 없는 것처럼 보인다. 그러나 이런 병종 부여에는 문제가 있다. 이러한 병종 부여는 사회의 수직적인 위계적(hierarchial) 직업 서열과 교육 서열이 군대로 수평 이동하여 다시 수직적인 위계적 직업 서열과 교육 서열로 재구축된 것이다. 군대 밖의 사회에서 지식, 그 중에서도 전문지식이 그 사람의 서열을 결정짓는 것과 마찬가지로, 군대 안에서도 전문지식이 병종을 결정한다. 나아가 부를 가지고 있는 자, 그리고 그 부에 의해서 더 많은 교육을 받은 자가 전문지식을 접하기 쉬운 위치에 있기 때문에, 결국에는 부가 병종을 최종결정하는 경향을 갖게 되는 것이다. 따라서 상대적으로 교육 정도가 높거나 집안이 부유한 경우 좋은 보직을 받게 된다. 종종 이런 사람들도 보병으로 군대를 가게 되는 경우가 있지만 대부분 교육 정도가 높다는 이유로 행정병으로 빠진다는 점에서 문제가 되지 않는다.

마지막으로 가장 힘들고 고단한 군 생활을 보내는 보병은 배운 것이 상대적으로 적고 가진 것이 없는 자의 자식들이 가게 되는 소위 '빈민의 무덤'이다. 이는 수치로도 증명할 수 있다. 예컨대 해마다 병력자원 40여만 명 중 72%는 대학을 다니거나 졸업한 자들이며 28%는 고등학교 졸업자이다. 그 중 20여만 명이 현역으로 빠지고, 나머지 잉여자원들은 각종 병역특례 혜택을 본다(「조선일보」 2002년 3월 16일). 고졸 출신의 대부분은 보병으로 빠지게 되는데 이들을 전체 병력자원의 약 30%로 잡으면 현역 20만 중 6만여 명이 이들 고졸 출신이다. 그리고 나머지 보병 수요는 전문대 출신이나, 국공립대를 제외한 지방 대학 출신들이 채우게 된다. 이 범주에 들지 않는 보병들은 보병에 들어가서도 행정병으로 빠지게 된다. 따라서 보병을 제대한 사람이라면 보병의 상당수가 고졸 출신이라는 것을 알고 있다. 그래서 '아직도 우리나라에는 고졸 출신들이 상당히 많구나'라는 착각에 빠지고는 한다. 그들은 1년 내내 땀을 흘리고 훈련을 받는다. 모래성을 쌓았다 다시 부수는 것과 같은 단순작업을 끊임없이 반복한다. 그들은 거꾸로 매달려 있어도 국방부 시계는 간다는 생각으로 하루하루가 빨리 지나가기만을 바랄 뿐이다. 결국 이들이 고된 훈련을 받는 데는 학력이 좋지 않은 것이 크게 작용하고 있으며, 이런 차별의 더 근본적인 원인으로는 가정 형편상 교육을 받을 기회가 상대적으로 적었다는 점을 꼽을 수 있을 것이다.

　군대는 군대 밖 사회에서의 기준이 아무런 영향력을 미쳐서는 안 되는 절대 평등의 공간이어야 한다. 군대는 남성 성인을 다시 교육시키는 제2의 교육장이어야 한다. 이는 한국에서도 예외가 아니다. 군대는 높은 정도의 교육의 수행이라는 의미를 갖는다. 첫째, 군대는 '국가학교'로서 국가 교육기관으로 이용된다. 둘째, 군대는 기술군대학교로서 적절한 자질을 갖춘 일정량의 노동력을 배출한다. 셋째, 군대는 전문적(직업적) 군대학교로서 장교교육제도를 통해 사회화의 역할을 증대시키고 실제적이고 적용 가능한 기술을 발전시켜야 한다(백종천, 1981, 188~198쪽). 이같은 역할을 하기 위해서 군대는 교육 기회의 평등이 존재해야 하는 곳이다. 그래야만 군대 안에서 보내는 세월이 무의미하지 않다.

병역법 13조는 분명 병력자원의 적성을 분류하고 결정하기 위한 것이다. 그러나 그 적성은 말 그대로 개인의 적성이 아니라 개인의 자격·면허·전공에 의해 결정되어 왔다. 이 점에서 병역법 13조의 적성 분류 및 결정은 사회의 교육, 자격, 전문성의 불평등을 군대 안에 그대로 이전시키는 기능을 수행하였다. 이것은 제2의 교육기관으로서의 군대가 교육 기회의 평등 자체를 원천적으로 봉쇄하고 있음을 보여주는 것이다. 따라서 사회에서 좋은 교육을 받고, 전문직을 가진 자는 군대 내에서도 편안한 보직을 받는 반면, 사회에서 땀 흘리는 노고를 수행한 자는 군대 안에서도 땀 흘리는 노고의 병종을 부여받게 된다. 그 결과 개인은 제2의 교육기관인 군대에서 자신의 진로를 진지하게 고민하고 자신의 직업을 고민할 수 없다. 따라서 그는 군대 안에서의 생활을 자신의 발전을 위한 기회로 삼지 못하고 허송세월하게 된다. 합리적인 차별의 비합리성은 군별이나 병종을 부여하는 데 있어서 대상자들이 지망하는 바를 최대한 반영하는 이스라엘과 비교해 보아도 알 수 있다.

3) 사회 내 경제적 불평등의 군대 안으로의 수평적 이동(경제적 불평등)

군대 안에서도 경제적 불평등 문제가 심각하게 드러나고 있다. 더구나 심각한 것은 사회 내의 경제적 불평등이 군대 안으로 수평적으로 이동하고 있다는 것이다. 그래서 군대라고 하는 폐쇄된 공간에서의 경제적 불평등의 문제가 더 심각하게 드러나고 있다. 국방의 의무를 수행하는 일반 사병은 국가에서 제공하는 봉급만으로 군대 내에서 생활을 유지할 수 없기 때문에 부모와 가족으로부터 용돈을 타야만 한다. 그 주된 이유를 살펴본다.

첫째, 사병들의 봉급이 지나치게 낮기 때문이다.

근대 이후 무장의 주체는 국가이고, 개인은 국가의 명령을 받아 무장한 물품을 잠시 이용할 뿐이다. 근대 이후 국가는 일정 기간 동안 필요로 하는 병력자원을 소집하고, 그 소집한 자원을 국가 방위를 위해 사용한다.* 그 대신 국가는 소집한 병력자원이 필요로 하는 기본적인 물품과 자원을 제공해야 한다. 국가는 개인이 복무하는 동안 필요로 하는 모든 것을 지급할 의무가 있다. 무장에 필요한 총기류와 각종 장비, 각종 의복, 군화, 슬리퍼, 심지어 속옷까지 공급해야 한다. 병력자원은 복무 후, 사회로 복귀할 때는 국가가 제공한 모든 것을 다시 국가에 반납해야 한다. 총기류는 말할 것도 없고, 개인이 사용하던 모든 물품을 국가에 반납하고 나와야 한다. 다만 사회 복귀 이후, 국가가 요구하는 시기에 필요한, 제대 후 병역의 의무(예비군)와 관련된 물품만 소지하고 나올 수 있다.

군복무자는 군복무 중 국가를 위해 **신체의 자유를 바치고 생명을 맡길** 뿐만 아니라, 노동을 통해 **재산을 형성할 수 있는 기회마저 국가에 헌납**한다. 즉 "군복무자는 교육 및 경제활동의 중단, 직장선택의 불안정성 등의 개인적인 기회비용을 감수하면서 국가 안보를 위해 복무자 개개인이 일종의 현물세를 납부"(「조선일보」 2002년 3월 16일)하는 것과 마찬가지이다. 따라서 근대 이후 국가는 소집한 병력자원에 대해서 무한 책임을 제공해야 한다. 이것은 국가가 전쟁과 같은 긴급한 이유로 개인의 재산을 이용했을 때의 경우와 상응한다. 예컨대 전시와 같은 긴급한 상황에서도 국가는 개인의 재산을 함부로 사용할 수 없다. 이는 미국의 헌법 수정 제3조에는 "(군

---

* 고대에 시민은 스스로 무장하고, 그 무장으로 전투를 치룬 대가로 전리품을 획득한다. 중세에는 기사들이 군주로부터 일정의 봉토를 얻는 대신 군주를 지키기 위해 군역의 의무를 수행했으며 이를 위한 무장이나 전쟁 중 필요로 하는 경비는 자비로 부담했다.

인의 숙영) 평화시에 군대는 어떠한 주택에도 그 소유자의 승낙을 받지 아니하고는 숙영할 수 없다. 전시에도 법률이 정하는 방법에 의하지 아니하고는 숙영할 수 없다"라고 규정되어 있다. 또한 이와 같은 내용은 대한민국 헌법 23조 3항에 "공공필요에 의한 재산권의 수용·사용 또는 제한 및 그에 대한 보상은 법률로써 하되, 정당한 보상을 지급하여야 한다"라고 규정되어 있다. 그런 이유 때문에 국가는 국가 방위의 목적으로 남성 시민이 소유하는 육체와 정신을 징발하여 사용할 때는 정상적인 봉급을 지불해야만 한다. "개인의 땅과 집을 국가가 가져갈 때도 적절하게 보상을 하는데, 26개월간 개인의 모든 자유와 권리를 국가가 가져가고도 적절하게 보상하지 않는 것은 명백한 인권침해다."(「한겨레 21」 427호, 2002년 9월 26일)

국가는 한 개별 병력자원이 병영생활을 하는 중 필요한 의식주의 해결은 물론이고, 심지어 먹고 마시고 놀고 즐기는 유흥까지 책임져야 한다. 이것의 형태는 국가가 사병에게 지급하는 봉급이다.

그러나 현실을 보면 사병들의 봉급은 지나치게 낮다. 아니 낮다 못해 자신의 인간적 가치 또는 노동의 가치에 대한 자괴감을 불러일으킬 정도로 형편없다. 이것을 단적으로 보여주는 예는 2004년도 국방비의 증가액과 사병 봉급의 비교이다. 정부는 2004년도 예산안 개요에서 안보 여건의 변화에 따른 자주국방역량 강화 및 장병 사기·복지 증진을 위해 국방비를 대폭 증액할 것을 밝혔다.

(표14) 연도에 따른 국방비 증가액과 증가율(2004년도 예산안 개요)

	1999	2000	2001	2002	2003	2004
국방비(조원)	13.7	14.5	15.4	16.4	17.5	18.9
국방비 증가율(%)	△0.4	5.3	6.3	6.3	7.0	8.1

이런 점은 사병의 봉급에 관한 정부 예산안에서도 찾아볼 수 있다. 정부는 2004년 예산안에서 사병의 봉급을 병영생활 기본소요 수준으로 단계적으로 인상할 것을 밝혔다. 그 내용은 2004년 사병 봉급을 **월평균 23,800원에서 35,000원으로, 약 47.1% 인상**한다는 것이다('2004년도 예산안 개요', 15쪽). 그러나 이렇게 47.1%나 '대폭' 인상하더라도 사병의 봉급이 여전히 형편없다는 것은 두말할 나위가 없다. 다음 기사의 제대를 앞둔 말년 병장의 이야기는 이런 상황을 잘 보여준다. "휴가를 나왔다 귀대하는 길인 김병장. 보름 휴가를 마치고 돌아간다는 그는 휴가 내내 만사 제쳐두고 아르바이트를 했다. 일주일간 밤낮 안 가리고 컴퓨터 프로그램 짜는 일을 도와 80만 원을 벌었고, 닷새간 사촌형이 운영하는 숯불갈비집에서 불피우기와 청소를 해 30만원을 받았다."(「한겨레 21」 427호, 2002년 9월 26일)

왜 국가를 위해 복무 중인 군인이 휴가 동안 아르바이트를 해야 할까? 한 마디로 병역법에 사병에 관한 보수 규정이 없기 때문이다. 예컨대 병역법 제31조(공익근무요원의 복무 및 보수 등) 5항("국가기관·지방자치단체 또는 공공단체의 장은 제26조 제1항 제1호의 규정에 의한 공익근무요원에 대하여 보수 및 직무수행에 필요한 여비 등을 지급하여야 하며, 그 기준 등에 관하여 필요한 사항은 대통령령으로 정한다〔개정 1999.2.5〕")과 8항("제26조 제1항 제4호의 규정에 의한 공익근무요원에 대하여는 국제협력요원에관한법률이 정하는 바에 따라 보수 및 직무수행에 필요한 여비 등을 지급한다〔신설 2000.12.26〕")의 규정에 따라 공익근무요원은 보수와 여비 등을 지급받는다. 군인의 경우 군인 보수법 제7조(봉급) 1항의 "군인의 봉급은 계급과 근무기간에 따라 〔별표 1〕의 봉급기준비율에 의하여 지급한다. 그러나 **병의 봉급은 대통령령의 정하는 바에 의하여 지급한다〔개정 1974.12.26〕**"는 규정에 따른다. 그러나 이 규정에 따른 사병의 봉급은 앞에서 살펴본 대로 그 나이 때의 청년이 사용하는 용돈의 1/10정도에 불과하다. 이 액수가 얼마나 형편없는가는 다른 국가들의 군인 봉급과 비교해 보면 명확해진다.

(표15) 의무복무제를 채택하고 있는 국가들의 사병 봉급과 노동자 평균 임금의 비교

나라	의무복무기간	사병 봉급	일반 노동자 임금	비고
노르웨이	12개월	수당 제외한 일당 1만 6천원	평균 연소득 4,300만원	
루마니아	2001년부터 직업군인제		월최저 18만원	
이스라엘	남자 3년 여자 22개월	수당 제외 기본급 남자 8만원 여자 9만원	월최저 48만원	군복무 기간을 특성계발 기간으로 운영
폴란드	18개월		월평균 72만 1천원	
몽골	12개월	노동자 기본 생계비와 같음	월평균 31만 3천원	의무복무를 하지 않는 이들은 병역세를 별도로 냄
이란	18개월	월평균 1만 2천원	월평균 12만원	사병 봉급을 교육 수준에 따라 차등지급
독일	9개월	월평균 42만원	월평균 264만원	사병에게도 각종 수당지급 결혼수당 11만~21만원 둘째애부터 육아수당 12만원
대만	22개월	40만원	평균 약 162만원	
대한민국	26개월	23,425원	최저임금 567,260원 평균임금 1,532,280원	이병 2만 300원 일병 2만 2100원 상병 2만 4400원 병장 2만 6900원

※ 「한겨레 21」 427호(2002년 9월 26일)을 참고하였으며, 대만(「조선일보」 2002년 3월 16일)과 대한민국은 다른 자료를 참조하여 작성하였음. 금액은 모두 원단위로 환산한 금액임.

둘째, 사회 내 경제적인 수직적 불평등이 수평 이동하여 군대 내의 수직적 불평등으로 드러난다.

국가가 일반 사병에게 지급하는 보수가 얼마나 형편없는가를 더 잘 보여주는 예는 가족으로부터 봉급 아닌 봉급(?)을 받아야만 개인이 군대 생활을 유지할 수 있다는 점이다. 일명 '패밀리 봉급' 이다. 패밀리 봉급은 현

금카드 소지가 금지된 상당수의 부대에서 부대원 모두에게 통장을 만들어 주고 비밀번호를 통일한 다음 휴가 후 남은 여비나 집에서 부쳐준 돈을 일괄 관리해 주는 것을 말하며, 사병들은 행정보조요원들에게 필요로 하는 돈을 신청하면, 행정보조요원들이 그 액수만큼을 찾아다 준다. 당연한 얘기지만 부유하거나 넉넉한 집안 출신자와 하루하루를 연명하고 살아가는 집안 출신자의 패밀리 봉급은 차이가 많이 난다. 이것은 사회 내 경제적인 수직적 불평등이 군대 내 수직적인 불평등으로 그대로 이전하는 것을 보여준다. 이와 같은 불평등 현상은 다음의 두 형태로 나타난다.

첫째, 영내 생활에서 경제적 불평등이 노출된다. 열린 공간일수록 돈의 위력은 상대화되고, 닫힌 공간일수록 돈의 위력은 절대적으로 커진다. 열린 공간, 즉 우리가 흔히 접하는 사회에서 돈의 위력은 상대적으로 적다. 자신이 가지고 있는 돈이 적다면, 가격이 낮은 대체재 상품을 구매하여 만족을 충족시킬 수 있다. 예컨대 양주 먹을 형편이 안 되면, 맥주로, 맥주가 안 되면 소주를 마시면 된다. 그러나 닫힌 공간, 예컨대 군대와 같은 닫힌 공간에서 돈의 위력은 절대적이다. 대체재를 사용하여 만족을 얻을 수 있는 방법이 절대적으로 제한될 수밖에 없기 때문이다. 더구나 앞서 밝혔듯이 봉급이 절대적으로 적기 때문에 제대로 생활을 영위할 수 없다. 일반 사병으로 군대 생활을 하면서 부모에게 손을 벌리지 않는 사람이 거의 없다는 것은 바로 이런 이유에서 비롯한다.

둘째, 경제적 불평등은 영외 생활인 각종 외출과 외박의 형태로 나타난다. 부대 생활을 하면서 누구나 바라는 것이 바로 외출이나 외박이지만 허락이 된다고 해서 선뜻 나갈 수 있는 것도 아니다. 돈이 많이 들기 때문이다. 한 사병은 이를 단적으로 다음과 같이 표현한다. "부대 근처는 물가도 비싸고 방값도 비싸거든요. 주말에 그냥 부대 안에서 텔레비전만 보는 애들도 많아요. 외출 한 번 나오면 적어도 몇 만원은 드는데, 돈 없으면 손가락 쪽쪽 빨고 있을 수밖에 없죠. 가끔 불상한 쫄따구들을 데리고 나오기도 하지만, 서로 불편하죠."(「한겨레 21」 427호, 2002년 9월 26일)

또 하나의 예를 보자. "부대 PX 매출 현황을 보면 사병 1인당 한 달에 6만원 가량을 쓰는 것으로 나타난다"(「한겨레 21」 427호, 2002년 9월 26일). 사병의 월급 평균이 2만 5천원이라고 가정한다면, 매달 3만 5천원 이상의 용돈이 더 필요하다. 이 수치는 영내에서 생활하는 데 최소한 6만원이 필요하다는 것을 보여준다. 또한 외박과 외출을 월 1회 정도 나간다면 이때에도 최소한 5만원 이상의 돈이 더 필요하다. 게다가 휴가도 나가야 한다. 또 애인이나 친구들이 면회를 오는 경우도 있다. 그러나 이런 계산은 평균일 뿐이다. 따라서 많은 액수를 쓰는 사병과 적은 액수를 쓰는 사병 간에는 커다란 차이가 난다. 게다가 외출이나 외박, 면회 등이 잦아 군대 밖에서 돈을 쓸 일이 많아지면 군복무 기간 중 사용하는 용돈의 액수는 기하급수적으로 늘어난다. 따라서 군대 밖의 사회에서 생활하는 동일한 연령대의 청년이나 군대 안에서 의무복무를 하는 사병의 용돈은 거의 커다란 차이가 없다는 결론이 나온다. 이런 점을 전부 고려하면 사병 한 사람에게는 최소한 한 달에 20만원 이상의 용돈이 필요하다. 그러나 군대에서 지급하는 봉급은 2만 5천원이다. 나머지 필요한 돈은 분명 어디에선가는 나와야하며 그것은 대부분 부모님의 지갑이다. 나라를 위해 자식을 군대에 보내고 20여만원의 용돈까지 보내야 하는 것이 바로 우리의 현실이다.

군대 생활을 해보았던 사람이라고 한다면, 군대 안에서 다른 사병들과 생활하면서 처량한 기분이 들었던 장병이라고 한다면, 휴가를 나올 때마다 그리고 부모님이나 가족이 면회를 올 때마다 부모님이나 가족이 주는 용돈을 부끄럽게 받아본 사람이라고 한다면, 애인이 면회를 왔을 때 '실탄'이 없어 할 일 없이 배회해 본 적이 있는 사람이라고 한다면, 의무복무 기간 동안 지급되는 봉급이 얼마나 적은가에 대해 쉽게 공분할 수 있다.

"지오피(전방초소) 근무라도 지원해 볼 생각이다. 긴장도 되겠고, 수당이 나오니 한달에 2만원씩이라도 저금할 수 있을 것 같다"(「한겨레 21」 427호, 2002년 9월 26일)는 젊은 병사의 이야기는 다름 아닌 우리 자신들의 이야기이기 때문이다.*

4) 군대의 재봉건화 : 불평등의 경험자이자 판단자로서의 시민

평범한 시민은 군과 관련하여 불평등의 억울한 경험자인 동시에 불평등의 냉엄한 심판자이기도 하다.

우리는 앞에서 군과 관련된 평등 또는 형평성의 파괴를 알아보았다. 첫째, 새로운 신분 집단의 형성에 의한 불평등의 고착화로서 군 입대 방식의 불평등. 둘째, 누적적 차별에 의한 군복무 방식의 불평등. 셋째, 합리적 차별에 의한 복무 방식의 불평등. 넷째, 군복무 중의 경제적 불평등이다. 앞의 세 가지가 새로운 신분 집단과 관련되어 있다면, 네번째는 경제적 권력과 직접적인 연관이 있다. 그러나 네 가지의 공통적인 점은 직접적이든 간접적이든 경제적인 것과 밀접한 연관이 있다는 것이다. 왈쩌는 "어떤 사회적 가치 X도, 어떤 사람들이 다른 사회적 가치 Y를 소유했다는 이유 때문에 X의 사회적 의미와는 아무런 연관 없이, Y를 소유한 사람들에게 분배

---

* 만약 50만 사병에게 30만원씩을 더 준다면 연간 1조 8천억원의 예산이, 50만 사병에게 노동자 최저임금에 해당하는 50만원씩 더 준다면 연간 3조원의 예산이 더 필요하다(「한겨레 21」 427호, 2002년 9월 26일). 2004년 국방비 예산안이 약 19조원에 이르고 GNP가 1만불이 넘는 국가라고 한다면, 최소한 국방의 의무를 치르는 군인이 휴가 중 아르바이트를 하고, 부모와 가족이 사적인 병역의무비(?)를 납부하는 일은 사라질 수도 있을 것이다.

되어서는 안 된다"(박정순, 1999, 182쪽)라는 복합평등론을 주장하였다. 왈쩌에 따르면 남들보다 훨씬 더 많은 돈을 소유했다는 이유로, 병역의 의무를 사거나/살 수 있어서는 안 된다. 그러나 다양한 형태로 병역의 의무를 살 수 있는 것이 우리의 현실이다. 더구나 셋째 유형에서 보듯이 합리성에 근거하여 평등을 파괴하는 경우, 빈부와 지식의 유무는 군대를 통해 더욱 고착화된다.

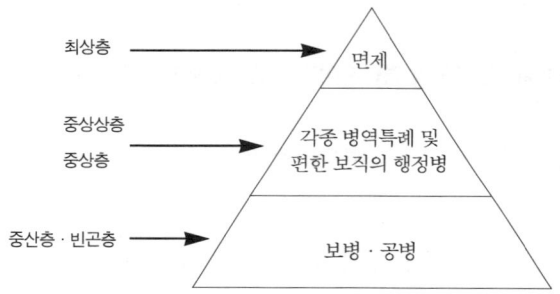

지금까지의 입대 방식을 그림으로 그려본다면 아마 위 도표와 같은 형태가 될 것이다. 재벌 일가, 언론사주 일가, 고위직 공무원과 직계비속, 국회의원과 직계비속 등은 군대를 가지 않을 것이다. 또한 사회의 중상상층과 중상층은 각종 합법적 제도와 교육 등의 특권을 이용하여 각종 병역특례 혜택을 받거나 편한 보직을 맡고 그도 안 되면 행정병을 맡는다. 반면 평범한 시민 및 가난한 시민과 그 자식들은 보병이나 공병과 같은 험한 보직을 맡는다. 이것은 특권을 매개로 한 또는 돈을 매개로 한 새로운 신분의 고착화 현상을 낳는다. 그 냉소적 표현이 '유전면제', '유권면제', '빈민의 군대'와 같은 용어들이다.

이것은 중세적인 의미와 다르기는 하지만 군을 둘러싼 신분제의 고착이며 '재봉건화'(refeudalisation)로 볼 수 있다. 특권층, 중상상층, 중상층은 병역의 의무를 다양한 형태로 실질적으로 기피하고, '하류인생'들만이 병역의 의무를 이행하게 되는 기형적 구조이기 때문이다. 이런 서열화된 구조 하에서는 동일한 병역의 의무를 치른다고는 하지만 다른 계층과는 만나거나 대화하면서 전우애를 나눌 수도 없다. 왜냐하면 서로의 지위와 위치에 따라 공간이 달라지기 때문이다. 이것은 중세에 다른 신분 간에는 만날 수도 대화할 수도 없었던 것과 마찬가지이다. 더구나 부모와 가족이 용돈과 같은 형태로 병역의무의 사적 수행비를 지불해서는 안 된다. 그러나 현실에서는 앞에서 살펴보았듯이 부모의 용돈이 제공되지 않으면 정상적인 군대생활을 할 수 없다. 이런 의미에서 평범한 시민은 불평등의 억울한 경험자이다.

동시에 시민은 불평등의 냉엄한 심판자이다. 대다수의 평범한 시민은 입대에서부터 영내생활까지 군과 관련된 억울한 불평등을, 그러나 이를 말로 표현하면 무능력을 스스로 인정하는 것처럼 되어 버리는 그런 불평등을 경험하였다. 대다수의 평범한 시민은 군과 관련된 불평등을 근대적인 군이 출발한 이후부터 끊임없이 학습하였다. 그런 학습능력이 높아갈수록, '모든 시민은 평등하다'는 의식이 고양되었지만 특권층의 군기피 방법도 함께 교묘해지고 합법화되어 갔다. 이에 대해 평범한 시민은 군과 관련해서 평등을 파괴하는 집단들에 대한 극단적인 심리적 저항과 분노를 표출하게 되었다.

평범한 시민은 현실의 불평등을 평등에 대한 의식을 통해 파괴하고자 하는 욕구를 표출하였다. 시민들은 군과 관련된 평등의 파괴에 대해 냉엄한 심판자의 역할을 충실히 하였다. 이는 다음의 두 경우에서 극단적으로 표출되었다. 첫째, 억울한 군대 생활에 대한 보상심리의 해소책이었던 군가산점제의 폐지에 대한 극단적인 집단의식의 표출로 나타났다. 둘째, 이회창 대통령 후보 아들의 병역기피 의혹에 대한 분노로 표출되었다. 시민들은 어떤 경우에도 군의 평등을 파괴한 의혹이 있는 자가 대통령이 되는 것을 거부하였다.

이렇듯 대다수 평범한 시민은 군과 관련된 불평등의 억울함을 냉엄한 심판으로 대신하였다. 그리고 이런 심판은 양심에 따른 병역거부에 대해서도 마찬가지로 적용되었다. 대다수 시민의 입장에서 양심에 따른 병역거부자는 객관적으로 검증할 수 없는 양심을 근거로 병역의 의무를 이행하지 않겠다는 또 다른 특권을 요구하는 것이다. 억울한 불평등을 경험한 대다수 평범한 시민은 양심에 따른 병역거부자에게 '국민으로서 의무를 다하겠다는 것이냐, 아니냐' 라는 양자택일식의 냉엄한 심판의 잣대를 들이댄다. 시민들은 '4~6주간 기초군사훈련과 8년간의 예비군훈련은 물론이고, 전시 동원소집의무까지 모두 면제' 해 달라는 양심에 따른 병역거부자들을 평등의 파괴자라고 인식한다. 이와 같은 내용은 양심에 따른 병역거부를 반대하는 국방부의 입장에서 잘 표현되어 있다. "우리나라 헌법에는 '모든 국민은 법 앞에 평등하다. 누구든지 성별, 종교 또는 사회적 신분에 의하여 차별을 받지 아니한다' 라고 규정되어 있는데, 병역의 의무를 종교적 신념에 따라 결정할 경우, 특정 종교 신자에게 특혜를 주는 결과가 되어 오히려 역차별을 초래하게 되므로 이 또한 헌법 정신에 어긋나며 …… 국민 통합을 해치게 된다."(안경환·장복희, 2002, 332쪽)

대다수 시민들은 이와 같은 국방부의 입장을 커다란 반감 없이 받아들이면서 양심은 국민으로서의 의무를 다한 후에 주장할 것을 강요한다. 억울한 불평등을 경험한 대다수 평범한 시민은 남들도 다 하는 병역의 의무를 면제해 달라는 요구는 용납할 수 없다고 생각하기 때문에 양심에 따른 병역거부자의 양심을 관용할 여유를 갖지 못한다.

3 _ 양심과 다수결의 원리

대다수 시민은 양심에 따른 병역거부자들이 주장하는 '양심'에 대해 색안경을 끼고 바라보거나, 그 양심을 부정직한 양심이라고 덧칠해 버린다. 그러면서 이들은 양심에 따른 병역거부자의 양심에 대해 다음과 같은 몇 가지 의문을 제기한다. 양심에 따른 병역거부자들이 병역을 거부하는 자신들의 '양심'을 양심이라고 생각한다면, 종교를 믿고 있으면서 병역의 의무를 다하는 다른 사람들의 '양심'에 대해서는 어떻게 생각해야 할까? 왜 양심에 따른 병역거부자들은 사회적인 의무보다 자신들의 양심이 더 중요하다고 주장하는가? 병역의 의무를 다하는 선량한 시민들은 양심이 없고, 병역을 거부하는 양심에 따른 병역거부자들만이 양심을 중요시한다고 생각하는 것은 아닌가? 양심에 따른 병역거부자들이 사회와 국가에 대한 의무를 경시하고 자신의 양심만 존중받기를 바란다면 지나치게 이기적인 것은 아닐까?

위에서 던진 몇 가지 의문에서처럼 양심과 양심이 부딪칠 때 즉 병역의 의무를 다하는 다수의 양심과 병역의 의무를 부정하는 소수의 양심이 충돌할 때 '어떤 양심은 옳고 어떤 양심은 그른가'의 문제가 발생한다. 상반된 가치가 부딪히게 되면, 상반된 가치 중 어느 가치는 맞고 어느 가치는 틀리다라는 이분법적인 구분이 발생한다. 양심에 따른 병역거부의 경우도 마찬가지이다. 다수파 종교인들은 소수파 종교인의 양심 또는 정치적 병역거부자들의 양심을 인정하려 하지 않는다. 법도 마찬가지로 소수인 양심에 따른 병역거부자들의 양심보다는 사회적으로 합의한 의무를 더 강조한다. 대다수 시민들도 이러한 영향을 받아 사회적으로 합의한 사회적 의무 또는 국가에 대한 의무를 강조하면서 양심에 따른 병역거부자들의 양심을 이해하려고 하지 않는다. 양심과 양심이 충돌할 때, 종교, 법, 대다수 시민은 '어떤 양심은 옳고 다른 어떤 양심은 잘못되었다'고 판단을 내리고, 틀린 양심을 주장하는 자에 대해서 강력한 제재를 한다.

이런 점에서 양심에 따른 병역거부의 가장 커다란 적은 바로 '양심' 이다. 사회를 구성하고 있는 **다수의 양심**은 양심에 따른 병역거부의 가장 커다란 적인 동시에, 이론적으로도 정교한 논거가 된다. 대다수 시민이 양심에 따른 병역거부를 부정할 때의 근거가 바로 '양심'이라는 것은 역설이자 아이러니이다.

이 장에서는 양심에 따른 병역거부의 가장 큰 적인 일반 시민들의 '양심'에 근거한 반대에 대해서 다루고자 한다. 이를 위해 다음과 같은 형태로 논의를 진행할 것이다. 첫째, 사회적 소수자의 양심을 인정할 경우 나타나는 문제점에 대해서 살펴볼 것이다. 둘째, 다수파 종교인의 양심과 소수파 종교인의 양심이 충돌한다는 것, 그리고 다수파 종교인들이 '양심'에 따른 병역거부자들을 '종교적 병역거부자'로 전환시키려 하는 이유에 대해서 살펴볼 것이다. 셋째, 법을 중심으로 다수가 지지하는 병역의 의무와 소수가 지지하는 양심의 자유에 대해서 다룰 것이다. 법에는 병역의 의무를 규정한 항목과 양심의 자유를 인정한 항목이 동시에 존재하고 있다.

문제는 다수가 소수의 견해를 인정하지 않음으로써, 인간의 기본적인 권리가 억압받고 있다는 점이다. 이러한 억압이 어떻게 발생하는가를 살펴볼 것이다. 넷째, 이상의 논의를 바탕으로 대다수 시민들이 다수결 결정의 주체이자 소수 양심의 억압자로서 양심에 따른 병역거부자들의 양심을 인정하는 않는 이유에 대해서 살펴볼 것이다.

1) 소수 양심 인정의 딜레마

사전적 의미에서 양심이란 "자기의 행위에 대하여 옳고 그름을 판단하고, 바른 말과 행동을 하려는 마음"이다. 법적인 의미에서 양심이란 "어떤 일의 옳고 그름을 판단함에 있어서 그렇게 행동하지 아니하고는 자신의 인격적 존재가치가 무너지고 말 것이라는 강력하고 진지한 마음의 소리"(헌재, 96헌가11, 1996. 3. 27)이다. 사전적 의미로 보나 법적인 의미로 보나 **양심은 철저하게 개인적인 것**이다. 따라서 양심의 형성 단계부터 실천까지 어떤 것으로부터도 제한을 받거나 구속받아서는 안 된다.

또한 양심은 철저하게 개인적인 동시에 **'상대적'**이란 점이 지적되어야 한다. 그 이유는 '자기의 행위에 대하여 옳고 그름을 판단' 하거나 '어떤 일의 옳고 그름을 판단' 하는 기준이 개인마다 다르기 때문이다. 따라서 각 시민은 동일한 행위나 사건을 판단하는 경우 서로 상이한 양심에 근거하여 판단하는 경우가 대부분이다. 양심은 상대적이기 때문에 양심과 사회의 관계가 중요한 문제로 등장한다. 즉 사회적으로 인정되고 통용되는 양심과 사회적으로 인정받지 못하는 양심, 규범 또는 법으로 체현된 다수의 양심과 소수의 양심이 존재하기 마련이다.

양심의 상대성은 양심을 **절대적으로 사회적인 것**으로 전환시킨다. 이는 양심이 가슴 속에 남아 있는 한 개인적인 것이지만, 그것을 실천하는 순간 사회의 구성원들과 광범위하게 접촉할 수밖에 없기 때문이다. "인간의 양심이란 것이 원래 사회적 규범과 개인적 욕망 사이에서 양자를 '함께 아는' 데서 성립되는 것이라는 점, …… 사회적 성격을 갖는다는 것, 따라서 사회적 동물로서의 인간존재의 근본구조를 형성한다는 것을 나타낸다" (두산세계대백과 엔싸이버[www.encyber.com], '양심' 항목 중에서). 왈쩌는 양심의 개인성을 부정하고 양심의 사회성을 강조한다. 그는 양심이 신이 아닌 타인과 공유하는 것이며, 개인적·종교적인 것이 아니라 사회적이고 세속적인 것, 사회와 공유되어야 하는 것이라고 보았다. 따라서 개인은 자신의 양심을 실천하는 순간 다수의 '규범적 평가'를 받아야만 한다.*

양심에 대한 규범적 평가와 법적인 평가는 한 시민의 양심을 사회의 전체 구성원과 마주치게 만든다. 한 시민의 양심의 실천이 사회적으로 통용되고 있는 규범과 어긋나지 않는다면, 그 양심의 실천은 사회적 양심과 충돌을 일으키지 않는다. 그러나 한 시민의 양심의 실천이 사회적으로 통용되는 규범과 불일치하거나 어긋난다면, 그 개인의 양심은 마주 달리는 기관차처럼 사회적 양심과 충돌한다. 그 대표적인 예가 양심에 따른 병역거부이다.

양심에 따른 병역거부자는 사회의 소수자이다. 반면 사회의 다수는 양심에 따른 병역거부를 찬성하지 않는다. 양자는 대립한다. 이 대립은 사회 구성원의 관심과 주목을 불러일으키지 않을 수도 있지만, 때로는 사회 구성원 전체를 격렬한 논쟁과 토론의 장으로 불러들이고 편을 가르게 하며,

---

* 규범적 평가는 시대에 따라 다르게 나타난다. 종교가 주류를 이루는 시대에는 종교가 양심을 평가하는 규범이 되었으며, 계몽주의 이후에는 인간이 만든 법과 법에 의한 판단이 양심을 평가하는 규범이 되었다.(임미원, 2002, 144쪽)

격렬한 충돌을 불러일으키기도 한다. 소수는 인정받으려 하고, 다수는 전자의 양심 자체를 의문시한다. 사회의 다수는 소수의 양심에 따른 병역거부를 인정하면 다음과 같은 곤란한 문제들이 발생할 것이라고 주장한다.

첫째, 사회의 일반적 생각에서 벗어나는 극단적인 양심을 인정해야 한다는 것이다. 이것은 다음과 같은 형태로 표출된다. "600만 명의 유태인을 학살한 히틀러나 인종청소를 한다며 알바니아계 인종을 무차별 학살하고 조직적으로 강간토록 한 밀로세비치 역시 자신의 양심에 따라 행동했다는 변명을 가능하게 해준다"(김병렬, 2002a, 65쪽). "이 세상에는 종교적 양심 외에도 도덕적·사상적 양심도 있다. 그들도 같은 수준에서 보호되어야 형평이 맞을 것이다. 예컨대 소위 '지존파'나 '막가파'의 양심도 양심일 것이며, 유태인을 600만 명이나 죽였던 독일의 나치주의자들의 양심도 양심일 것이다. 이들의 양심도 소중히 여겨야 한다면 지나친 주장인가?"(최정석, 2002, 120쪽)

이것은 한 마디로 표현하면 "양심에 따른 병역거부자들만이 양심을 가진 것은 아니다, 세상에 양심 없는 사람이 어디에 있겠느냐!"이다. 이러한 주장에 따르면 수 명의 인명을 살상한 지존파나 막가파도 자신의 양심에 따라 행동했다고 한다면, 수십만·수백만 명을 조직적으로 학살한 밀로세비치나 히틀러도 자신의 양심에 따라 행동했다고 한다면 이를 제재할 방법이 없다. 다시 말해 악을 행하는 행위자가 자신의 양심에 따라 행동하였다면 그 양심도 인정해야 한다는 것이다.

둘째, 양심에 따른 병역거부를 인정하게 되면, 평등한 공적부담 원칙의 파괴로 인해 국가의 종교 중립성이 무너진다는 점이다. 이러한 주장에 따르면 국가의 공적 부담은 기본적으로 국가를 구성하는 시민들에게 공평하게 부담되어야 한다. 예컨대 헌법 11조 1항에 "모든 국민은 법 앞에 평등하다. 누구든지 성별·종교 또는 사회적 신분에 의하여 정치적·경제적·사회적·문화적 생활의 모든 영역에 있어서 차별을 받지 아니한다"(2003노4467, 7940, 9650)라고 규정되어 있으므로, 양심에 따른 병역거부자들도 시민으로서 병역의 의무를 공평하게 분담하여야 한다는 것이다. 그러므로 양심에 따른 병역거부자들을 인정한다는 것은 공평한 부담의 원칙을 파괴하는 것이 된다. 그 결과 특정 종교인들에게 혜택을 주는 결과를 초래하여 헌법 20조 2항 "국교는 인정되지 아니하며, 종교와 정치는 분리된다"는 원칙(최필재, 2002, 88~89쪽)이 파괴되고 이는 결국 특정 종교에 특혜를 주는 결과를 초래한다. "우리사회에서 대체복무제를 인정하는 경우, 특정 종교단체를 위한 특혜로서 종교 평등의 원칙 및 국가의 종교적 중립성이 훼손될 소지가 있습니다."(최필재, 2002, 85쪽)

이와 같은 것은 대체복무제를 인정할 경우 양심에 따른 병역거부를 교리로 채택하고 있는 종교로의 개종이 폭증한다는 우려로 나타난다. "이 논문의 발표를 위해 10대부터 50대까지 800명의 남녀를 대상으로 설문조사를 실시했는데, 이 중 군에 다녀오지 않은 10대와 20대 남자 182명 중 12%인 21명은 대체복무제를 시행할 경우, 여호와의 증인으로 완전히 개종하겠다고 답했으며, 9%인 16명은 일단 여호와의 증인으로 개종하였다가 대체복무를 마친 후에는 다시 원래의 종교로 개종하겠다는 의사를 표시하는 등 총 33%인 60명이 여호와의 증인으로 개종하겠다는 의사를 표시하는 것만 보아도 아직 우리나라 젊은이들에게는 군복무를 면제시켜 준다고 하는 것이 대단히 매력적으로 느껴지고 있다는 것을 알 수 있다. 즉 우리나라 젊은이들 가운데 1/3정도는 현역으로 복무를 마친 후에도 8년 동안이나 예비군훈련을 받아야 한다는 사실과 대체복무 40~50개월을 비교했을 때 종교를 바꾸어서라도 대체복무를 하는 편이 낫다고 판단을 하

고 있는 것이다."(김병렬, 2002b, 138쪽)

결론적으로 특정 종교의 양심에 따른 병역거부를 인정하면, 그 종교를 믿는 젊은이들이 늘어나게 마련이며, 심지어 신자를 늘리기 위해 병역거부를 교리로 채택하는 종교도 나올 수 있다는 것이다. "기존 종교들이 전쟁이나 군 입대를 거부할 수 있는 논리를 얼마든지 만들 수 있는 개연성이 있을 뿐만 아니라 이를 특화하는 새로운 종교의 등장도 있을 수 있으며, 이로 인해 병역면제 혜택을 받으려는 징병대상자들이 병무관련기관에 제출할 자신의 신앙 증명 소개서를 좀더 유리하게 제공하는 종교를 찾아다니는 종교 쇼핑의 발생도 예견할 수 있다는 것이다."(최필재, 2002, 85쪽)

셋째, 양심에 따른 병역거부자를 인정하게 되면, 이는 국가방위 의무자 축소로 이어지고 결국 국가방위와 국가존립이 커다란 위험에 처할 수도 있다는 점이다. 이러한 비판은 어제 오늘의 일이 아니라 양심에 따른 병역거부가 처음 발생한 시기부터 줄곧 있었다. "기원 173년 한 로마인이 병역거부를 하는 어떤 기독교도에게 '만일 모든 남자들이 당신들처럼 한다면, 황제가 완전히 고립무원의 상태가 되는 것을 막을 것이 아무것도 없으며, 제국의 군대는 가장 무법적인 야만인들의 수중에 떨어지고 말 것'이라고 양심에 따른 병역거부자를 공박하였다고 한다."(홍영일, 2002, 230쪽)

이러한 비판은 오늘날에도 마찬가지이다. "에코러스가 실시한 설문조사에서 응답자 중 96%가 '비록 유승준의 행동이 옳다고는 생각하지 않지만 자신도 기회만 된다면 유승준처럼 하고 싶다'고 응답하였다"(김병렬, 2002a, 73쪽). 결국 양심에 따른 병역거부자들의 양심을 합법적으로 승인하게 되면, 젊은 청년들이 고생스럽고 억울하기조차 한 군대를 가지 않을 것은 불을 보듯이 뻔하다는 것이다. "이들에게 대체 복무를 허용할 경우, 병역거부 움직임이 더욱 확산될 것은 불을 보듯 뻔한 일이다. 이 이유는

4~6주간의 기초군사훈련도 받지 않고 전역 후 8년간의 예비군훈련도 받지 않으며 전쟁이 일어나도 동원소집될 의무가 없는 그러한 대체복무가 있다면 누구나 그것을 하려고 하지 않겠는가? 더구나, 어려운 국가자격시험을 치루어야 하는 것도 아니고, 총칼을 손에 들지 말라고 하는 교리를 가진 특정 종교를 믿거나, 단지 개인적인 신념(양심)상 총을 잡을 수 없다고 주장하기만 하면 되는 그런 대체복무가 있다면 복무 기간이 다소 길고, 복무 분야가 다소 어렵더라도 누구나 그것을 선택하려 할 것이다."(안경환·장복희, 2002, 334~335쪽)

그 결과 국가방위에 심대한 타격이 올 수밖에 없기 때문에, 양심에 따른 병역거부를 인정할 수 없다는 논리가 성립된다. "대만은 중국의 무장공비를 막아야 할 부담이 없기 때문에 병역을 감축할 수 있었지만 우리나라는 지금 이 순간에도 무장공비의 침투를 막기 위하여 155마일 휴전선은 물론 동, 서, 남해의 해안선에 병력을 깔아놓지 않으면 안 된다는 차이점을 간과하고 있는 것이다. …… 무장공비의 침투를 막기 위해서는 사람이 눈과 귀로 직접 탐지해야만 하는 것이다. …… 아군인지 적군인지는 최종적으로 사람의 눈에 의해 직접 확인해야 하기 때문에 병력의 숫자를 무턱대고 줄일 수만은 없는 것이다."(김병렬, 2002b, 139쪽)

이것은 주로 남북분단이라는 특수한 현실과 상황을 근거로 양심에 따른 병역거부 인정은 시기상조라는 점을 강조하는 논리로서 양심에 따른 병역거부자는 전체적으로 소수이기는 하지만, 그 소수를 인정하게 되면, 둑이 터진 것처럼 국가방위가 위태롭게 된다는 내용을 갖는다.

양심에 따른 병역거부의 인정은 필연적으로 딜레마를 낳는다. 양심에 따른 병역거부를 인정하게 되면, 극단적인 양심도 인정해야 되며 국가의 방위가 위협받거나 국가의 종교중립성이 무너질 수도 있다. 이 점에서 소수의 양심에 따른 병역거부의 인정은 복잡하게 얽히고 설킨 실타래이다. 실타래를 풀기 위해 조금만 무리한 힘을 가해도 더 헝클어진다. 앞에서 살펴보았듯이 양심은 지극히 개인적인 동시에 필연적으로 사회적인 성격을 지니고 있기 때문이다.

양심이 개인의 내면화된 거울로 남아 있을 경우에는 절대적인 자유이지만, 개인의 양심이 사회의 거울이 되어 밖으로 드러나면 상대적인 자유가 된다. 다수가 사회적으로 합의한 가치와 규범 그리고 법이 시민의 양심을 철저하게 검증하고 규제하게 된다. 결국 사회의 다수가 합의한 규범 또는 법으로 소수의 양심을 철저하게 유린하게 된다.

2) 다수의 보편성과 소수의 특수성

최근까지 대다수 시민은 양심에 따른 병역거부를 양심에 따른 병역거부로 바라보는 것이 아니라 종교적 병역거부로 인식하는 경향이 있다. 그 이유는 오태양 이전까지 양심에 따른 병역거부가 거의 대부분 여호와의 증인과 재림교회 같은 기독교 소수파의 문제였기 때문이다. 또한 현대사의 여러 경험이 양심에 따른 병역거부를 종교적 병역거부로 국한해서 바라보도록 강요하기도 했다.

과거 폭압적인 정권이 지배하던 시절에도 민주화를 이유로 한 병역기피자들이 존재했다. 그들은 쿠데타의 수단이자 시민들을 억압하는 군을 거부한 것이 아니라 기피하였다. 기피하지 않고 입대하는 경우에도 사회의 민주화와 군의 민주화를 위한 운동을 하였다. 하지만 이런 서슬 퍼런 폭압적인 정권이 집권하던 시절에도 양심에 따른 병역거부자들이 있었다. 대부분이 여호와의 증인인 이들은 그 시절 양심에 따른 병역거부가 죽음에

버금가는 공포라는 것을 알았으면서도 그것을 감당했다. 그들은 입대 자체를 거부하였으며, 강압에 의해 입대를 한 후에도 양심에 따라 무기 수령과 살상훈련을 거부하였다. 군대를 다녀온 시민들은 이것을 보고 들었다. 반공이 국시였던 그 시절, 병역의 의무를 당연한 것으로 받아들이던 국민들에게 국가 권력을 전면 거부하는 양심에 따른 병역거부자들은 낯선 존재였고, 경이 그 자체였다. '미덕 없는 공포'와 '인정 없는 폭력'이 일상이었던 시절에 여호와의 증인이 병역의무를 전면적으로 거부할 수 있었던 것은 양심이 아니라 종교 때문이라고 국민들은 생각했다.

지금도 마찬가지다. 대다수 시민들은 여전히 양심적 병역거부를 양심에 따른 병역거부가 아닌 종교적 병역거부로 바라보는 경향들이 상당히 강하다. 그 이유는 아직도 양심에 따른 병역거부자들의 대다수는 일반 시민들이 아닌 여호와의 증인과 재림교회의 신자들이기 때문이다.

앞에서 살펴보았듯이 그 사유가 종교가 되었던 정치적·사회적·철학적 신념이 되었건 간에 양심에 따른 병역거부는 '양심에 따른' 병역거부다. 그러나 양심에 따른 병역거부를 양심에 따른 병역거부가 아닌 종교적 병역거부로 바라보도록 획책하는 경우가 있다. 이러한 획책은 우선 양심에 관한 정의에서부터 출발한다. "서양에서는 'conscience'나 'Gewissen'이라는 말이 오랫동안 '신앙'과 같은 의미로 사용되어 왔다. 따라서 'conscience'나 'Gewissen'이라는 말은 동양적 의미의 '선한 마음'이라는 의미보다는 '신앙에 따른 생각' 또는 '신의 뜻'이라는 의미가 강하다고 할 것이다"(김병렬, 2002a, 64). 따라서 특정 종교의 교리에 따른 병역거부는 '신의 뜻'을 따르는 병역거부이므로, 양심에 따른 병역거부라고 명명하는 것은 적합한 용어의 사용이 될 수 없다. 그러므로 이러한 병역거부를 양심에 따른 병역거부라고 불러서는 안 된다. 그 대신 '종교적 신념에 의한 병역거부' '자칭 양심적 병역거부' 또는 '소위 양심적 병역거부' 라는 용어를 사용해야 한다.(국방부 인사복지국 인력관리과, 2002, 331쪽 ; 김병렬, 2002b, 142쪽 ; 최정석, 2002, 110쪽 ; 최필재, 2002, 77~78쪽)

나아가 이런 주장을 하는 논자들은 종교적인 병역거부를 양심에 따른 병역거부라고 부르는 것에 대해 냉소적이다. "그런데도 '양심'이란 용어를 의도적으로 사용하고 있다. 그러나 이러한 용어의 사용은 오히려 '소수자의 인권보호니 종교적 양심행위니 하는 말로써 동정심을 유발하고 여론몰이로 분위기를 조성하여 해결하려 한다' 는 비난만 자초하게 될 것이다."(김병렬, 2002b, 142쪽)

양심에 따른 병역거부를 종교적인 병역거부로 보려는 이러한 태도는 여러 측면에서 부당하다.

첫째, 양심은 대범주이고 종교는 소범주이기 때문이다.

종교의 자유는 양심의 자유의 일부이다. 법적인 측면에서도 양심은 세계관, 인생관, 주의, 신조 등을 포함할 뿐만 아니라 개인의 인격형성에 관계되는 가치적·윤리적 판단도 포함한다(헌재, 96헌바35, '국가보안법 제10조 위헌소원' [한인섭, 2002, 22쪽 재인용]). 이런 측면에서 볼 때 양심은 종교를 포함한다.

또한 역사적으로 보아도 양심은 '신앙'의 자유에서 출발하여, 세계관, 주의, 신조, 인생관과 가치적·윤리적 판단을 수용하는 방향으로 발전하여 왔다. 양심의 개념이 어떻게 변화·발전하였는가는 여러 나라 헌법의 역사를 통해서 증명된다. 미국의 로드 아일랜드(Rhode Island) 주는 1633년 최초로 비기독교인에게 완전한 신앙의 자유를 주는 양심의 자유를 헌법적으로 보장했다. 1776년 미국의 독립선언은 양심의 자유를 완전히 보장했으며, 버지니아 주의 권리장전도 '양심의 명령에 따른 자유로운 종교

행사'를 인정하였다. 프랑스는 1871년 양심의 자유를 헌법적으로 보장하면서 종교의 자유를 인정하였으며, 1905년 정교분리법에 의하여 양심의 자유를 확립하였다. 이상은 양심의 자유가 종교의 자유에서 발전해 왔음을 보여준다. 양심의 세속화는 독일에서 더욱 구체화되었다. 독일은 1919년 제정한 바이마르헌법 4조 1항에 "신앙과 양심의 자유, 종교적·세계관적 고백으로부터의 자유는 불가침이다"라고 규정했으며(신재현, 1975, 78쪽), 3항에서 "누구든지 양심에 반하여 집총병역을 강제당하지 아니한다"라고 규정하였다(표명환, 2002, 213쪽). 그 결과 양심의 자유는 종교의 자유를 넘어 세속화되었으며, 인격적 가치, 인간의 존엄, 인격의 자유로 넘어갈 수 있게 되었다.(신재현, 1975, 78쪽)

둘째 언어는 역사의 진행에 따라 그 의미가 풍부해질 수 있는 유기체와 같은 속성을 갖고 있으며 '양심'이라는 단어도 마찬가지기 때문이다.

단어는 생명을 갖고 있다. 단어는 태어나고 죽기도 하며 역사와 호흡하면서 죽은 의미를 새로운 의미로 갈아입기도 한다. 가장 전형적인 단어 중의 하나는 'mill'이다. 'mill'이라는 단어의 뜻은 맷돌, 바람, 물, 증기에 의한 제분기, 물방앗간, 공장, 엔진 등의 의미로 발전했다. 이 단어의 사용례는 인력으로 작동하는 최초의 도구로부터 자연력에 의해 작동하는 기계를 거쳐 내연기관에 의해 작동하는 기계로의 발전과 상응한다. 'conscience'와 'Gewissen'의 경우도 마찬가지이다. 'conscience'와 'Gewissen'은 오랫동안 '신앙'과 같은 의미로 사용되어 왔다. 그러나 앞에서 살펴본 것처럼 이 두 단어는 시간의 흐름에 따라 신앙에 바탕을 두고서 '양심'의 의미로 발전하였다. 이것은 서구의 역사에서 '신앙'의 자유가 양심의 자유의 출발점이었으며, 후일 양심의 자유가 신앙의 자유를 포용하며, 사회적으로 발전하였던 것과 일치한다. 따라서 'conscience'나

'Gewissen'은 신앙의 의미로 사용되었기 때문에 지금도 여전히 신앙의 의미로 사용되어야 하며, 소수파 종교인들의 양심에 따른 병역거부 역시 종교적 병역거부로 불러야 한다고 주장하는 것은 일종의 넌센스다.

셋째, 양심에 따른 병역거부를 종교적 병역거부로 치환시키려고 하면 아이러니가 발생하기 때문이다.

양심에 따른 병역거부를 종교적 병역거부로 보는 관점에 따르면, 여호와의 증인의 양심에 따른 병역거부는 종교적 병역거부이므로 양심에 따른 병역거부로 인정할 수 없다. 반면 이러한 관점에 따르면 반전주의적 입장과 같은 양심에 따른 병역거부는 진정한 양심에 따른 병역거부이므로 양심에 따른 병역거부로 인정해야만 한다는 아이러니가 발생한다. 양심에 따른 병역거부의 강력한 반대자인 김병렬 국방대학원 교수는 다음과 같이 자인한다. "사실 특정 종교 신자들이 집총을 거부하는 것을 양심적 병역거부라고 하는데 이는 '양심적'이라는 표현보다는 '종교적 신념에 의한'이라는 표현이 보다 적합할 것이다. 아무런 종교도 믿지 않지만 순전히 자신이 양심에 의해 집총을 하지 못하겠다는 이러한 경우를 오히려 '양심적'이라고 표현해야 하지 않을까?"(김병렬, 2002b, 142쪽)

그러나 이것은 역설적이다. 앞에서 설명했던 양심에 따른 병역거부의 역사적인 발전과정, 양심에 따른 병역거부의 인정 순서, 양심에 따른 병역거부에 관한 사법부의 판례를 본다면, 그 출발점은 종교였다. 그리고 그 출발점에서 정치적·사회적·철학적 동기에 의한 양심에 따른 병역거부로 발전하였다. 따라서 초보적인 수준에서 양심을 인정한다면 우선 종교적인 양심을 인정해야 하며, 그 이후 정치적·사회적·철학적 동기에 의한 양심을 인정해야 한다. 나아가 성숙한 사회라면 양자를 동시에 인정하는 것이 일반적이다. 따라서 양심에 따른 병역거부를 종교적 병역거부로 보는 관점은 앞뒤를 전도시키고 있다고 볼 수 있다. 즉 여호와의 증인의 양심에 따른 병역거부는 '종교적' 병역거부이기 때문에 논의할 필요도 없는 문제이고, 그 대신 정치적·사회적·철학적 동기의 양심을 '양심적'이라고 인정해야 한다는 것이다.

위와 같은 세 가지 문제점에도 불구하고 양심에 따른 병역거부의 반대 논자들은 왜 양심에 따른 병역거부를 종교적 병역거부로 바꾸려고 하는 것일까? 왜 정치적·사회적·철학적 동기를 진정한 양심으로 인정하면서도, 종교에 근거한 양심에 따른 병역거부를 인정하지 않으려는 것일까?

그것은 보편의 문제를 특수의 문제로 축소시키려는 의도 때문이다. 즉 양심에 따른 병역거부를 시민의 보편적인 문제가 아니라 특수한 종교 분파의 문제로 인식시키기 위해서이다. 풀어서 설명하면 다음과 같다. 모든 시민은 양심의 자유를 가지고 있다. 이런 점에서 양심은 사회를 구성하는 모든 시민의 문제이다. 그러나 종교는 사회 구성원 중 일부의 관심거리이다. 종교를 믿는 사람도 있고, 안 믿는 사람도 있기 때문이다. 더구나 기독교 문제로 축소되면, 종교의 문제가 아니라 기독교 내부의 이단인가 아닌가의 문제가 된다. 문제를 더 축소시켜 양심에 따른 병역거부가 여호와의 증인의 문제라고 한다면, 양심적 병역거부는 기독교에서도 가장 소수파라고 할 수 있는 여호와의 증인들만의 문제이다. 따라서 양심에 따른 병역거부를 '양심'이 아닌 '종교'의 문제로 전환시키면, 양심에 따른 병역거부는 기독교, 그 중에서도 여호와의 증인의 문제가 되고, 이는 보편적인 주제가 아니므로 국가의 전체 시민들이 토론하거나 쟁점으로 삼을 필요가 없는 종교 간의 문제가 된다. 그리고 그 논쟁은 이단인가 아닌가로 귀결된다.

양심에 따른 병역거부를 반대하는 국방부, 학자, 종교인들이 이것을 교묘하게 기도하고 있다. 그러면서 소수파 종교인의 양심에 대해서 한 마디로 폄훼해 버리고 다수의 양심만이 양심이라고 결론지어 버린다. "종교인의 양심은 국가를 부정하고 병역을 거부하는 그런 양심이 아니다. 예수교 장로회 정치 제1장 제1조가 바로 '양심의 자유'이다. '……누구든지 신앙에 대하여 속박을 받지 않고 그 양심대로 할 권리가 있느니 아무도 남의 양심의 자유를 침해하지 못한다'라고 규정되어 있다. 그런데 이 양심은 여호와의 증인이 주장하는 그런 양심이 아니다"(최정석, 2002, 119쪽).* 이런 논리에 따르면 여호와의 증인의 양심은 양심으로 인정받지 못하고, 장로교를 믿고 있는 시민의 양심만 양심이라는 결론이 도출된다.

이와 같은 논리는 다수에 의한 소수 배제의 전형적인 논리이다. 이는 다수가 공유한 가치는 사회적으로 인정받는 양심이지만 소수가 간직하고 있는 가치는 사회적으로 인정받을 수 없는 양심이라고 공개적으로 천명하는 것이며 사회적 성격의 양심이 개인적 성격의 양심을 억압하는 것이다. 다수파의 보편적인 양심이 소수파의 특수한 양심을 인정하지 않는다는 것은 결국 다수가 소수를 억압하는 것과 다름이 없다.

---

* 장로교에서 말하는 국가의 법에 제한적 복종을 하는 양심관은 칼뱅에게서 유래한다. 칼뱅의 '양심'관은 한편으로는 절대적 자유, 다른 한편에서는 제한적 자유이다. 절대적 자유는 종교개혁 당시의 로마교회와의 관계에서, 칼뱅교의 독립성을 주장하는 데서 비롯한다. 칼뱅은 절대적 자유로서 양심의 자유를 다음과 같이 표현했다. "양심은 1천 명의 증인", 양심은 "하느님만을 그 목표로 삼는다." "엄밀히 말해서 양심은 하느님만을 주목하며" "이웃에 대한 고려 없이 마치 오직 하느님께만 관계하는 듯이" 율법에 매인다. 따라서 "오로지 땅 위에 살아있는 사람이 없을 때에도, 나는 내 양심으로 이런 율법을 지켜야 한다." 선한 양심은 "하느님을 명예롭게 하려는 생생한 마음의 움직임이요 순수하고 거룩하게 살려는 바른 열심이다." 그러나 상대적 자유는 칼뱅교와 세속권력의 연합에서 비롯한다. 칼뱅은 상대적 자유를 다음과 같이 표현했다. 출발점은 「로마서」 13장 5절 "그러므로 복종하지 아니할 수 없으니 진노 때문에 할 것이 아니라 양심을 따라 할 것이라"이다. 칼뱅은 이에 근거하여 위정자의 법이 양심을 지배할 수 있다고 보았다. 이를 두 가지로 설명했다. 첫째, "위정자의 권위를 세우고 인정하신 하느님의 명령 때문에 일반적으로 그것들을 지켜야 한다." 둘째 "모든 것이 일반 목적 —즉 우리 사이에선 선한 질서와 정체가 있다는 것—과 관련되어야만" 하기 때문이다. 장로교가 국가와의 관계에서 양심을 제한할 수 있다고 주장할 때, 그 근거는 바로 후자이다(박건택, 1999, 74~75쪽 참조). 여호와의 증인의 국가와 양심에 관해서는 앞에서 설명하였다.(이 책 66~67쪽 참조)

3) 다수가 강요하는 양심과 소수가 주장하는 양심

대다수 시민은 양심에 따른 병역거부를 반대한다. 반면 소수의 시민만이, 그것도 양심적 병역거부에 찬성하기보다는 이해하거나 수용하는 입장을 취하고 있다. 양심적 병역거부에 대한 시민들의 찬반 논의는 다양한 외형을 띠고 진행되고 있지만, 그 논의들은 근본적으로 헌법과 법률에 근거하고 있다. 양심에 따른 병역거부를 반대하는 법적인 근거는 다음과 같다.*

첫째, 헌법 39조에 명시된 국방의 의무에 따라 대한민국의 모든 국민에게는 국방의 의무가 있으며 병역법 3조에 따라 대한민국 남성 시민은 병역의 의무를 다해야 한다. 이런 법 조항에 따라 남성 병역의무자들은 자신이 어떤 양심을 가지고 있건 간에 병역의 의무를 다해야 한다.

둘째, 헌법 37조 2항의 자유와 권리의 유보조항에 따라 대한민국의 시민권은 국가안전보장, 질서유지, 공공복리를 위하여 제한할 수 있다.

셋째, 헌법 20조 2항, 종교와 정치의 분리 조항에 따라, 특정한 종교에 유리한 환경을 조성할 수 있는 양심에 따른 병역거부는 부정되어야 한다.(최필재, 2002, 88~89쪽)

넷째, 헌법 11조 "모든 국민은 법 앞에 평등하다"를 평등한 공적 부담의 원칙으로 해석하여, 대한민국 남성 시민은 병역의 부담을 공평하게 분담해야 한다.(2003노4467, 7940, 9650 중 '평등한 공적부담의 원칙' 관련)

다섯째, 병역법 88조에 따라 정당한 사유 없이 입영을 미루거나 기피할 수 없다.

---

* 양심에 따른 병역거부에 관한 일반적인 판결의 근거는 제시하지 않는다. 다만 정확성을 위해 논거 제시가 필요한 부분에 한해서만 출처를 제시하도록 한다.

〈표16〉 양심에 따른 병역거부에 관한 찬성과 반대의 법적 근거들

찬성에 관한 법적 근거	반대에 관한 법적 근거
헌법 10조 모든 국민은 인간으로서의 존엄과 가치를 가지며, 행복을 추구할 권리를 가진다. 국가는 개인이 가지는 불가침의 기본적 인권을 확인하고 이를 보장할 의무를 진다. 헌법 19조 모든 국민은 양심의 자유를 가진다. 헌법 37조 1항 국민의 자유와 권리는 헌법에 열거되지 아니한 이유로 경시되지 아니한다.	헌법 39조 1항 모든 국민은 법률이 정하는 바에 의하여 국방의 의무를 진다.
헌법 37조 2항 국민의 모든 자유와 권리는 국가안전보장, 질서유지 또는 공공복리를 위하여 필요한 경우에 한하여 법률로써 제한할 수 있으며, **제한하는 경우에도 자유와 권리의 본질적인 침해를 할 수 없다.**	헌법 37조 2항 **국민의 모든 자유와 권리는 국가 안전보장, 질서유지 또는 공공복리를 위하여 필요한 경우에 한하여 법률로써 제한할 수 있으며,** (제한하는 경우에도 자유와 권리의 본질적인 침해를 할 수 없다).
헌법 20조 1항 모든 국민은 종교의 자유를 가진다.	헌법 20조 2항 국교는 인정되지 아니하며, 종교와 정치는 분리된다.
헌법 11조 1항 모든 국민은 법 앞에 평등하다. 누구든지 성별·종교 또는 사회적 신분에 의하여 정치적·경제적·사회적·문화적 생활의 모든 영역에 있어서 차별을 받지 아니한다.	헌법 11조 1항 모든 국민은 법 앞에 평등하다. 누구든지 성별·종교 또는 사회적 신분에 의하여 정치적·경제적·사회적·문화적 생활의 모든 영역에 있어서 차별을 받지 아니한다.
국가인권위원회법 30조 2항 평등권 침해의 차별행위라 함은 합리적인 이유 없이 성별, 종교, 장애, 나이, 사회적 신분, 출신지역, 출신국가, 출신민족, 용모 등 신체조건, 혼인여부, 임신 또는 출산, 가족상황, 인종, 피부색, 사상 또는 정치적 의견, 형의 효력이 실효된 전과, 성적(性的) 지향, 병력(病歷)을 이유로 한 다음 각 호의 1에 해당하는 행위를 말한다.	병역법 3조 1항 대한민국 국민인 남자는 헌법과 이 법이 정하는 바에 따라 병역의무를 성실히 수행하여야 한다.
병역법 88조 1항 현역입영 또는 소집통지서를 받은 사람이 **정당한 사유 없이** 입영 또는 소집기일로부터 …… 입영하지 아니하거나 소집에 불응한 때에는 3년 이하의 징역에 처한다.	병역법 88조 1항 현역입영 또는 소집통지서를 받은 사람이 **정당한 사유 없이** 입영 또는 소집기일로부터 …… 입영하지 아니하거나 소집에 불응한 때에는 3년 이하의 징역에 처한다.

양심에 따른 병역거부를 찬성하는 법적인 근거는 다음과 같다.

첫째, 헌법 10조, 국가는 개인의 불가침적인 인권을 보장할 의무가 있으며, 헌법 19조, 모든 시민은 양심의 자유를 가지며, 헌법 37조, 시민의 자

유와 권리는 최소한의 기본권이다.

둘째, 헌법 37조 2항에 명시된 것처럼 국가안전보장, 질서유지, 공공복리에 의해 시민의 자유와 권리를 제한할 수 있음에도 불구하고, 시민의 자유와 권리는 본질적으로 침해할 수 없다.

셋째, 헌법 20조 1항에 따라 모든 시민은 종교의 자유를 갖고 있으므로, 국가는 모든 시민의 자유로운 종교행사를 막을 수 없다.

넷째, 헌법 11조 "모든 국민은 법 앞에 평등하다"를 평등권으로 해석하여 종교에 의하여 기본권을 제한당할 수 없다.(2001고단5819 병역법 위반 '위헌법률심판제청 신청서' 중의 평등권 관련)

다섯째, 국가인권위원회법 30조에 따라 종교적인 이유로 평등권 침해의 차별행위를 당해서는 안 된다.

여섯째, 종교적으로 또는 다양한 평화활동으로 검증되는 양심에 따른 행위는 병역법 88조 '정당한 사유 없이'에 해당되지 않으므로, 양심에 따른 병역거부는 인정되어야 한다.*

앞의 표는 이런 두 가지 논의의 바탕이 되는 헌법과 법률 조문을 잘 보여주고 있다. 양심에 따른 병역거부에 대해 찬성하는 논의와 반대하는 논의가 각각 근거로 삼고 있는 것은 앞 표의 헌법과 법조문이다. 양심에 따른 병역거부에 대해 아무런 편견이 없는 일반 시민이라면, 상호 대립되는 이 표를 보면서 어느 것이 옳은가를 판단하기가 혼란스럽기 십상이다. 그것은 다음과 같은 이유 때문이다.

첫째, '기본권과 의무의 대립' 때문이다. 헌법 10조, 19조, 37조, 국가인권위원회법 30조의 행복추구권, 양심의 자유와 같은 기본권 보장과 차별의 금지는 헌법 39조와 병역법 3조 국민의 의무와 기본적으로 대립하고 있다.

둘째, '유보조항과 그에 대한 단서조항' 때문이다. 헌법 37는 국가안전보장, 질서유지, 공공복리와 같은 사유에 의해서 시민의 기본권을 제한할 수 있는 점에서 유보조항이다. 그러나 헌법 37조에는 '시민의 기본권을 제한하는 어떤 경우에도 시민의 자유와 권리를 본질적으로 침해해서는 안된다' 라는 또 다른 단서조항이 달려 있다.

셋째, '동일 법조문의 다른 항 선택' 때문이다. 헌법 20조의 1항과 2항의 선택에 따라 양심에 따른 병역거부에 대한 상이한 해석이 가능하다. 즉 법조계나 시민들은 헌법 20조 1항에 근거를 두고서 양심에 따른 병역거부를 찬성하는 측과 헌법 20조 2항에 근거를 두고서 양심에 따른 병역거부를 반대하는 측으로 나뉘어질 수 있다.

넷째, '동일 법조문, 상이한 해석' 때문이다. 법조계와 일반 시민의 일

---

* 서울남부지방법원 형사6단독 이정렬 판사는 2004년 5월 21일 여호와의 증인 신도인 양심에 따른 병역거부자 3명에게 무죄를 선고하였다. 무죄 선고의 이유는 병역법 88조 '정당한 사유 없이'와 관련하여 여호와의 증인의 양심에 따른 병역거부가 정당한 사유가 있다고 해석하였기 때문이다. 무죄를 선고한 판결문 전문 중 무죄사유에 해당하는 것은 다음과 같다. "(1) 돌이켜 이 사건에 있어 보건대, 피고인의 위 주장이 구체적으로 어떠한 법률상 의미를 담고 있는 것인지가 명확하지는 아니하나, 위 주장을 피고인의 위 행위가 위 법조 소정의 정당한 사유 있는 행위라는 취지의 것으로 선해하여 살피기로 한다. (2) 피고인의 이 법정에서의 진술, 피고인의 검찰 및 경찰에서의 진술과 피고인 제출의 자료들을 종합하면, 피고인은 10세 되던 1992년경부터 그 어머니를 따라 여호와의 증인이라는 종교를 신봉하게 되었으며, 위 종교를 향후에도 신봉하여야겠다는 결정에 따라 2001. 2. 4 침례를 받은 사실, 그리하여 피고인은 종교생활을 하면서 성경을 해석하던 중 성경의 일부 내용에 따라 무기를 들 수 없다는 결정을 하게 된 사실, 한편 피고인은 고등학교 졸업의 학력을 가지고 있는 바, 고등학교를 다니는 동안 앓고 있던 축농증 등의 사유로 인하여 몇 차례 결석을 한 외에는 12년간 성실하게 학교생활을 하였던 사실, 그리고 고등학교를 졸업한 이후에는 종교적 자원 봉사 활동을 위하여 측량기능사 자격을 취득한 다음 그 기술을 활용하여 매달 10시간씩의 전도활동 및 봉사활동을 꾸준하게 하였던 사실, 아울러 피고인의 형인 오준화 또한 위 종교를 신봉하여 그 양심상 결정에 따라 병역을 거부하였다가 형사처벌을 받게 되었는데, 피고인은 위와 같은 사정에도 불구하고 그에게 부과된 병역의무를 거부하겠다고 결심하여 이 사건 행위에까지 이르게 된 사실을 각 인정할 수 있다. (3) 위 인정 사실에 의하면, 피고인은 그의 진정한 양심상의 결정에 따라 그에게 부과된 이 사건 병역의무를 거부하기에 이른 것으로 판단되고, 따라서 피고인의 이 사건 병역거부는 위 법 소정의 정당한 사유가 있는 경우에 해당된다고 할 것이며, 검사 제출의 모든 증거들을 살펴보아도 위 정당한 사유가 없음을 인정하기에 부족하다."

부는 헌법 11조를 평등권으로 해석하여 양심에 따른 병역거부를 찬성하는 반면, 나머지 일부는 헌법 11조를 평등한 공적부담의 원칙으로 해석하여 양심에 따른 병역거부를 반대한다.

다섯째 '동일 행위에 대한 상이한 해석' 때문이다. 병역법 88조에 규정된 '이유 없이'를 각기 다르게 해석할 수 있다. 찬성론자들은 종교적 또는 양심에 근거한 다양한 선교활동 또는 평화·반전활동과 같은 형태에 대해 병역에 응하지 않을 '이유 있음'으로 해석한다. 반면 반대론자들은 이러한 것들은 병역의무 이행을 거부하는 데 있어서 아무런 이유가 될 수 없다고 판단한다.

이와 같은 대비적 분류는 헌법과 법조문의 단순한 나열이 아니라 실제의 법을 둘러싼 해석과 재판의 쟁점이다. 아래의 표는 위의 법조문들에 근거하여 양심에 따른 병역거부의 찬반에 관한 법학적 논의와 법적 판례를 둘러싼 극명한 대립을 보여준다.

양심에 따른 병역거부에 관한 법적 해석과 판결은 대부분 다음 페이지 도표의 범주에서 벗어나지 않는다. 양 논의와 판결은 어느 것이 우월한가의 여부를 판단하기 불가능한 대칭적 평행 상태이기는 하지만 일반적으로 찬성에 관한 논의가 시민의 기본권을 우선적으로 보장해야 한다고 주장한다는 점에서 법적 우월성을 갖고 있으며, 더 정당성을 갖고 있다고 생각할 수 있을 것이다.

그러나 현실은 그 반대이다. 찬성과 반대 양 논의와 판결은 비대칭적 불균등이다. 양심에 따른 병역거부를 반대하는 법적 해석이나 판결이 찬성하는 논의와 판결보다 절대적으로 다수이다. 실제로 대한민국 수립 이후 지금까지 1만여 명 이상의 양심에 따른 병역거부자들은 이와 같은 법적 판단에 근거해 실형을 받아왔다. 대부분의 판결은 이와 다를 바 없는 내용

〈표17〉 양심에 따른 병역거부에 관한 찬성과 반대의 법적 해석 및 판례

찬성에 관한 법적 해석	반대에 관한 법적 판례
통설의 내심의 자유(양심형성의 자유, 침묵의 자유, 양심추지의 금지)와 양심실현의 자유(양심의 외부적 표현과 실현)를 절대적·상대적 자유로 각각 구분짓는다 해도, 후자의 경우도 어디까지나 양심의 자유의 일부분이다. 그런데 이같이 상대적 자유에 속하는 이상 "양심실현의 자유는 타인의 기본권이나 다른 헌법적 질서에 저촉되는 경우 헌법 37조 2항에 따라 국가안전보장, 질서유지 또는 공공복리를 위하여 법률에 의하여 제한될 수 있다"고 하는 것은 적지 않은 문제를 초래한다. 우리의 헌법현실에서는 일단 상대적 자유로 분류되며, 국가안전보장의 필요성과 긴급성을 따지고 엄격한 비교형량을 거쳐 '의심날 때는 자유의 방향' 으로 해석하지 않고, 그저 국가안전보장의 명분을 갖다대면 개인의 자유 정도는 쉽사리 유보될 수 있는 것으로 처리해 왔기 때문이다.……헌법 제37조 2항의 일반적 법률유보조항을 곧바로 대입시킬 수 있다고 해석해 온 기존의 관행은 양심의 자유에 대한 깊은 성찰을 결여한, 국가 편의주의의 산물로 이해될 수밖에 없다. 요컨대 양심에 자유에 해당하는 내용은 일반적 표현의 자유보다 더더욱 국가권력의 간섭으로부터 자유롭게 다루어져야 하며, 양심의 자유를 침해할 가능성이 있는 법해석과 법집행은 일반표현의 자유보다 훨씬 엄격한 헌법적 심사를 거쳐야 한다.(한인섭, 2002, 16~17쪽)	"양심의 자유에 관하여 헌법재판소는 '양심의 자유는 양심형성의 자유와 양심적 결정의 자유를 포함하는 내심적 자유(forum interum) 뿐만 아니라, 양심적 결정을 표현하고 실현할 수 있는 양심실현의 자유(forum exterum)를 포함한다고 할 수 있다. 내심적 자유, 즉 양심형성의 자유와 양심적 결정의 자유는 내심에 머무르는 한 절대적 자유라고 할 수 있지만, 양심실현의 자유는 타인의 기본권이나 다른 헌법적 질서와 저촉되는 경우 헌법 37조 2항에 따라 국가안전보장, 질서유지 또는 공공복리를 위하여 법률에 의하여 제한될 수 있는 상대적 자유라고 할 수 있다(헌재, 자96헌바35, '전원재판부결정')'고 판시한 바 있고, 종교의 자유에 관하여 대법원은 '종교의 자유는 인간의 정신 세계에 기초를 둔 것으로서 인간의 내적 자유인 신앙의 자유를 의미하는 한도 내에서는 밖으로 표현되지 아니한 양심의 자유에 있어서와 같이 제한할 수 없는 것이지만 그것이 종교적 행위로 표출되는 경우에 있어서는 대외적 행위의 자유이기 때문에 질서유지를 위해 당연히 제한을 받아야 하며 공공복리를 위하여 법률로써 이를 제한할 수 있다(대법원, 97도508 '판결문')'고 판시하고 있다." (2003노4467, 7940, 9650 병합)

이었으며, 이 이상의 법적 논의도 판결도 거의 없었다(2004년 7월 15일 있었던 대법원의 판결도 예외가 아니었다. "양심의 자유가 국방의 의무에 우선할 수 없고 헌법상 기본권 행사는 타인과 공동생활을 영유하면서 모든 기타 법질서에서도 이탈해서는 안 된다"고 밝혔으며, "현역 입영을 거부할 경우 형벌 규정을 두거나 대체복무제를 도입하는 것은 입법자에게 광범위한 재량권이 부여

돼 있어 병역거부자에게 대체특례를 주지않고 형벌만 주는 것은 헌법상 과잉금지나 비례원칙에 어긋나는 것은 아니며 종교적인 차별도 아니다"라고 판결하였다. 그 결과 양심에 따른 병역거부는 유죄로 확정되었다). 다른 것이 있다면 재판을 하는 판사와 재판을 받는 양심에 따른 병역거부자들만이 각각 달라졌을 뿐이다.

　시민들의 경우도 마찬가지이다. 양심에 따른 병역거부에 관한 논의와 판결에 대한 시민의 찬성과 반대는 대칭적 평행선이 아니라 비대칭적 불균등이다. 시민의 절대적 다수는 양심에 따른 병역거부를 찬성하지 않는다. 이때의 법적인 근거는 바로 앞서 본 헌법과 법조문이었다. 실제로 대한민국의 수립 이후 지금까지 1만여 명 이상의 양심에 따른 병역거부자들이 위와 같은 법적 판단에 의해 실형을 받고 심지어 죽음을 당해 왔다. 절대적 다수의 시민들이 이들을 우호적인 시각으로, 아니 동정이나 연민의 눈으로도 보지 않았던 것은 앞 표에서 보이는 법적인 판단에 의해서였다.

　절대 다수의 시민들은 양심에 따른 병역거부를 반대하는 법적 판단의 포로가 되어 있다. 절대 다수의 시민들은 병역의 의무가 시민의 기본권보다 중요하다고 생각하고, 유보조항이 기본권보다 중요하다는 본말이 전도된 생각을 한다. 그렇다고 시민들이 헌법과 병역법의 법조문을 잘 알고 있는 것도 아니다. 다만 남북분단이라고 하는 특수 현실 때문에 국가를 지키기 위한 병역의 의무를 제일 중요한 가치로 여긴다. 따라서 절대 다수의 시민들은 종교와 양심의 자유에 대해 절대 가치를 부여하지 않는다. 그들은 가슴속에 품은 양심은 인정하지만 몸으로 실천하는 양심에 대해 거부반응을 보이고, 마음으로만 믿는 종교에 대해서 부정하지 않지만 그 교리를 몸으로 실천하면 혐오반응을 보인다. 그리고 병역의 의무를 다하지 않는 권리 주장에 대해 무조건적인 거부 반응을 보인다.

또한 절대적 다수 시민들은 현재보다는 과거의 포로로 살아간다. "종교의 교리를 내세워 법률이 규정한 병역의무를 거부하는 것과 같은 이른바 양심상의 결정은 헌법에서 보장한 종교와 양심의 자유에 속하는 것이 아니"라는(대법원 판결 65도894 [1965. 12. 21], 69도934 [1969. 7. 22], 75누249 [1976. 4. 27], 85도10949 [1985. 7. 23], 92도1534 [1992. 9. 14] ; 한인섭, 2002, 18쪽 재인용) 과거의 판례가 정한 바를 무의식적으로 받아들이고, 그 기준을 바탕으로 현재 벌어지고 있는 양심에 따른 병역거부의 정당성에 대해 고민도 않은 채, 모든 시민은 병역의 의무를 충실히 다해야 한다고 생각한다.

병역의 의무를 중시하는 다수의 양심은 병역의 의무를 이행하지 않는 소수의 양심에 대해 부정할 뿐만 아니라 그런 양심은 거세되어야 한다고 생각한다. 다수는 소수의 '양심'이 법적으로 타당하지도 않으며, 남북분단의 현실 때문에 인정할 수도 없다고 강변한다. 수의 논리가 질의 논리를 압도한다. 소수는 자신의 양심을 주장하지만, 다수는 소수에게 양심 포기 각서를 제출하라고 끊임없이 강권한다. 그리고 양심을 버리지 않을 거면, 인간적인 삶을 포기하라고 협박한다.

4) 다수결 결정의 주체이자 소수 양심의 억압자로서 시민

양심에 따른 병역거부 인정의 딜레마, 다수의 보편성과 소수의 특수성, 다수가 강요하는 양심과 소수가 주장하는 양심을 통해 다수의 양심과 소수의 양심이 있다는 것을 살펴보았다. 양심이 가슴속에 있을 때는 어떤 문제도 발생시키지 않지만, 양심이 가슴 밖으로 나오면 소수의 양심과 다수의 양심은 갈등과 충돌을 불러일으킨다는 것도 살펴보았다. 또한 다수의 양심은 소수의 양심이 생활 속에서 실현되는 것을 거부할 뿐만 아니라 거세하려고 한다는 것도 알아보았다. 이와 같은 사실은 사회의 소수자인 양심에 따른 병역거부자에 대해서도 마찬가지였다. 이것은 양심에 따른 병역거부자의 양심에 대한 시민들의 다양한 태도로 알아볼 수 있다.

첫째, 양심에 따른 병역거부에 대한 가장 우호적인 형태는 양심에 따른 병역거부를 부정하지는 않는 태도이다.

이것의 단적인 표현은 "병역을 거부하는 것도 양심이고, 군에 가는 것도 양심이다" 또는 "그들을 그렇게 살게 내버려 둬"와 같은 말이다. 이것은 양심에 따른 병역거부에 관한 내용이 광범위하게 소개되고 있는 상태에서, 양심에 따른 병역거부에 완전히 동의하지는 않지만 부분적으로 인정할 수 있는 마음이 조금이라도 있을 때 나타나는 태도이다.

둘째, 양심에 따른 병역거부를 반대하는 양심과 찬성하는 소수의 양심을 비교하는 태도이다.

이것은 단적으로 "사람을 죽일 수 없어서 군대에 가지 않는 것만 양심이냐, 군대에 가서 국가를 지키는 것은 양심이 아니란 말이냐?" 또는 "군대 가서 나라 지키는 양심은 양심이 아니고, 군대 가기 싫어 거부하는 사람의 양심만 양심이냐"라는 식으로 표현된다. 이러한 태도는 양심에 따른 병역거부를 자신의 양심에 의거하여 도저히 심정적으로 받아들이지 못하고 양심에 따른 병역거부에 대해 적대적 태도를 취하는 것이다.

셋째, 양심에 따른 병역거부에 대한 이러한 대비적인 태도는 곧장 양심의 선택적 우선성의 강조로 나아간다.

이것의 전형적인 표현은 "웬만하면 군대에 가라"이다. 이와 같은 태도는 '군대에 가서 국가를 지키는 것'이 진정한 '양심'이며, '사람을 죽일 수 없어서 군대에 가지 않는 것'과 같은 양심은 고려의 대상이 되지 않는다고 보는 것이다. 이것은 동일한 문제를 둘러싸고서 두 가지 상이한 양심이 충돌할 때 우선적인 양심이 있을 수 있으며, 이 우선적인 양심이 먼저 고려되고 선택되어야 한다고 주장하는 것이다. 따라서 양심에 따른 병역거부에 대한 선택적 우선성의 태도는 양심에 따른 병역거부를 주장하는 사람에게, '웬만하면 군대에 가라'는 식으로 군대에 입대할 것을 냉소적으로 강요하는 것이라고 볼 수 있다. 이렇게 선택적 우선성을 강조하는 태도는 결국 어떤 양심은 옳고 어떤 양심은 틀리다고 결정하는 것과 마찬가지이다. 이러한 태도를 취하는 다수는 자신의 양심의 포로가 되어, 소수의 양심을 다시 포로로 잡는다. 양심마저도 다수결의 원리에 따르면서 다수의 양심은 양심이지만 소수의 양심은 양심이 아닌 것으로 판단하고, 소수의 양심을 배제하며, 궁극적으로 소수 양심의 존재가치를 부정해 버린다.

다수의 시민은 헌법과 법조문을 구체적으로 공부하지 않았지만, 양심에 따른 병역거부에 부정적인 선택적 우선성의 태도를 취하면서 암묵적으로 '다수결의 원리'를 작동시킨다. 이렇게 다수결 원리가 작동되는 곳은 의회도, 법정도, 정부도, 거리도 아니다. 양심에 따른 병역거부에 반대하는 다수의 시민들끼리 눈 한 번 마주치지 않고서, 자신의 양심의 범주 안에서 다수결의 원리를 작동시킨다. 그리고는 양심에 따른 병역거부의 심판자로서 다른 개별 시민들의 양심을 검열하고, 어떤 것은 '옳은 양심'이고 다른 어떤 것은 '잘못된 양심'이라고 가혹한 심판을 내린다. 그러나 이러한 다수결의 원리는 소수자가 감내할 수 없는 많은 것을 요구한다는 점에서 한계를 갖고 있다.

첫째, 대다수 시민은 소수의 양심에 따른 병역거부자의 고유한 가치를 말살한다.

다수파 종교의 양심은 국가에 의무를 다하는 것이다. 그러나 양심에 따른 병역거부자는 자유주의 정치체제이건, 파시즘 정치체제이건, 공산주의 정치체제이건 간에 관계없이 자신들만의 고유한 양심이 보전받기를 원할 뿐이다.

다수파 종교의 양심과 절대 다수 시민의 양심은 양심에 따른 병역거부자의 양심에 대해 고려하지 않을 뿐만 아니라 부정해 버린다. 다수파 종교인과 절대 다수의 시민은 "무조건적인 양심의 자유를 인정한다면, 자신이 믿는 기독교적 양심에 의하여 오클라호마 연방청사를 폭파(선량한 시민 169명 사망)한 티모시 멕베이(T. Mcveigh)나 종교적 신념에 의하여 세계 인류유산인 바미안 석불을 파괴한 탈레반의 행동도 정당한 것으로 인정되기 때문이다. 따라서, 특정 종교집단의 아집을 양심의 자유로 규정하는 것은 옳지 않다"(국방부 인사복지국 인력관리과, 2002, 331~332쪽)라는 말에 대해 대체로 긍정한다. 따라서 다수파 종교인과 시민들에게 양심에 따른 병역거부자가 금과옥조처럼 여기는 양심은 '존재는 하되 의미가 없다'(이남석, 2001, 49쪽). 아니 '의미가 있어서는 안 된다.' 그것은 이들이 다만 양심에 따른 병역거부자이기 때문이다. 결론적으로 양심에 따른 병역거부자의 양심은 사회 내에 존재할 수 없으므로, 사회 밖으로 나가야만 한다.

둘째, 대다수 시민은 양심에 따른 병역거부를 하는 소수를 원천적으로 배제하고 있다.

다수결 원리는 자유토론의 보장, 다수의 소수 포용, 이미 결정된 것에 대한 사회 구성원 전체의 존중, 소수와 다수의 상호 역전 가능성을 전제로 한다. 이 중 어느 하나라도 전제되지 않는다면, 다수결의 원리는 소수의 항구 불변화를 낳는다(이남석, 2001, 43쪽). 양심에 따른 병역거부자는 소수이다. 그것도 사회의 극단적 소수이다. 양심에 따른 병역거부자는 1인 1표의 과정이나 또는 다른 어떤 방법을 사용한다 해도 절대로 다수가 될 수 없다. 이런 점에서 양심에 따른 병역거부자는 자신들의 양심과 어긋나는 국가 정체에 대해 진정한 동의(consent)가 아닌 마지못한 동의(acquiescence)를 하고 있을 뿐이거나(이남석, 2001, 44~45쪽), 전혀 동의를 하지 않는 경우도 있다.

마지못한 동의와 무동의의 대가는 법 제정, 정책결정, 정책집행 과정에서 양심에 따른 병역거부자를 배제하는 것이다. 그들이 주장하는 양심에 따른 병역거부는 법 제정을 통해 인정받지 못하며, 정책결정 과정과 집행 과정에서도 실질적으로 배제당한다. 배제당하는 것뿐만 아니라 실질적 차별을 당하고 있다. 배제와 차별에 관한 형식적 판단은 법이 내리지만, 실질적 판단은 다수의 시민이 내린다. 그 결과 다수 시민이 직접 '재판관'이 되어 양심적 병역거부자들에게 양심에 따른 병역거부를 주장했다는 이유만으로 50년이 넘는 동안 징역을 선고해 왔던 것이다.

셋째, 대다수 시민은 양심에 따른 병역거부자의 양심에 대한 냉혹한 심판자이다.

신과 조우하든 법과 대면하든 아니면 사회의 다른 구성원과 대면하든 양심은 "어떤 일의 옳고 그름을 판단하고 그에 따라 행동하지 않고서는 자신의 인격적 존재가치가 파멸하고 말 것이라는 강력하고 진지한 마음의 소리"라는 점에서 지극히 개인적인 것이다. 따라서 다수파 종교인도, 법관도, 대다수의 시민도 개별 시민의 양심에 의한 결정에 대해 "그 내용에 따라 '착각이다', '틀렸다', '옳다' 등의 판단을 해서는 안" 된다. 그들이 하고 있는 '양심의 내용에 대한 판단은 권한을 벗어난 것'이다(손동권, 1994, 311쪽). 그러나 우리를 한번 돌아보자. 양심에 따른 병역거부자들에게 그들의 양심은 '옳지 않다'라고 냉혹한 심판을 내리고 법의 단죄를 받으라는 가혹한 요구를 하고 있는 것이 바로 우리의 현실이다.

4 _ 정의의 전쟁론과 애국심

양심에 따른 병역거부를 대체적으로 긍정하고 있는 시민이 있다고 가정해 보자. 그는 양심에 따른 병역거부자들이 비정상인이 아니고 현재 병역의 의무와 관련된 평등과 형평성이 파괴되고 있으며, 양심에 따른 병역거부자의 양심도 어느 정도 인정할 수 있다고 생각할 수 있다. 그러나 그 시민이 넘을 수도, 깰 수도 없는 철옹성 같은 또 다른 장벽이 있다. 예컨대 이런 말들에서 그 장벽은 모습을 드러낸다. "적이 침략하고 있는데 양심 운운하며 가만히 있을 수 있겠느냐?" 또는 "적으로부터 우리를 지키기 위해서는 어쩔 수 없이 방어준비를 해야 하지 않느냐? 적군에 의해 국가가 유린되고 있다면 당연히 총을 들고 싸워야 하지 않겠느냐? 국가가 없다면 종교는 어떻게 존재할 수 있고, 양심은 어떻게 보장받을 수 있겠느냐?"

애국심과 당위성으로 포장된 이와 같은 말들은 정의의 전쟁론(Theory of Just War, 이하 정전론)의 또 다른 표현들이다. 정전론은 상당히 오래된 개념이다. 정전론은 아우구스티누스(Augustinus)와 토마스 아퀴나스(T. Aquinas)에서 루터와 칼뱅에 이르는 종교사상가들, 롤즈(J. Rawls)와 왈쩌 같은 현대 사상가들, 또는 다양한 국제정치이론과 국제법에 근거하고 있다. 정전론은 시대와 상황은 달라도 자국을 방어하기 위한 정당한 전쟁 또는 정의로운 전쟁의 참여에는 어느 누구도 예외가 있을 수 없으며, 승리하기 위해서 국가를 구성하는 모든 시민들이 참전해야 한다고 강변한다.

이와 같은 정전론은 대다수 시민들이 양심에 따른 병역거부를 반대할 때, 학자들이나 정책담당자들이 양심에 따른 병역거부를 반박할 때 가장 정교한 이론적인 토대이다. 대다수 시민은 설득력과 현실성을 지니고 있는 정전론을 부지불식간에 받아들이고서, 양심에 따른 병역거부를 반대하는 논리로 사용한다. 이 점에서 정전론은 다수의 시민이 양심에 따른 병역거부를 이해하고 관용하는 데 가장 넘기 힘든 심리적인 저항선이다.

이 글에서는 정전론과 양심에 따른 병역거부의 관계와 대다수의 시민이 정전론을 수용하여 양심에 따른 병역거부를 반대하는 이유에 대해서 알아본다. 이를 위해 다음과 같은 순서로 글을 진행한다. 첫째, 정전론의 유형과 개념, 정전론과 의무의 결합, 정전론과 양심에 따른 병역거부와의 관계를 살펴본다. 둘째 종교적 관점의 정전론을 살펴보고, 이것이 현실에서 어떻게 투영되는지 알아본다. 셋째, 현대 정치철학에서 나타나는 정전론과 정전론의 극단적 형태인 선제공격론 등을 알아보고, 현대 정치철학의 정전론이 양심에 따른 병역거부를 인정하지 않는 근거를 살펴본다. 넷째, 정전론과 애국심의 결합에 대해 살펴보고 그 결과 대다수 시민들이 정전론의 기수가 되어 양심에 따른 병역거부를 반대하는 이유를 알아본다.

1) 정전론과 의무의 부적절한 결합

아이들은 수갑과 포승줄에 꽁꽁 묶여 있고요. 일개 잡범을 재판할 때도 공소장이 5~6장이 넘는데 우리 아들을 포함해 16명이 재판을 하는데 1시간 10

분에 모두 끝나버리더군요. 유치한 질문('**집에 강도가 들어 네 누이를 강간하면 어떻게 하겠느냐**' 같은 질문도 있다고 한다)과 국선변호인의 인적사항 확인이 전부였지요.(「여성동아」 2001년 4월호)

과거 양심에 따른 병역거부자들이 종종 듣던 질문 중 하나가 '집에 강도가 들어 네 누이를 강간하려 한다면 어떻게 하겠느냐?' 이다. 이 다음 그들이 하고 싶어하는 이야기를 밖으로 표현하면 아마 다음과 같을 것이다. '너는 누이를 지키기 위해서 강도와 싸울 것이다. 국방의 의무도 그것과 마찬가지이다. 다른 국가가 쳐들어 와서 적군이 네 누이와 어머니를 유린한다면 양심에 따라 병역을 거부한다고 하더라도 당연히 싸워야 하지 않겠느냐. 이는 시민으로서 당연한 의무가 아니겠느냐.' 대단히 설득력 있게 들리는 이 말은 정전론을 배경으로 하고 있다.

정전론은 전쟁이라고 해서 다 추악한 것이 아니라 악을 막고 소멸시키기 위한 정의로운 또는 정당한 전쟁이 존재한다는 것이다. 대다수 시민들은 전쟁을 부정하기는 하지만 악을 막고 소멸시키기 위한 정의로운 전쟁을 부정하지는 않는다. 특히 대다수 시민들은 자국을 침략하는 국가가 있다면, 자신이 살고 있는 국가를 당연히 방어해야 할 뿐만 아니라 전 시민이 똘똘 뭉쳐 침략 국가를 응징해야 한다고 생각한다.

위와 같은 정전론은 기본적으로 선과 악의 명백한 이분법 구조에 의거한다. 정전론에 따르면 자기 국가와 자기가 믿는 종교는 선인 반면 다른 국가와 다른 종교를 믿는 국가는 악이다. 정전론은 처벌하는 주체와 처벌당하는 주체를 구분한다. 처벌하는 주체(특정한 국가의 정부 또는 특정한 종교)는 선이며, 처벌당하는 주체(특정한 국가의 정부 또는 특정한 종교)는 악이다. 처벌하는 주체는 처벌당하는 주체가 왜 처벌을 당해야 하는지, 그

원인을 찾아낸다. 처벌하는 주체는 처벌당하는 주체에게 징벌을 가하기 위해서 국가가 소유하고 있는 모든 물적자원과 인적자원을 동원한다. 처벌하는 주체는 처벌당하는 주체가 악이므로, 이 전쟁은 '정당하다'고 주장한다. 그리고 자국과 자신이 믿는 종교에 평화를 가져오기 위해서 혹은 세계의 평화를 수립하기 위해서 수단과 방법을 가리지 않고 처벌당해야 할 주체를 상대로 전쟁을 수행하여 처벌당하는 주체를 제거한다.

정전론은 아주 오랜 역사와 종교적·이론적·철학적 토대를 갖고 있다. 정전론은 종교적 측면에서 콘스탄티누스(Constantinus) 황제와 아우구스티누스까지 거슬러 올라가며, 정치적인 측면에서 사회가 성립하는 원시사회와 고대시대로까지 소급되지만* 근대국가 이후 더 구체화된 형태로 정리된다. 주류 기독교적인 정의의 전쟁이 이교도와 이단을 상대로 했다면, 근대국가 이후의 정의의 전쟁 대상은 이민족과 타국가이다. 기독교적 정전론과 근대국가적 정전론은 서로 다른 대상을 가지고 있지만 일치하는 부분도 존재한다. 바로 정의의 전쟁이라는 측면에서 타자를 규정해 놓고, 타자로부터의 침략을 막거나 타자를 제거하는 것은 정의롭다고 주장한다는 것이다. 양자는 이런 전쟁을 성스러운 전쟁으로 여긴다. "성스러운 전쟁은 상대가 거대한 악의 표본일 때 그 악을 징계하기 위하여 하느님께서 전쟁과 폭력을 직접 요구하신다"(정종훈, 2002, 198쪽)는 것이다.

한 국가가 정의로운 방어전쟁 또는 정의로운 공격전쟁을 하기 위해서는 몇 가지 조건을 충족시켜야 한다. 정의의 전쟁의 조건은 각각 다르게 정의

---

* 원시 부족들 사이의 전쟁은 정전의 관념으로 파악될 수 있다. 왜냐하면 원시 부족들 사이의 전쟁은 대개의 경우 본질적으로 어떤 이익침해나 불법에 대한 반동으로서의 복수행위였으며, 그러한 복수행위로서의 전쟁은 불법에 대한 제재로서의 성격을 갖고 있기 때문이다. 고대 로마의 키케로(M. T. Cicero, BC 106~BC 40)는 방어(방위)와 처벌(복수) 때문에 하는 전쟁은 정당한 전쟁이라고 표현하였다.(최재훈, 1967, 157쪽)

되기는 하지만, 일반적으로 아래와 같이 정리될 수 있다.

① 정당한 의도 : 전쟁은 실제적이며 분명한 위험을 방어하기 위한 것이어야 한다. 죄 없는 생명을 보호하고 인간이 존엄하게 살 수 있는 생활조건을 보존하며 인간의 기본권을 보장하는 한에서만 전쟁을 행할 수 있다.

② 정당한 권위 : 개인이나 사적 집단이 아닌, 공적 질서에 대해 책임을 지고 있는 자만이 전쟁을 선포할 수 있다. 즉 공권력을 소유하고 있는 국가만이 전쟁을 선포할 수 있으며, 선전포고 없이 공격하는 게릴라전이나 해방전쟁 그리고 대리전쟁은 부당하다.

③ 정당한 비례 : 전쟁을 감수하면서까지 지키려는 법과 가치가 살생을 정당화할 만큼 큰 경우 전쟁을 수행해야 한다. 다시 말하면 인간을 죽이는 행위는 너무나 큰 죄악이므로 그 죄악을 상쇄시킬 만큼 합당한 이유가 있어야만 전쟁을 수행할 수 있다.

④ 정당한 목적 : 오직 평화와 화해를 목적으로 전쟁을 할 수 있다. 자기 국가와 자기 종교의 물질적·정신적 이익을 목적으로 전쟁을 수행해서는 안 된다.

⑤ 정당한 수단 : 전쟁을 하기 전에 모든 종류의 평화적 수단을 강구해야 한다. 전쟁을 개시하기 전, 전쟁을 막을 수 있는 최선의 방법과 수단을 다 사용해야 한다.

⑥ 정당한 결과 : 전쟁으로 얻을 수 있는 것보다 더 많은 희생을 낳는다면 전쟁을 해서는 안 된다.(김형민, 2001, 215~216쪽)

정의의 전쟁은 크게 방어전쟁과 공격전쟁으로 구분된다. 방어전쟁은 거대한 악의 세력의 공격으로부터 자신의 나라와 종교를 지키기 위한 것이며, 공격전쟁은 거대한 악이 전쟁을 일으킬 위험을 사전에 제거하기 위한 것이다. 기독교적 방어전쟁의 역사적 사례는 이슬람으로부터 기독교를 지키기 위한 전쟁이다. 근대 국가적 방어전쟁의 역사적 사례는 다른 국가와 민족으로부터 영토 안의 국민과 민족을 보호하기 위해 벌어진 근대 이후의 모든 전쟁을 들 수 있다. 기독교적인 정의로운 공격전쟁의 역사적 사례는 중세 유럽의 십자군이 예루살렘의 성지를 회복하기 위해 수행했던 전쟁이며 정의로운 공격전쟁의 근대국가적인 모습은 다른 국가가 자국을 침략할 위험이 있는 경우 자국의 이익을 지키기 위하여 그 국가를 먼저 침략했던 전쟁들에서 볼 수 있다.

각 국가의 위정자들과 종교 지도자들은 다른 국가, 다른 종교, 다른 이데올로기에 대한 전쟁을 정의로운 전쟁이라 명명하고, 그 전쟁을 국가적인 존망이 걸린 문제이자 전 국민의 사활이 걸린 문제로 전환시킨다. 정의로운 전쟁이 발생하게 되면 어느 누구도 이 전쟁으로부터 자유로울 수 없다. 누구나 총을 들고 최전선에서 싸워야 하거나 후방에서 전쟁을 지원해야 하며, 그 전쟁이 승리로 끝나기를 기원해야 한다. 전 시민의 애국심을 총동원하는 체제가 자연스럽게 형성된다. 여기에 동원되지 않는 자가 있다면, 그는 나라를 팔아먹는 매국노 또는 적을 이롭게 하는 간첩이거나 지극히 이기적인 자가 된다.

정의로운 전쟁은 양심 운운하는 것을 인정하지 않는다. 정의로운 전쟁이 발생하거나, 정의로운 전쟁을 항상 대비하지 않을 수 없는 상황에서 개인의 양심은 국가를 상실할 운명에 처한 비참한 시민이 가질 수 없는 호화로운 사치로 보이게 된다. 정의로운 전쟁은 양심에 따른 병역거부의 대척점에 서서 양심에 따른 병역거부자들을 곤혹스럽게 만든다. 정의로운 전쟁은 대다수 시민들의 가슴속에 애국심을 발효시킨다. 대다수 시민들은 양심에 따른 병역거부자들도 국가 안에서 살아가는 한 그 국가에 충성을 다해야 하며 애국심을 가져야 한다고 위협한다.

2) 종교와 정전론

정전론은 대다수 시민의 의식에 뿌리 깊이 박혀 있다. 정의로운 전쟁은 일종의 불문율이다. 그 이유는 정전론의 역사가 아주 오래되었을 뿐만 아니라 인간이 오랫동안 믿어왔던 주류 종교에 그 사상적 기원을 두고 있기 때문이다.

우리 사회에서 종교적인 정전론은 다수의 시민들에게 상당한 영향력을 미치고 있다. 이는 한국인의 종교인구 비율에서도 간접적으로 살필 수 있다. 2003년 현재 한국인 중 53.9%가 종교를 믿고 있다. 그 중에서 13.7%는 가톨릭을, 36.8%는 프로테스탄트를, 47.0%는 불교를 믿고 있다(통계청, '종교활동 참여인구', 2003년 기준). 가톨릭, 프로테스탄트, 불교 인구를 합하면, 전체 종교 인구의 90%를 넘는다. 그러나 공교롭게도 가톨릭, 프로테스탄트, 불교는 모두 정전론적인 요소를 내포하고 있다. 이런 각 종교의 정전론적인 사상은 종교를 믿는 신앙인들이 양심에 따른 병역거부를 객관적으로 이해하는 것을 가로막고 있다.

가톨릭에서 정전론의 출발점은 콘스탄티누스 황제와 아우구스티누스로 볼 수 있다. 콘스탄티누스와 아우구스티누스는 모두 정교일치를 완성시키는 데 커다란 역할을 했다. 콘스탄티누스는 종교를 국가의 영역으로 끌어들였다. 콘스탄티누스는 '아를 회의'(Council at Arles)를 통해 "교회는 국가의 보호를 받아들이는 대신에 국가가 요구하는 시민적·군사적 의무" 수용하도록 만들었다. '아를 회의' 3조는 이 내용을 분명히 밝히고 있다. "평화의 때에 무기를 내던지는 자들에 대해서는 그들을 (교회의) 성례전에 받아들이지 않도록 해야 한다." 이때부터 기독교도인 병사들은 군사적인 의무를 자신의 의무로 받아들여야 했으며, 그 의무를 받아들이지 않을 경우, 즉 탈영을 하거나 의무를 기피할 경우 출교라는 무서운 조치를 당하게 되었다.(오만규, 1999a, 215~216쪽)

콘스탄티누스는 교회와 국가를 통일시켰다. '아를 회의' 이후 전쟁에 참여하는 것은 기독교를 믿는 시민의 당연한 의무로 간주되었지만, 기독교인들은 여전히 기독교의 사랑의 교리에 따라 전쟁에 참여하는 것에 대해 죄의식을 느끼고 있었다. 왜냐하면 사랑의 종교인 기독교를 믿는 신자들은 다른 생명을 살상하는 전쟁과 그 전쟁에 참여하는 것이 신학적으로 올바르지 못하다고 생각하고 있었기 때문이다. 따라서 기독교 신자들의 전쟁 참여와 살상 행위의 정당성을 신학적으로 증명하는 것이 당면한 과제로 등장하였다.

아우구스티누스가 이 과제를 해결하였다. 아우구스티누스는 정의의 전쟁을 정당화시키고, '기독교인의 폭력 참여를 도덕적으로 정당화'(Johnson, 1981, p.24)시켰는데 이때 아우구스티누스의 근거는 기독교적인 사랑이었다. "예수께서 악을 악으로 갚지 말라고 말씀하셨기 때문에 하느님도 전쟁을 명하실 수 없다고 생각할 수 있으나 여기서 요구된 것은 신체적인 행동이 아니라 내적인 마음의 태도이다. 죄인을 처형했던 모세의 조치도 잔인성에 의해 촉발되었던 것이 아니라 사랑에 의해 촉발되었던 것이다. 사랑은 선의의 가혹한 처사를 배제하지 않으며, 동정심이 지시하는 징계를 배제하지 않는다. 따라서 자기 마음에서 증오심을 극복한 사람만이 처벌을 내릴 수 있는 사람이다. 원수에 대한 사랑에는 어떤 예외도 없지만 사랑은 선한 사람들이 수행하는 자비의 전쟁도 배제하지 않는다."(오만규, 2002, 152~153쪽)

아우구스티누스는 기독교적인 사랑에 의한 정의의 전쟁이 가능하다고 보았다. 아우구스티누스는 "합당한 정부, 정당한 원인, 올바른 의도, 성공의 확신, 행해진 악에 상응하는 선의 비례성, 최후의 수단으로서의 전쟁"(Johnson, 1981, p. 123)이라는 조건이 충족된다면, 국가가 사랑에 의한 자비의 전쟁을 수행할 수 있다고 보았다.

십자군 전쟁의 말엽에 생존했던 아퀴나스도 아우구스티누스를 따라 정의의 전쟁을 인정하였다. 아퀴나스는 사회의 기본적인 도덕과 질서를 회복하고 보호하기 위해 전쟁도 배제할 수 없다고 보았다. 또한 그는 사회의 질서를 파괴하는 세력을 응징하는 것이 하느님의 정의를 수행하는 것이라고 생각했고 공공선을 지키기 위해서 정의의 전쟁이 가능하다고 보았다. 아퀴나스는 국가를 하나의 '완전한 사회'(communitas perfecta)라고 보았다. 아퀴나스의 주장에 따르면, 국가는 시민의 공동선을 달성하고 외적으로부터의 위협을 제거하기 위해 군사력을 포함하는 필요한 모든 수단을 사용할 수 있다.(Copleston, 1989, 529쪽)

아퀴나스는 정의로운 전쟁의 조건으로 '합당한 정부'(competent authority ; O'Brien, 1981, pp. 17~19), '정당한 원인'(just cause ; O'Brien, 1981, p. 20), '올바른 의도'(right intention ; O'Brien, 1981, pp. 33~34)라는 세 가지 조건을 들었다. 이러한 조건이 충족된다면, 한 사회의 질서와 공공선을 지키기 위한 정의로운 전쟁이 가능해진다.

아우구스티누스와 아퀴나스의 이같은 정전론적인 요소는 가톨릭의 저변에 깔려 있으며, 신자들도 기본적으로 이런 생각에 동의하고 있다.* 가톨릭의 이러한 정전론적인 사상은 종교개혁을 거쳐 프로테스탄티즘 주창

---

* 이것은 다음과 같은 말로도 반증된다. "성 토마스의 철학과 공동선의 사상은 중세기의 문명이 수립한 도덕적이고 종교적 신념을 가장 성숙한 방법으로 표현한 것이다. 가톨릭 교회 내에서 철학을 가르치는 곳에서는 성 토마스의 사상체계가 가장 올바른 것이라고 가르쳐야 한다. 이것은 1879년 교황 레오 13세(Leo XIII, 재위 1878~1903)가 교서를 내린 후 오늘날까지 하나의 규례가 되어왔다."(이환구, 1997, 62쪽)

자들의 사상에도 그대로 반영되었다. 이는 루터, 츠빙글리, 칼뱅 등 종교 개혁자들이 권력과 일정한 연관을 맺고서 개혁을 추진했기 때문이다. "루터는 세속권력인 선제후 프리드리히(Friedrich der Weise, 재위 1486~1525)의 보호를 받았고, 스위스 취리히에서 활동하던 츠빙글리는 이웃 가톨릭 지역으로부터 공격받기 전에 선제공격을 해야 한다고 주장하였으며, 심지어 가톨릭 군과의 싸움에서 장렬히 전사하였다. 칼뱅은 제네바를 정치적으로 장악했고, 하느님의 도시로 만들려고 했다. 하느님의 나라와 세속 국가와의 분리를 말하면서도, 다른 한편으로 세상의 권력 또는 권력적 수단을 종교개혁에 이용하려고 한 이들의 태도는 국가/교회의 관계에 관한 가톨릭의 입장과 크게 다르지 않았다."(김두식, 2002, 68쪽)

루터는 종교 개혁의 성공을 위해서는 전쟁과 사회 혼란보다 평화와 질서가 요구된다고 믿었다(선우학원, 1967, 91쪽). 루터는 종교 개혁의 성공을 위해서 독일의 제후들을 받아들일 필요가 있었으며, 주권자가 부패했을 지라도 주권자에게 무조건 복종해야 한다고 생각했다. 루터는 무법천지보다는 부정한 주권 밑에서 사회 질서를 유지하는 것이 중요하다고 보았기 때문이다(선우학원, 1967, 94~96쪽). 루터에 따르면 정부는 '하느님의 놀라운 선물'이자 '귀중한 보물'이고 '신의 명령'이며, 통치자는 '신의 대리자'이며 '신의 각료'로 지상에서 신의 자리를 대신하는 자이다.(Tompson, 1977, 126쪽)

루터는 이러한 정부관에 입각하여 정의의 전쟁을 인정한다. 즉 전쟁의 수행은 하느님에 의한 공무이므로 인정할 수 있다는 것이다. 루터에 따르면 전쟁은 세속 권위의 행정수단으로써 하느님의 질서를 바로 세우기 위한 조치이며, 선을 보호하고 평화를 지키는 군인의 직무는 신성한 것이 된다. 또한 전쟁은 하느님의 관점에서 보면 사랑의 행위를 암시하며, 전쟁

수행시 죽이는 손은 인간의 손이 아니라 하느님의 손이자 하느님의 심판이다.(백용기, 1997, 171~172쪽)

루터는 하느님의 사랑 행위를 시행하는 정의의 전쟁의 두 대상을 지적하였다. 루터는 터키와 교황을 악으로 설정하고, 하느님의 이름으로 터키와 교황을 제거할 수 있다고 주장하였다. "먼저 터키인과의 전쟁은 하느님이 세상을 벌하는 하나의 도구며, 터키는 마귀의 종이다. 터키와의 전쟁은 단순한 두 세속 권위의 전쟁이 아니다. 터키라는 세속 권위 뒤에는 악마가 있다. 그러나 하느님의 정신적 정부는 싸움 그 자체에 개입할 수 없기 때문에 황제가 싸움에 개입해야 한다. 터키가 황제와 그의 신하, 그의 영토를 공격했기 때문이다. 황제가 자기의 제국과 신하를 지키는 것은 하느님으로부터 부여받은 세속 권위의 합법적인 일이기 때문이다. 전쟁은 황제의 이름과 깃발 아래서 수행되어야 한다. 교황 또한 본질적으로 기독교와 관련되기보다는 터키의 술탄과 더 가깝다. 교황은 터키보다 더 악하며, 그는 기독교인이 아니라고" 루터는 강조한다.(백용기, 1997, 175~176쪽)

결론적으로 루터에 따르면 세속 권력은 신으로부터 부여받은 권위이며, 시민은 그 세속 권력에 완전하게 복종하여야 한다. 또한 세속 권력이 신이 부여한 의무를 다하기 위해 전쟁을 수행한다면, 시민은 세속 권력이 부여한 정치적 의무를 다하기 위해서 전쟁에 참여해야만 한다.

칼뱅도 정의의 전쟁론을 인정한다. 칼뱅은 국가가 죄 때문에 하느님에 의해 마련되었다고 보았다. 국가의 유발원인은 악을 견제하기 위함이며, 국가 존재의 유효원인은 하느님의 섭리의 한 기구로서 인간 물질생활의 합리적 질서를 위한 것이며, 국가의 궁극원인은 인류를 평화와 안전 속에 보존하기 위한 것이다.(선우학원, 1967, 99쪽)

칼뱅은 국가가 다음과 같은 역할을 수행해야 한다고 생각했다. 첫째 하느님의 영광을 유지하고, 둘째 교회의 교리와 존립을 보존하며, 셋째 인류 공동의 평화와 안녕을 보호하는 것이다.* 칼뱅은 이러한 국가관에 입각하여 정전론을 주장한다. 위정자는 국가의 이러한 역할의 수행을 방해하고 깨뜨리는 정부가 있다면, 하느님께서 주신 정당한 권위와 검으로 평온과 질서를 회복해야 한다고 칼뱅은 주장한다. 칼뱅은 이 주장을 외부의 적들이 자기 나라를 공격할 경우에도 그대로 적용한다. 칼뱅은 국민과 나라를 보호하고 평화를 회복하기 위한 최후의 수단으로서 정의의 전쟁이 가능하다고 주장했다.(신원화, 2002, 38쪽)

불교에도 정전론적인 사상은 존재한다. 정전론이 가장 전형적으로 드러나는 것은 호국불교(護國佛教)**인데 호국불교는 국가가 천재지변이나 외침과 같은 위기상황에 처하게 되면, 불교는 국가를 보호하는 역할을 해야 한다는 것이다. 호국불교는 불교경전 중 『인왕반야경』, 『금광명경』, 『법화경』의 호국 3부경을 근거로 한다. 이러한 호국 전통은 신라 시대의 각종 설화, 고려시대의 인왕도량, 백고좌강의, 백좌인왕대회*** 등과 조선시대 임진왜란 등 전쟁에서의 승병장 활동으로 거슬러 올라간다.

---

* 국가는 "우리가 인간세계에서 살고 있는 동안, 외부적인 하느님 예배를 육성 또는 유지하며, 교회의 건전한 교리와 그 존립을 보호하고, 우리의 행위를 인류사회에 적용하며, 우리의 방법을 사회정의 형성에 이바지하게 하며, 그리고 우리의 상호관계를 조정하여 공동의 평화와 안녕을 보호하는 것을 주요임무로 하는 것이다."(신복윤, 1973, 15~19쪽)
** 한국의 호국불교에 대해 비판적인 지적이 이루어지고 있다. 이 논의에 따르면 한국의 호국불교는 한반도에 불교가 전래되었을 당시인 4세기부터 시작된 것이 아니라 일제시대부터 시작되었으며, 역사적 맥락이나 문헌에 근거하여 태동한 것이 아니라 각 이익집단의 '이념적' 목적에 의해 주조된 개념이다.(김종명, 2000 참고)
*** 인왕도량은 나라를 지키려는 호국법회로서, 신라 때 봉행하기 시작하여 고려시대에는 107번이나 열렸다고 전해진다. 이 법회는 부처님이 제왕들을 대상으로 국토의 안일을 위해 반야바라밀의 심오한 가르침을 전한 『인왕경』(仁王經)에 근거해 봉행되었다. 인왕도량이 열릴 때 100명의 법사를 초청해 설법을 듣는 백고좌(百高座)가 함께 열렸으며, 이를 백고좌강의 또는 백좌인왕대회라고 부르기도 했다.

『인왕반야경』에 따르면 외적의 침입을 받게 되어 나라가 전란에 휩싸이고 국토가 파괴될 때 반야바라밀의 경을 실천해야 한다.* 또한 『금광명경』에 따르면 사천왕이 불법을 수호하는 지역의 왕과 백성을 모두 보호해 준다고 한다.** 이러한 내용은 승려나 불교 신자의 애국 윤리로 자리잡는다. 즉 국가가 위기에 처하게 되면 국가를 지키기 위해서 적극 나서야 한다는 이데올로기가 불교 승려나 신자들에게 정립되는 것이다. "사람들은 자칫 잘못하면 이 피상세계, 의보국(依報國)만을 국토로 생각하고, 그 나라를 지키는 군사적 · 정치적 · 경제적 메커니즘만이 호국이라고 생각하는 중대한 과오를 범할 가능성이 많다"(이기영, 1975, 19쪽)는 지적만큼이나 현실에 존재하는 국가를 지키는 호국불교적 사상이 우리 사회 불교의 주를 이루고 있다.

우리나라 시민이 가장 많이 믿고 있는 종교는 가톨릭, 불교, 프로테스탄트이다. 이 세 종교의 교리는 각각 악을 징벌하거나 막아야 한다는 정의의 전쟁론을 가지고 있으며, 따라서 신자들은 자신들이 믿고 있는 종교의 정전론을 무의식적으로 받아들이고 있다. 특히 남북분단의 특수성이 현존하고 있는 상황에서 대부분의 신자들은 정전론을 자기 내면에 신념화하고 있다. 그 결과 이들 세 종교의 대다수 신자들은 원수를 사랑하고, 살생하지 말라는 종교 교리보다 악을 막고 제거하기 위한 정전론을 더욱 당연한

---

* 대왕들이여, 국토가 난(亂)할 때에는 먼저 귀신이 난하느니라. 귀신이 난하므로 만민이 난하고 적이 와서 나라를 겁탈하고, 백성이 망하고 목숨을 잃는다. 왕의 아들들, 그밖의 백관이 서로 시비를 하고, 천지에 괴변이 생기고, 28숙의 별들과 해와 달이 때를 잃고 그 절도를 잃는다. 큰 불과 홍수와 큰 바람 등의 갖가지 난이 생긴다. 이러할 때에는 앞서 말한 바와 같이 이 경을 강독해야 한다.(이기영, 1975, 502쪽)
** "우리(사천왕)는 이 경이 유포되는 곳에 따라가서 몸을 숨겨 옹호하여 유난(留亂)이 없게 할 것이며 또 이 경의 설법을 듣는 사람과 모든 국왕 등을 호념하여 그 쇠환(衰患)을 없애고 모두 안온케 할 것이며 타방의 완적으로 하여금 모두 퇴산(退散)케 하겠습니다."(장지훈, 1998, 12쪽)

것으로 여길 뿐만 아니라, 전쟁 자체를 부정하는 양심에 대해서도 적대적인 태도를 취하게 된다.

3) 현대 정치철학과 양심에 따른 병역거부

정전론은 이런 종교적인 전통뿐만 아니라 현대 정치철학에서도 그대로 나타나고 있다. 롤즈와 왈쩌는 정치철학자로는 드물게 양심에 따른 병역거부를 직접 다루었다. 롤즈는 『정의론』(*A Theory of Justice*, 1971)에서, 왈쩌는 『의무 : 불복종, 전쟁, 그리고 시민의식에 대한 시론』(*Obligations: Essays on Disobedience, War, and Citizenship*, 1970)에서 양심에 따른 병역거부를 다루었다. 두 저작의 공통점은 1960년대 미국 사회를 문제의식을 기반으로 삼고 있다는 점이다.

롤즈는 보편적 평화주의를 거부하는 대신 전쟁 개시의 정당성을 주장한다. 롤즈는 한 사회 내 시민들의 관계에서도 평등이 기본원칙이듯 국제법의 기본원칙도 평등이라고 보았다. 롤즈는 이런 국가 간의 평등에서 두 가지 결과를 끄집어낸다. 첫째, 자국 문제를 외국 힘의 개입 없이 국민들 스스로 결정할 수 있다는 자결(self-determination)의 원리, 둘째, 이러한 권리를 보호하기 위해 방어 동맹을 형성할 권리를 의미하는 공격에 대한 자기 방어의 권리이다(Rawls, 1971, pp.378~379). 롤즈는 이에 근거하여 징병을 정당화한다.

롤즈는 징병이 기본적으로는 평등한 시민의 기본적 자유에 대한 극심한 침해라고 보았지만 그럼에도 국가안보가 위협을 받는다면, 징병은 정당화될 수 있다고 보았다(Rawls, 1971, p.380). 다시 말해 국가안보가 위협을 받을 때, 어떤 이유로도 허락될 수 없는 징병이 허용될 수 있으며, 시민은 어떤 이유로도 징병을 거부해서는 안 된다는 것이다.* 그리고 징병에 의해 소집된 병사는 정의를 위한 전쟁에 참여해야 한다.

롤즈는 왜 양심적 병역거부를 부정하고 정전론을 주장하는 것일까? 롤즈가 『정의론』을 집필할 당시 미국의 시대 상황을 통해 이 의문의 답을 구해볼 수 있다.

미국에서 1960년대는 기독교에 근거를 둔 마틴 루터 킹과 회교에 근거를 둔 말콤 X가 주도한 흑인 민권운동이 폭발하던 시기였다. 흑인들은 때로는 비폭력적인 방법으로, 때로는 폭력적인 방법을 통해서 미국사회 내에 만연된 인종차별주의에 도전하였다. 흑인들은 뿌리 깊은 인종주의에 도전하면서 공공시설의 분리철폐 정책을 실현시켰으며, 1964년 민권법안을 제정하게 하였다(이신행, 2001, 208쪽). 말콤 X는 한발 더 나아가 흑인들의 인권을 획득하기 위하여 능동적이고 적극적인 태도를 취해야 하며 필요하다면 폭력까지도 사용할 수 있다고 생각하였다. 흑인들은 말콤 X를 통해 자신들만의 상징과 공동체를 형성하였으며, 백인에 의해 억압당하는 존재로서의 흑인이 아니라 백인을 위협할 수 있는 존재로서의 인간으로 성장하였다.(이신행, 2001, 217쪽)

---

* 롤즈는 질서정연한 사회에서 징병이 허용될 때에도 형평성의 원리가 반드시 지켜져야 한다고 주장한다. "정의로운 제도는 사회의 모든 구성원이 일생 동안 부과된 불행으로부터 받을 고통을 다소 공정하게 분담하도록 최선을 다해야 하며, 의무를 요청받은 시민들을 선택함에 있어서 어떤 계층적 편견이 없도록 최선을 다해야 한다"(Rawls, 1971, p. 381)고 주장함으로써, 외부에서 부당한 공격이 가해올 때에도 '국가 방위의 부담을 나누는 공정한 방식'이 존재해야 한다고 보았다. 롤즈는 이러한 문제의식을 현실에도 그대로 투영하였다. 그는 베트남전이 벌어지고 있는 상황에서 학생들이 신분을 이용하여 징집유예를 받고, 결과적으로 징집을 면제받는 특권을 누리는 것을 부당하다고 생각했다. 특히 부유한 양친이 교육제도나 또 다른 제도를 이용하여 자식들이 특권을 누리게 할 수 있는 사회라면 이 문제가 더 중요하다고 생각했다. 그는 부유한 집안의 자식들도 사회의 다른 구성원들과 동일하게 병역의 의무를 다해야 한다고 생각했다. 만약 전체 징집 대상자 중 일부만 징집되어도 전쟁을 치룰 수 있다면, 교육이나 부가 아닌 운(제비뽑기)에 의해 징집이 이루어져야 한다고 주장하였다.

1965년에는 미국과 베트남 간의 전쟁이 본격화되었다. 그러자 징병의 규모가 확대되어 1964년에는 2만 3천 명에 지나지 않았던 베트남 내 미군의 숫자가 1968년에는 54만 3천 명으로 크게 증가하였다. 이 중에서 징병에 의해 소집된 군은 전체 군의 16%에 지나지 않았다. 그러나 베트남 내 미군 보병의 대부분은 바로 이들 징병된 군인이었으며(1969년 기준 88%), 미군 사망자의 절반 이상도 이들이었다. 이들의 대부분은 노동 계급의 자식들이었다.** 특히 1965~66년 당시 흑인은 미국 인구의 11%에 지나지 않았지만 이들의 군 사망자 비율은 25%에 달하였다.

　이에 학생, 평화주의자, 종교단체, 시민권 단체, 페미니스트 단체 등 다수의 자유주의적이며 급진적인 단체들이 함께 반전 연합을 구성했다. 이들은 지역 단위로 징병저항운동을 펼쳤고, 병역거부자들과 저항자들을 북돋워 주기 위한 데모, 징병카드 소각, 병무청에서의 연좌농성 등의 활동을 주도하였다.

　양심에 따른 병역거부자들의 성향이 바뀌기 시작했다. 이전에는 극소수의 소수파 종교인이 주로 양심에 따른 병역거부를 단행하였으나, 이제 세속적인 또는 종교적인 거부자들이 대규모로 양심에 따른 병역거부를 신청하였으며 징병에 응하기를 거부하였다. 그들은 종교적인 관점뿐만이 아니라 비종교적인 관점을 견지하였으며, 상대적으로 교육을 많이 받은 청년 집단들이었다. 게다가 주류 종교인 프로테스탄트, 가톨릭, 유대교 등이 평화주의에 참여하기 시작했다. 가톨릭의 '사목헌장' 79조에는 양심에 따른 병역거부에 대해 다음과 같이 기술되어 있다. "양심상의 이유로 무기사용

** 베트남 전쟁 당시 미국의 징병제는 부유한 계층에게 유리한 제도였다. 경제적으로 부유한 계층은 학생 신분과 징병유예를 통해서 병역의무를 면할 수 있었다. 결과적으로 징병제는 흑인과 가난한 계층이 병역의 의무를 전담하게 되는 불공정성과 차별성을 안고 있었다.(Marrin, 1982, 357쪽)

을 거부하며 다른 방법으로 공동체에 봉사하려는 사람들을 위해서는 달리 인간적인 입법조치를 취하는 것이 타당할 것 같다"(http://org.catholic.co.kr/hrcc/sub02/0005.htm). 마찬가지로 개신교의 일부도 양심에 따른 병역거부를 인정하고 있다. 예컨대 1990년 3월 15일 서울에서 있었던 세계교회협의회의 선언문 제5조 2항은 "병역과 군사적 목적의 복무에 대한 양심적 병역거부권을 지지한다"라고 명시하였다.

징병제에 대한 도전이 전국적인 단위로, 공개적인 대규모 시민불복종의 형태로 출현하기 시작했다. 그 출발점은 흑인들이었다. 흑인들은 징병에 적극적으로 저항했다. 과거 흑인 지도자들은 흑인들이 완전한 시민권을 획득하기 위해서 군복무를 해야 한다고 강조했다. 그러나 1965년 초 학생 비폭력 조정 위원회(Student Nonviolent Committee)가 전쟁과 징병을 인종주의라고 선언하면서 흑인들의 징병에 대한 저항은 새로운 방식으로 전개되기 시작했다. 2년 뒤 마틴 루터 킹도 전쟁을 비도덕적이라고 선언하고 청년들에게 양심에 따른 병역거부자가 되라고 권고했다. 마틴 루터 킹이 조직한 남부 기독교 지도자 평의회(Southern Christian Leadership Council)도 이 주장을 받아들였다. 또한 인종평등회의(Congress of Racial Equality), 흑인 이슬람교도들(Black Muslims), 블랙 팬더 당(Black Pander Party)과 같은 급진적인 단체들도 징병에 대해 능동적으로 저항하라고 권고했다. 미국 흑인 이슬람교도이자 세계 권투 헤비급 챔피언인 무하마드 알리(M. Ali)도 양심에 따른 병역거부를 단행했다.

1965년에서 1975년 사이에 약 10만 명이 징병법을 위반했다. 1965년과 1972년 사이에 징병법을 위반한 시민들 중 2만 2천 5백 명이 기소되었고 그들 중 대부분(약 72%)은 비종교적인 거부자들이거나 비평화주의 교회의 신자들이었다. 나머지 25%는 여호와의 증인이었고, 7%는 평화주의

교회의 신자들이었다(Moskos and Chambers II, 1993, pp. 39~42). 심지어 1968년 9월 24일 6명의 가톨릭 신부와 1명의 개신교 목사는 밀와키 병무청에 들어가 1만여 개의 명부철을 미국의 전몰자들에 바쳐진 광장에 내어다가 불태우기도 했다.(Marrin, 1982, 352쪽)*

롤즈가 시민불복종과 양심에 따른 병역거부에 관심을 가졌던 시기는 바로 이런 시대였다. 즉 이 시기는 민권운동의 형태로서 흑인의 시민불복종 운동이 왕성했고 마틴 루터 킹의 비폭력적 시민불복종이 말콤 X의 폭력적 시민불복종의 형태로 전환되었던 시기였다. 또한 베트남 전쟁으로 인해 종교적 관점의 양심에 따른 병역거부가 세속적 형태의 양심에 따른 병역거부로 바뀌었으며, 나아가 양심에 따른 병역거부가 시민불복종의 형태로 진행되면서 병역의무 자체가 의심을 받는 시대였다. 롤즈는 그 당시의 베트남 전쟁이 부당한 전쟁이라는 것을 인정하고, 1967년 반전회의에 참석했다(Pogge, 1999, pp. 9~10). 그럼에도 불구하고 그는 이론적으로는 정의의 전쟁은 존재할 수 있으며 정의의 전쟁을 위한 징집은 정당하다고 보았다.

왈쩌는 롤즈의 방어적인 정전론을 더 확대하여 악을 징벌하기 위한 선제공격론을 주장한다. 왈쩌는 첫째, 현재 특수한 징후가 나타나고 있는 명

---

* 이때 나온 선언문은 징병제도에 대해 반대하는 이유를 잘 표현해 주고 있다. "우리의 행동은 징병제도에 집중되어 있다. 왜냐하면 징병제도는 살인과 직접적으로 연관되어 있기 때문이다. 사람들은 국가를 위한 살인자로 징발되고 있으며 혹은 징집되는 것을 두려워하는 나머지 자원하여 나서고 있다. 그들의 희생자들이 이 지구를 뒤덮고 있다. 베트남에서만 근 3만 명의 미국인들이 전사하였으며 베트남인 사상자들의 수효는 아무도 정확히 모른다. …… 우리는 네이팜탄이 인간 양심의 소리와 생명에 무감동하고 인간의 고통에 대해서 철벽이며 유죄와 무죄를 식별하지 못하는 잔인한 물질로서 이른바 미국적인 죽음의 방식을 상징하기에 …… 실로 네이팜탄이야 말로 우리나라의 무양심의 불가피한 산물이며 생명에 대한 우리의 마비성의 표시인 것이다. …… 인간이 인간적인 생활을 하기에 용이한 사회를 건설하기 위하여 말과 행동으로 불의에 대하여 두려움과 경제적 집착을 내던져 버리고 투쟁하는 이 대열에 참가할 차비가 되어 있는 사람들을 초청하는 바이다."

백한 침략의도, 둘째, 실제의 전쟁준비가 드러나고 있는 적극적인 준비 상황, 셋째 현존 위험이 심화됨에 따라 전쟁을 하기보다 기다리는 것이 더 큰 위험을 야기하는 일반적인 상황(Walzer, 1977, p.81)이 전제된다면 선제공격전쟁(pre-emptive strikes)도 가능하다고 보았다.* 미국의 이라크 침공은 왈쩌의 이러한 선제공격전쟁의 대표적인 예이다. 2003년 3월 19일 미국의 부시 대통령의 개전 선언문은 이를 잘 보여준다.

> **부시 개전 선언문**
> 친애하는 국민여러분, 지금 이 시각 미군과 연합군은 이라크를 무장해제시키고 이라크 국민들을 해방시키며, 파멸의 위험으로부터 세계를 수호하기 위한 군사작전의 초기 단계에 들어갔습니다. …… 이번 공격은 광범위하고 조직적인 공격의 초기 단계입니다.
> 35개국 이상의 국가들이 해군 및 공군기지의 사용과 정보, 병참 지원 제공, 전투부대의 배치 허용 등 결정적인 지원을 보내고 있습니다. 이 전쟁에 참여하는 모든 나라들은 함께 책임지고 공동 방위에 헌신하는 명예를 함께 하기로 했습니다.
> 현재 중동에 주둔하고 있는 모든 미군 여러분, 난관에 봉착한 세계 평화와 억압받는 이라크 국민들의 희망은 이제 제군들께 달려 있습니다. 제군들은 그러한 신뢰를 받을 자격이 있습니다. 제군들이 맞서게 될 적들은 제군들의 능력과 용맹을 깨닫게 될 것입니다. 제군들이 해방을 안겨줄 이라크 국민들은 미군의 명예롭고 고결한 정신을 직접 보게 될 것입니다.
> 이번 전투에서 미국은 전쟁협약이나 도덕률을 전혀 존중하지 않는 적과 맞서게 됐습니다. 사담 후세인은 이라크 군대와 군장비를 민간 지역에 배치해, 무고한 남녀와 어린이들을 군대의 방패막이로 이용하려 하고 있습니다. …… 이라크 국민들이 단결되고 안정된 자유 국가를 건설하도록 하기 위해서는 우리의 한결같은 헌신이 필요할 것입니다.
> 우리는 이라크 국민들과, 그들의 위대한 문명 그리고 그들의 종교적 신념에 대한 존경심을 가지고 이라크에 입성했습니다. 우리는 이라크 내의 위험을 제거하고 이라크 통치권을 이라크 국민들에게 되돌려주는 것 외에 다른 야심은 없습니다. …… 우리는 어쩔 수 없이 이 전쟁을 시작했지만, 우리의 목적은 분명합니다. 미국 국민들과 우리의 우방, 동맹국들은 대량살상 무기로 평화를 위협하는 무법정권을 그냥 내버려두지는 않을 것입니다. …… 전쟁이 시작된 이상 전쟁 지속기간을 줄이는 유일한 방법은 단호한 무력뿐입니다. 단언컨대, 이 전쟁에서 절반의 승리란 없을 것입니다. 우리는 승리 이외의 다른 결과는 결코 인정하지 않을 것입니다.
> 친애하는 미국시민 여러분. 미국과 세계가 직면한 위험은 극복될 것입니다. 우리는 이 위험한 시기를 지나 평화를 이뤄낼 것입니다. 우리는 자유를 수호할 것입니다. 우리는 다른 모든 이들에게 자유를 가져다 줄 것입니다. 그리고 우리는 승리할 것입니다. 이 나라와 이 나라를 지키는 모든 이들에게 신의 가호가 함께 하기를.(중앙일보 홈페이지[www.joins.com] CNN한글뉴스, 2003. 3. 20)

미국의 입장에서 이라크의 후세인 정부는 내부적으로는 자국민을 억압하는 무법적인 정권이며, 외부적으로는 대량살상무기로 세계 평화를 위협하는 악의 화신이다. 부시 정부가 이런 무법적인 정권이자 악의 화신인 후세인 정부를 수단과 방법을 가리지 않고 제거하는 것은 이라크 국민을 위해서도 세계평화를 위해서도 올바른 일이다. 따라서 이런 악을 제거하기 위해 35개국 이상이 참전하는 이 전쟁은 정당한 전쟁이자 성스러운 전쟁이 된다. 더 나아가 이라크의 위협을 미리 제거하는 것이 더 큰 위험을 제거하는 것이므로, 선제공격전쟁도 정당해진다.**

롤즈의 정의의 전쟁론이나 왈쩌의 선제공격전쟁론은 시민의 일반적인 공동체주의적 덕성을 요구하며, 그 결과 양심에 따른 병역거부를 인정하지 않는다. 롤즈는 모든 전쟁이나 분쟁을 반대하는 보편적 평화주의를 거부한다. 롤즈는 정당성의 원칙에 입각하여 종교나 또 다른 신념에 의한 양심에 따른 거부에 대해 극히 부정적이다. "어떤 조건하에서 모든 전쟁에 참여하기를 거부하는 것은 비현실적인 관점으로서 종파적인 교리에 지나지 않는다"(Rawls, 1971, p.382). 롤즈는 종교적 원리보다 정치적 정의의 원리에 우선권이 있다고 보았으며 종교적 양심에 의거한 활동을 정치 혼란의 원인으로 보았다. "몇몇 사람이 종교적 원리에 호소하며 정치적 정의의 원리에 의해 요구되는 행위를 거부한다면, 올바른 방향을 발견하기는 쉽지 않다."(Rawls, 1971, p.370)

---

* 왈쩌는 이러한 전쟁의 대표적인 예로 이스라엘과 아랍의 6일 전쟁을 들고 있다(Walzer, 1977, pp.82~85).
** 대표적 자유주의자의 한 사람인 노직도 선제공격전쟁을 인정하고 있다. "일반적인 원칙에 의하면, 어떤 상황 하에서는 국가 X가 국가 Y에 대해서 선제공격이나 예방전쟁을 감행할 수 있다. 예를 든다면 Y가 X에 대해 곧 공격을 개시하려 하고 있는 경우나 또는 Y가 일정한 수준의 군비를 갖추고 공격을 하겠다고 이미 공언한 상태에서 그 시기가 임박했다고 예상되는 경우이다.(Nozick, 1997, p.202)

롤즈는 정치적 정의의 원리가 정립되면, 개인의 양심을 규정하는 한 요소인 종교적 원리는 정치적 정의의 원리에 복종해야만 하며 정치적 정의의 원리에 의해 확립된 법은 양심을 규제할 수 있는 권위를 갖는다고 보았다. "법은 항상 양심의 명령을 존중해야만 한다고 말하고 싶은 유혹을 받지만, 이것은 올바르지 않다"(Rawls, 1971, p.370). 롤즈는 정의의 원리에 의거해 구성된 법은 명령으로 종교적 관심마저 통제할 수 있다고 보았다. "법적 명령은 평등한 자유의 원리를 실현하기 위해서 사람들의 종교적 관심의 추구를 통제해야만 한다"(Rawls, 1971, p.370). 롤즈는 법이 양심을 통제할 수 있는 가능성과 당위성을 인정하였다.

롤즈의 논리에 따라 양심에 따른 병역거부와 법의 관계를 구성해 보도록 하자. 만약 어떤 사람이 자신이 믿고 있는 종교 원리에 의거해 양심에 따른 병역거부를 한다고 가정해 보자. 이때 롤즈는 이런 양심에 따른 병역거부를 인정할 수 없다고 대답할 것이다. "왜냐하면 그것은 타인의 평등한 자유를 침해하기 때문이다." 롤즈의 논의대로라면, 특정한 신앙에 근거한 사람들이 양심에 따른 병역거부로 군대에 가지 않는 것은 대다수 사람들이 정의의 원리에 의해 국가와 사회를 지키기 위해서 군대에 가서 고생하는 것과 비교할 때 일종의 특권이 된다. 그리고 이런 특권은 평등한 자유를 침해하게 된다. 따라서 롤즈의 『정의론』에 의하면 사회나 국가는 종교적 양심에 따른 병역거부를 인정해서는 안 되며, 종교적 양심에 따른 병역거부자를 처벌할 수 있는 대책을 마련해 놓아야 하고 법이 그 역할을 담당해야만 한다.

왈쩌는 롤즈보다 더 강하게 양심에 따른 병역거부를 부정한다. 심지어 왈쩌는 국가가 위기에 처하면, 시민은 방어를 해야 하며, 개인적인 위험을 감수해야 한다고 주장한다. 한 마디로 개인의 생명은 국가에 의해서 조건적으로 규정된 선물이기 때문에, 시민은 '국가를 위해 죽어야 할 의무'가 있다고 보았다(Walzer, 1970, pp.77~98). 특히 외국인으로서 시민권을 얻고자 하는 자에게는 권리에 앞서 의무를 증명하기 위해서라도 '국가를 위해 죽어야 할 의무는 당연한 것으로 간주된다. 이라크전에서 죽은 한 병사의 이야기는 시민권을 얻기 위해 죽음을 불사해야 한다는 왈쩌의 논리를 상징적으로 보여준다.

> **목숨과 바꾼 美 시민권**
> "미국 시민권이 뭐기에……."
> 미국 시민권을 얻기 위해 입대했다가 이라크전에서 숨진 한 과테말라 고아 출신 병사 이야기가 뒤늦게 알려져 사람들을 안타깝게 하고 있다. 이라크전 개전 3일만인 지난달 21일 이라크군의 공격을 받고 숨진 미 해병대 소속 호세 안토니오 구티에레스 일병(27). 당시 구티에레스 일병은 '미군으로는 두 번째 사망자'로만 짧게 기록됐다.
> 영국 BBC방송 인터넷판은 7일 '과테말라 고아에서 전쟁 영웅으로' 라는 제목의 기사에서 구티에레스 일병의 짧았던 삶과 전쟁에 나서야 했던 안타까운 사연을 소개했다.
> 과테말라의 수도인 과테말라시 빈민가에서 태어난 그는 여덟살 때 고아가 됐다. 유일한 혈육인 여동생 엔그라시아와 구걸하며 살아가면서도 그는 건축가의 꿈을 키웠다. 미국 대학에서 건축을 공부하고 싶었던 그는 22세 때 '아메리칸 드림'을 안고 4천 킬로미터 떨어진 미국으로 어렵게 밀입국했으나 곧 체포돼 불법이민자들에게 악명높은 이민귀화국으로 넘겨졌다. 앳된 얼굴의 그는 17세라고 나이를 속였고 이민귀화국 측은 미성년자인 그를 추방하는 대신 캘리포니아의 라틴 가정에 입양시켰다.
> 고등학교를 마친 그는 대학에 진학해 그토록 원하던 건축을 공부하는 대신 군대에 자원했다. 이유는 단 하나, 미군이 되면 시민권을 쉽게 획득할 수 있기 때문이었다. 그는 하루 빨리 시민권을 얻어 과테말라에 남아 있는 사랑하는 여동생을 데려오려 했던 것. 그러나 여동생과 함께 미국에서 살고자 했던 그의 소박한 꿈은 끝내 이뤄지지 않았다. 그는 움카스르 항구에서 이라크군이 쏜 총알을 가슴에 맞고 즉사했다. 과테말라에서 이 소식을 들은 여동생은 미국 시민권 때문에 '남의 전쟁'에서 숨져간 오빠의 죽음을 애도하며 오열했다. 한편 미 정부는 숨진 구티에레스 일병에게 미국 시민권을 부여키로 했다고 공식발표했다.(「동아일보」 2003년 4월 9일)

왈쩌는 시민이 된다는 것은 권리와 더불어 의무를 수행한다는 것을 의미한다고 생각했다. 다시 말하자면 의무가 없는 권리는 존재할 수 없다는 것이다. "시민이 된다는 것은 정치 체제에 헌신한다는 것, 즉 체제가 만들어낸 사회의 생존뿐만이 아니라 특수한 조직의 생존을 위해서, 그리고 생존을 넘어선 모든 목적을 위해 헌신하는 것이다."(Walzer, 1970, p. 105)

왈쩌는 개인의 권리를 강조하기보다는 의무를 강조한다. 앞에서 보았듯이 왈쩌는 양심을 개인의 고유한 것이 아니라 타인과 공유하는 것으로 보았다. 따라서 양심은 개인적이거나 종교적인 것이 아니라 사회적이며 세속적인 것으로 사회의 공통분모이어야 한다. 따라서 양심에 따른 거부자 역시 공유된 원리와 상호약속에 의거해 행동해야 하며 개인의 신념도 이와 마찬가지로 사회의 통념을 따라야 한다고(Walzer, 1970, pp. 128~131) 주장하는 왈쩌는 양심에 따른 병역거부를 인정하지 않게 된다.

그러나 왈쩌가 양심에 따른 병역거부, 징병거부를 인정하는 경우도 있다. 이것은 그가 신념의 질(the quality of the convictions)을 인정하기보다는 그러한 신념들이 자유롭게 획득될 수 있는 국가의 질(the quality of the state)을 인정하기 위한 것이다(Walzer, 1970, p. 139). 즉 다원주의 사회에서 국가는 어떤 이유에서도 시민에게 자신의 가장 내면적인 신념과 모순되게 행동하라고 강요할 수 없기 때문에, 양심에 따른 병역거부를 인정해야만 한다는 것이다. 이것은 개인의 양심의 우선성(선차성)을 강조하는 내용이 아니라 다원주의 국가의 필요조건에 따라 양심에 따른 병역거부를 인정할 수 있다는 논리이다. 그러나 왈쩌는 다원주의 국가의 질을 높이기 위해 양심에 따른 병역거부를 인정한다 해도 국가가 위기에 처하게 되면 종교적 양심과 정치적 양심을 언제든지 무시할 수 있는 하찮은 것으로 보았다(Walzer, 1970, p. 144). 왈쩌는 카우프만의 글을 통해 이를 설명한다. "모든 국가적 가치의 존재를 위협하는 것이 명백히 현존하고 있다면, 양심에 따른 거부자들에게 전투에 참여하여 살해를 강요하는 것은 정당화될 수 있다."(Walzer, 1970, p. 138)

4) 정전론과 애국심의 결합 : 정전론의 기수로서의 시민

분명 한 개인이 자신과 가족을 지켜야 한다는 것이 방어전쟁으로 그리고 선제공격전쟁으로 나가는 것은 당연한 논리적인 발전처럼 보이고, 그것이 정의인 것처럼 보인다. 그러나 이것은 근본적으로 개인의 양심을 인정하지 않는 것이다. 다음과 같은 문제점을 야기하기 때문이다.

첫째, 전쟁 영웅적인 애국심이 모든 양심을 측정하는 척도로 등장한다.

정전론과 애국심이 결합하며 이 결합은 모든 시민을 흡입하는 강력한 시너지 효과를 발휘한다. 정전론과 애국심의 결합은 전쟁에 반대하는 모든 시민을 애국심이 없는, 국가에 대한 충성을 모르는 비국민으로 몰아간다. 정전론은 국민 전체를 대상으로 한 일종의 주술이며, 전쟁 영웅을 동경하는 애국심이라는 신기루를 만들어낸다. 정전론은 대다수 시민을 전쟁으로 끌어들이며, 전쟁에 동조하지 않는 다른 시민조차 국가의 틀 안으로 들어오라고 권유하고, 말을 듣지 않는 경우 강제로 끌어들이려 한다. 시민 어느 누구도 이 논리적인 연장선에서 자유롭지 못하다. 정전론은 자신들이 믿는 종교와 자신들이 살고 있는 국가에 대한 충성심이 충만한 전쟁 영웅들을 만들어낸다. 왜군을 물리쳐 나라를 구한 이순신 장군이나 사명대사는 우리에게 두말할 필요가 없는 영웅이며, 신탁에 의해 프랑스를 구한 잔다르크 같은 외국의 전쟁 영웅까지도 우리는 영웅으로 추앙한다. 이렇듯 우리는 우리가 만들어 낸 전쟁 영웅에 심취한다.

전쟁 영웅적인 애국심의 신화가 또 다른 신화를 만들어내고, 그 신화가 다시 전쟁 영웅적인 애국심을 강화하고, 다수의 시민들로 하여금 애국심을 분발하도록 강요한다. 전쟁 영웅적인 애국심과 개인의 양심이 일치하는 경우에는 아무 문제가 없다. 문제가 발생하는 경우는 전쟁 영웅을 존경하지 않는 또 다른 양심이 존재할 때이다. 양심 중에는 주위 사람을 사랑하고, 주위 사람을 위해 봉사하고자 하는 양심도 있다. 또한 전쟁 대신 평화를 사랑하고 전쟁을 막고자 하는 양심도 있으며, 이런 양심이 존경하는 영웅도 있다. 예컨대 아인슈타인은 이들에게 새로운 영웅이다.

전쟁 영웅적인 애국심은 프로크루스테스의 침대이다. 전쟁 영웅적인 애국심은 양심을 재단한다. 전쟁 영웅적인 애국심은 모든 시민을 자신의 침대에 뉘여 본다. 만약 시민의 키가 크다면 침대에 맞춰 잘라내고, 너무 작다면 다리를 늘리든지 목을 늘려서 침대에 맞게 만든다. 전쟁 영웅적인 애국심은 이런 식으로 자신들의 의견에 동조하는 시민을 정상적인 시민으로 여기는 반면, 동의하지 않는 시민을 비정상적인 시민으로 간주한다. 전쟁 영웅적인 애국심은 아인슈타인을 비양심이라 규정하고, 평화를 사랑하고 전쟁을 거부하는 양심을 사회로부터 도려내거나 전쟁 영웅적인 애국심에 맞도록 규격화시킨다.

둘째, 정전론은 다름을 인정할 줄 모르는 관용 부재의 사회를 만든다.

일반적으로 종교는 가장 많은 관용과 아량을 베푼다. 그러나 정의의 전쟁과 관련해서 종교는 관용과 아량을 망각하고 악을 제거하기 위한 정의로운 전쟁에 참전하지 않는 신자에 대해 징벌을 가한다. 상대적으로 진보적인 것처럼 보이는 정치사상도 권리보다는 의무가 중요하므로 시민들이 국가를 위해 죽어야 한다고 강요한다. 심지어 왈쩌는 국가가 위급한 상황에 처하면 시민들이 조국을 위해 자신의 양심을 버려야 한다고 강조한다. 또한 대다수의 시민이 공유하고 있는 공동체적인 양심은 다른 양심을 가진 사람을 인정하지 않는다.

국가와 사회는 서로 다른 생각을 가진 수없이 많은 다수의 시민들이 서로 조화를 이루며 살아가는 공동체이다. 더구나 다원주의 사회로 접어들

수록 다름과 차이는 더 부각되며 강조된다. 그러나 정전론과 애국심이 지배하는 사회는 다름과 차이를 인정하지 않는다. 정전론은 너와 내가 다르고, 우리가 사는 방식과 너희가 사는 방식이 각기 다르다는 것을 인정하지 않는다. 설사 왈쩌의 말처럼 다원주의 국가의 질을 높이기 위해서 다름과 차이를 인정했다 할지라도, 정전론은 위급한 상황이 되면 서로 다르다는 것을 무조건 다 포기하고 정의의 전쟁 대열에 동참하라고 강요한다. 결국 다름은 사라져 버리게 된다.

셋째, 결국 정전론은 개인의 양심이 소멸된 획일화된 사회를 구축한다.

정전론이 만들어내는 애국심은 공동체가 공유하고 있는 감성이지만 양심은 지극히 개인적인 것이다. 그러나 애국심이 중요한 가치라고 생각하는 대다수의 시민들은 자신들과 다른 개인적이며 내면적인 양심을 가진 시민이라 할지라도 사회 규범과 윤리를 받아들여야 한다고 강변한다. 이것은 롤즈와 왈쩌의 정전론이자, 가톨릭, 프로테스탄트, 불교의 정전론이다. 또한 이것은 단순한 이론과 논리의 문제를 넘어 우리의 현실이기도 하다. 모든 시민이 애국심으로 충만해 있다고 가정해 보자. 그렇다면 양심은 어디에 서 있어야 하며 또한 이때의 양심이란 무엇인가? 양심은 철저하게 개인적인 것이다. 누구도 양심을 판단할 수 없다. 양심은 자기 내면의 거울이다. 그 내면의 거울을 다시 사회의 규범과 윤리에 의해 윤색해야 한다면 그 양심이 진정한 양심이 될 수 있겠는가? 그것은 양심이 아니라 국가가 획일화시킨 시민의 공유된 가치에 지나지 않는다. 개인의 양심이 소멸된 사회는 시인이 죽은 사회보다 더 획일화되고 삭막해진다.

자기 가족에 대한 위협에 저항해야 한다는 것이 적군의 침략에 대한 방어전쟁 또는 악의 제거를 위한 선제공격전쟁으로 발전하는 논리전개는 일면 상당히 설득력 있는 현실적인 논리처럼 보인다. 이런 논리는 또한 애국심으로 충만한 획일화된 사회를 만들어내기도 한다. 그러나 여기에는 두 가지 문제가 있다.

첫째, 논리적인 문제점이다. 논리적인 문제점은 다음과 같은 세 가지 형태로 지적할 수 있다.

① 인신공격의 오류를 범하고 있다.

만약 가족을 구하기 위해 행동하지 않는다면, 자신의 양심을 지키기 위해 가족도 보호하지 못하는 금수만도 못한 자가 된다. 반면 가족을 구하기 위해 행동하였다면, 이제까지 주장해 온 양심이란 것이 사실은 아무런 가치도 없는 것이 된다. 결과적으로 군대를 가지 않기 위해 양심을 팔아온 것에 지나지 않게 된다. 이것은 다분히 인신 공격적이다. 극한 상황을 설정해 놓고, 어떻게 행동할 것인가를 결정하라고 강요한다. 그러나 어떤 판단을 하고 행동을 해도 결과는 자신에게 치명적인 인격 손상을 가져올 수밖에 없는 결론을 초래한다. 따라서 이것은 인신공격을 준비하기 위한 논리에 지나지 않는다.

② 의도 확대의 오류를 범하고 있다.

앞서 말한 논리전개는 의도 확대의 전형이다. 논리는 이렇게 전개된다. 가족에 대한 위협에 저항해야 하지 않겠느냐? 그렇다면 국가가 위기에 처했을 때에도 저항하는 것이 옳지 않겠느냐? 또한 적이 침입해 올지 모르니 미리 악을 제거해야 하지 않겠느냐? 그러니 너는 당연히 전쟁에 참여해야 하지 않겠느냐? 이렇게 전개되는 논리는 한 개인의 발언과 행동의 의미를 확대해서 옴짝달싹하지 못하게 의미를 규정해 놓고, 그것에서 조금이라도 벗어나면 잘못되었다고 몰아붙인다.

그러나 정전론적인 논리전개는 가정 설정 자체가 잘못되어 있다. 왜냐하면 한 개인의 잘못된 행위에 대해 다른 개인은 처벌할 수 있는 권한을 갖고 있지 않기 때문이다. 죄에 대한 처벌의 권한은 법이 소유하고 있으므로, 개인은 죄에 대해 고소를 할 수 있을 뿐이다. 따라서 여동생의 강간범에 대한 개인적인 응징은 정당성이 있다 할지라도, 그 개인적인 응징 또한 법의 처벌을 받을 수밖에 없다. 그러므로 누구나 침입자에 대해 저항할 것이라는 것이라는 가정 자체는 전형적인 오류일 수밖에 없으며, 한 개인의 행위와 말을 악의적으로 해석하기 위한 것이다. 나아가 이런 논리는 가족 방어의 논리가 곧장 국가를 침입하는 자에 대한 응징으로, 심지어는 침입의 방지를 목적으로 한 선제공격으로까지 나아갈 수 있다는 것을 은연중에 내포하는 것이다. 아래의 글은 이런 논리가 얼마나 왜곡되어 있는지를 잘 보여주고 있다.

"이런 예를 보십시오. 누군가가 여러분의 집에 침입하여 당신의 가족을 위협하고 있다. 당신은 침략자에게 저항하는 이외에 선택의 여지가 없으며 당신의 저항 과정에서 침입자가 살해되었다. 이런 일이 발생한다는 것은 무서운 일일 것입니다. 침입자는 이제 죽었습니다. …… 다른 사람의 생명을 빼앗아야만 한다는 것은 당신이 다른 선택의 여지가 없었다고 하는 사실에 관계없이 당신의 삶의 모양을 바꾸어 버리는 하나의 재앙입니다. 그러나, 당신은 성공적으로 자신과 가족을 방어하였으며 싸움은 끝났습니다. 또 다른 공격 가능성을 예방하기 위해서 당신 마을의 다른 모든 범죄적 요소들에 대하여 전쟁을 선포해야만 합니까? 이제 당신의 방어는 공격적인 행위가 됩니다. 우리는 사람들이 잠재적으로 우리를 공격할 것이기 때문에 그들을 공격할 수 없습니다." (http://www.mizii.com/jesusi/focus/co/cows/ifg/can_a_war_ ever_be_just.htm)

③ 대중의 정서에 호소하는 오류를 범하고 있다.

이러한 논리의 가장 커다란 맹점은 대중의 정서에 호소하고 있다는 점이다. 예컨대 이와 같은 논리는 대다수의 시민이 이렇게 생각하고 있는데 왜 너만 다르게 생각하느냐는 식이다. 그러나 다수 대중의 생각과 판단이 항상 옳은 것인가를 진지하게 고민해 볼 필요가 있다. 대중의 찬성과 반대는 끊임없이 변할 뿐만 아니라, 대중의 견해는 항상 사회의 보편적인 견해를 따르는 경우가 많기 때문이다. 다수의 대중이 잘못 생각하는 경우도 있을 수 있고, 잘못된 정보로 인해 착각하는 경우도 있으며, 조작에 의해 잘못 판단하거나 다수에 휩쓸려서 판단하는 경우도 있기 때문이다. 히틀러가 집권한 것도 대중의 지지에 의해서였으며, 박정희 정권의 유신 독재도 대중의 지지에 의해서였다. 대의제 민주주의가 한계를 드러내는 것도 이런 경우이다. 따라서 다수가 양심에 따른 병역거부를 반대하고 소수가 찬성하므로, 양심에 따른 병역거부를 인정할 수 없다는 식의 결론을 내려서는 안 된다. 필요한 것은 오히려 개인의 양심과 국가의 의무가 어떤 관계를 맺을 것인가에 대한 진지한 연구와 성찰이다.

둘째, 이와 같은 논리적인 문제점보다 더 문제가 되는 것은 현실적인 문제점이다.

이것은 자신의 입장과 시각으로 보면 자신이 수행하는 모든 전쟁은 정의롭다는 점이다. 한 가지 질문을 던져보자. 자기가 믿는 종교의 입장에서, 자기가 따르고 있는 이데올로기의 입장에서, 자기가 삶을 영위하고 있는 국가의 입장에서 수행하는 전쟁 중 정의롭지 않은 전쟁이 있겠는가? 공격전쟁을 개시하는 쪽이나 방어전쟁을 하는 쪽이나 전쟁 당사국의 입장에서 정의롭지 않은 전쟁행위는 거의 없다. 특히 근대 국가의 탄생 이후, 모든 전쟁은 전쟁당사국의 입장에서 볼 때 정의로운 전쟁이었다. 예컨대 2차 세계대전을 감행한 독일, 이탈리아, 일본은 그 전쟁이 정의롭지 않다고 생각했을까? 그들도 그 당시의 세계 질서 속에서 살아남기 위해서 전쟁만이 유일한 대안이었다고 주장할 것이다. 또한 이데올로기 대립에 의한 극단적인 전쟁인 베트남 전쟁을 생각해 보자. 미국과 월맹은 서로 그 전쟁이 정의의 전쟁이라고 생각하지 않았겠는가? 팔레스타인과 이스라엘의 오랜 전쟁을 생각해 보자. 누가 정의로운 것이고 누가 정의롭지 못한 것인가? 9·11테러를 감행한 오사마 빈 라덴의 미국에 대한 테러공격이 이슬람의 입장에서도 정의롭지 않았을까? 이슬람에 대한 핵심적인 적대 세력을 공포에 떨게 할 정의로운 공격이었다고 자평할지도 모른다. 테러 근절과 대량살상 무기 근절을 목표로 한 미국 부시 정부의 이라크 침공을 미국은 정의롭지 않다고 생각했을까? 악을 근절시키기 위한 용단이며 정의로운 전쟁이라고 생각했을 것이다.

자국의 입장에서, 자신이 믿는 종교의 입장에서, 그리고 자신의 신봉하는 이데올로기의 입장에서 자신이 수행하는 모든 전쟁은 정의로운 전쟁이다. 다만 승자가 패자를 부정의로 몰아가고, 패자는 부정의를 뒤집어썼다고 한탄할 것이다. 따라서 세상의 모든 전쟁은 정의로운 전쟁이다. 부정의한 전쟁은 없다. 여기에서 문제가 발생한다. 자신이 일으킨 전쟁을 정의의 전쟁으로 규정한 위정자는 그 전쟁에서 승리하기 위해 전 시민의 애국심을 고취시킨다. 적이 침략하고 있는 상황에서의 방어전쟁과 잠재적 적을 제거하려는 선제공격전쟁이 감행된다. 이 공격을 막기 위한 피공격국 입장에서의 전쟁도 역시 정의의 전쟁이며, 이 국가의 시민들 또한 동원된다. 인류의 역사가 전쟁의 악순환인 것은 바로 이와 같은 정전론적인 인식 때문이다.

제3부
시민불복종으로서의 양심에 따른 병역거부

1 _ 불복종과 거부

1) 시민불복종과 양심에 따른 병역거부

현재 우리 사회에서 진행되고 있는 양심에 따른 병역거부에 관해 몇 가지 질문을 던질 수 있다. 과거 수없이 많은 희생자들을 낳았던 양심적 병역거부를 어떻게 이해해야 하는가? 이런 희생에도 불구하고 여전히 진행되고 있는 양심적 병역거부는 어떤 성격을 지니고 있는가? 앞으로 어떻게 진행될 것이며, 우리 사회에 어떤 영향을 미칠 것인가? 이 질문들에 답하기 위해서 양심적 병역거부를 시민불복종(Civil Disobedience)*과 비교하도록

---

* 이와 유사한 것으로는 저항권(right of resistance)을 들 수 있다. 저항권은 일반적으로 국가 권력의 불법적인 행사에 대해서 저항할 수 있는 권리를 말한다. 저항은 대체로 부정의한 체제의 국가에서 발생한다. 또한 그 국가의 헌법과 현존 정치체제를 인정하지 않는 주체가 부정의하고 부패한 체제를 변화시키거나 전복시킬 목적으로 저항을 한다. 대표적인 사례로는 폭군의 시해를 들 수 있다. 이와 같은 저항권은 미국의 독립선언서(어떠한 정부 형태라도 이들 목적을 파괴하게 되었을 때는 정부를 변경 또는 폐지하고 안전한 행복을 가장 잘 초래할 수 있는 원리에 따라 이러한 형태의 권한을 조직하여 새로운 정부를 수립하는 것은 인민의 권리임을 믿는다)와 프랑스의 인권선언(일체의 정치적 결사의 목적은 자연적이고 절대적인 인권을 보장하는 데 있다. 이들의 권리란 자유, 재산, 안전 및 압제에 대한 저항이다) 등에 명시되어 있다. 또한 나치 정권을 경험한 독일은 1946년 헤센(Hessen) 헌법 제147조에 "헌법에 위반하여 행사된 공권력에 저항하는 것은 각인의 권리이며 의무이다"라고 규정하였다.

한다. 양심에 따른 병역거부와 시민불복종은 서로 유사한 성격을 가지고 있으면서도 명확히 구분되는 개념이지만 우리 사회에서는 양심에 따른 병역거부가 이미 시민불복종적 성격을 보여주고 있기 때문이다.

시민불복종은 "법이나 정부 정책의 변화를 목적으로 행해지는 공적이고 비폭력적이며 양심적이지만 법에 반하는 정치적 행위라 정의"된다(Rawls, 1971, p.364).* 그렇다면 양심에 따른 거부란 무엇인가? "명백한 법적 명령이나 행정 명령에 순응하지 않는 것"이다(Rawls, 1971, p.368). 양심에 따른 거부의 대표적인 것은 양심에 따른 병역거부이다. 시민불복종과 양심에 따른 병역거부를 설명하기 전, 양자는 어떤 차이가 있는가를 예를 통해서 살펴보자. 시민불복종의 전형적인 예로 우리가 잘 알고 있는, 간디의 주도하에 진행된 대규모 불복종 운동을 들 수 있다.

수십 명의 인도인 경찰관들이 전진하는 대열에 달려들어 강철을 입힌 몽동이로 사람들 머리를 사정없이 때려대기 시작했다. 그러나 행진하던 사람들 가운데는 매를 막으려고 팔을 들어올리는 사람도 없었다.…… 곤봉이 무방비 상태의 두개골을 강타하는 역겨운 소리가 들렸다. 뒤에서 기다리고 있던 군중은 매질이 떨어질 때마다 직접 고통을 당하는 것처럼 신음을 토하며 숨을 죽였다. 곤봉에 맞은 사람들은 널브러져 의식을 잃기도 했고, 깨진 두개골이나 부서진 어깨가 아파 뒤틀기도 했다.(이상수, 2004, 445~446쪽)

---

* 시민불복종이 '비폭력적'이라는 것에 대해서는 논자들 간에 차이가 많이 난다. 예컨대 간디와 마틴 루터 킹과 같은 평화주의자들은 비폭력을 시민불복종의 원리의 문제로 이해한다. 그러나 대다수의 시민불복종 활동가와 논자들은 비폭력을 원리의 문제가 아닌 전술상의 문제로 파악하고 있다. 그럼에도 양자 간에는 공통점이 있다. 시민불복종 활동가들은 자신들의 진정성을 증명하고 법을 존중한다는 것을 보여주기 위해서 자신들의 불법적인 행위에 대한 법적 결과, 예컨대 체포, 재판, 처벌 등을 달게 받는다는 점이다.(Bedau, 1991, p.8)

반면 양심에 따른 거부의 가장 전형적인 예 중의 하나인 양심에 따른 병역거부는 다음과 같은 예일 것이다.

나는 앞으로 두고두고 감탄과 경의를 가지고 여호와의 증인을 기억할 것이다. 그들 대부분은 청년들로서 군복무를 거부하여 유죄선고를 받은 사람들이었다. …… 그들은 우라늄 광산에서 작업하는 것을 거부하였다. 수용소의 지휘자들은 그들에게 일을 시키기 위하여 할 수 있는 모든 수단을 다 사용하였지만, 그들의 시도는 허사였다. 그들 대부분은 소련 원자력 무기 생산을 위해 일하기보다는 오히려 죽음을 택했다. 수용소 소장 팔라체크는 겨울철 눈보라가 치는 섭씨 영하 30도의 혹한에 그들을 본부 건물 앞에 여러 날 세워 놓고 동사할 때까지 물을 끼얹었다.(홍영일, 2002, 225쪽 참고)

전자가 시민불복종의 전형적인 예라고 한다면, 후자는 양심에 따른 병역거부의 전형적인 사례이다. 양자는 어떤 차이점과 공통점이 있을까? 가장 크게 드러나는 차이는 전자가 집단적인데 비해 후자는 개인적이라는 점이다. 전자가 다수의 대중들을 향해 이루어지는 행위라고 한다면, 후자는 대중의 시선으로부터 독립되어 진행된다. 하지만 이 둘 사이에는 공통점도 존재한다. 시민불복종과 양심에 따른 거부는 모두 비폭력적이며, 그것을 실행하기 위해서는 무한정의 인내심과 희생할 각오가 필요하다. 또한 보는 사람들로 하여금 머리를 쭈뼛하게 만들 만큼 숙연함과 감동을 준다는 점에서도 같다.

시민불복종과 양심에 따른 거부는 서로 상당히 다른 것처럼 보이는 동시에 상당히 유사한 면이 많이 있다. 롤즈는 시민불복종과 양심에 따른 거부의 경계선이 불분명하며, 동일 행위가 두 요소를 다 가지고 있을 수 있다고 보았다(Rawls, 1971, p. 371). 실제로도 시민불복종과 양심에 따른 거부를 구분하기는 쉽지 않다.

그러나 시민불복종과 양심에 따른 거부를 개념적으로 구분할 필요가 있다. 그 이유는 첫째, 양자를 구분할 때 양자의 차이가 분명히 드러날 뿐만 아니라 양자의 공통점도 명확해지기 때문이다. 둘째, 현재 우리 사회에서 진행되고 있는 양심에 따른 병역거부의 현실적인 의미를 파악할 수 있기 때문이다. 현재 우리 사회에서 나타나고 있는 양심에 따른 병역거부는 병역거부의 문제만으로 귀결되지 않는다. 양심에 따른 병역거부는 사회의 다양한 영역들 속에서 새로운 의미와 내용을 획득하여 시민불복종적 요소를 드러내고 있다.

롤즈는 시민불복종과 양심에 따른 병역거부를 명확히 구분하려 노력했다. 시민불복종은 대부분 공정하고 잘 질서지워져 있지만 부분적으로 정의의 심각한 위반이 발생하는 사회에서 발생하며, 양심에 따른 병역거부는 정의로운 국가인지 여부에 관계없이 어느 국가에서나 발생한다. 양심에 따른 병역거부는 파시즘 국가나 공산주의 국가에서도 발생할 수 있다. 시민불복종의 주체는 헌법의 정당성을 수용하는 시민이며, 양심에 따른 병역거부의 주체는 민주주의 사회의 기본원리를 수용하는 시민이다. 전자는 일국 내 또는 한 사회에서 발생하는 반면, 후자는 국경과 이념을 초월해 존재하며 전쟁과 같은 국제관계상의 문제들과 관련하여 발생한다. 시민불복종은 법 또는 정부 정책의 변화를 초래하기 위해서 공동체 다수의 정의감에 호소하는 반면, 양심에 따른 병역거부는 다수의 정의감에 호소하거나 다수가 자신의 주장을 수용할 것이라고 기대하지 않으며, 다만 자신의 양심과 도덕을 인정해 주기를 바랄 뿐이다. 롤즈의 이와 같은 논의를 도표로 그리면 다음과 같다.

(표18) 다양한 형태의 저항, 시민불복종, 양심에 따른 거부의 기본적인 차이

	전 제	주 체	영 역	목 적
시민 불복종	대부분이 공정하고 잘 질서지워져 있지만 부분적으로 정의의 심각한 위반이 발생하는 사회.	헌법의 정당성을 수용하는 시민, 현존 정치체제와 법을 인정함.	일국 내 또는 한 사회.	법 또는 정부 정책의 변화를 초래, 공동체 다수의 정의감에 호소, 자유롭고 평등한 시민들 간의 사회적 협동체 원리가 존중되지 않고 있음을 선언. 저항받고 있는 법의 파괴를 주장하지는 않음.
양심에 따른 병역거부	정의로운 국가나 부정의한 국가에 관계없음.	민주주의 사회의 기본원리를 수용하는 시민.	국경과 이념을 초월해 존재, 전쟁과 같은 국제관계상의 문제들과 관련하여 발생.	다수의 정의감에 호소하지 않고, 법과 정치를 변화시키려는 의도도 없음. 다수가 자신의 주장을 수용할 것이라고 기대하지도 않으며, 다만 자신의 양심과 도덕을 인정해 주기를 바람.

※ 롤즈 『정의론』(A Theory of Justice) pp.363~371에 나오는 논의를 근거로 표를 만들었음.

롤즈의 논의를 바탕으로 시민불복종과 양심에 따른 거부의 차이를 보다 분명하게 밝혀보도록 하자.

첫번째 차이점은 시민불복종이 정치개혁, 민주화 등과 같은 중범위 목적을 달성할 수 있는 반면, 양심에 따른 거부는 단지 특정한 한 가지 것을 거부할 뿐이라는 데 있다.*

시민불복종은 일반적으로 헌법의 정당성과 정치체제의 정당성을 인정하는 시민들이 주체가 되어 진행하는 운동이므로 헌법이나 정치체제 전체를 부정하지 않는다. 시민불복종은 헌법과 정치체제의 정당성을 인정한 상태에서 정치의 민주화와 방송과 언론의 민주화와 같은 중범위 목적을 갖고 진행된다.

---

* 저항은 일반적으로 헌법 또는 정치 체제 전체의 변혁과 같은 대범주 목적을 갖고 있다.

예컨대 시민불복종 운동으로 평가되는 2000년의 낙천낙선운동은 선거에 대한 시민의 알 권리의 요구를 바탕으로 출발하였으며, 결과적으로 정치개혁의 효과를 가져왔다(조희연, 2000, 31~33쪽). 또한 1986년에 있었던 KBS TV 시청료 납부거부 운동은 우리 사회의 대표적인 시민불복종 운동으로서, 1987년의 언론기본법 폐지·방송법 제정·한국방송공사법 개정을 가져왔으며, 방송과 언론의 민주화에 일조하였다(박은정, 1990, 68쪽). 1960년대 미국의 흑인 민권운동도 대표적인 시민불복종 운동이다. 시민불복종 운동으로서 흑인 민권운동은 국가의 기본적 정체와 헌법을 인정하면서도, 그 이면에서 흑인의 인권 신장이라는 목적을 달성하려 했다.

이에 비해 양심에 따른 거부는 어떤 목적을 가지기보다는 양심에 따라 어떤 특정한 것을 거부할 뿐이다. **거부의 대상이 극히 제한적이라는 점은 대단히 중요하다. 거부가 거부인 이유는 바로 이것 때문이다.** 거부하는 시민은 거부의 대상이 무엇인지 분명히 알고 있으며, 거부의 결과 자신에게 어떤 해가 닥칠지도 분명히 알고 있음에도 거부를 한다. 국가나 일반적인 시민들도 그 시민이 무엇을 거부하고 있는지 정확하게 알고 있으며, 그 시민에게 어떤 처벌을 가해야 할지 그리고 가해질지도 분명히 알고 있다.

이런 조건을 충족시키는 거부의 유형이나 사례는 많지 않다. 앞에서 예를 든 것처럼 거부의 유형은 초기 기독교의 이교국가 숭배행위거부, 국기 숭배거부, 병역거부 등이 있으며, 극히 드문 사례로 세금거부 등이 있다. 이 외에 거부의 유형이나 사례를 찾기는 대단히 힘들다.

둘째, 시민불복종은 목적과 행위 방법이 불일치한 반면, 양심에 따른 거부는 위반 대상과 위반 행위가 일치하고 있다는 점이다.* 시민불복종이 대개 악법에 대해 저항하는 반면, 양심에 따른 거부는 악법이 아니라 모든 시민이 적용을 받고 있는 법 중에서 특정한 법을 거부한다.

시민불복종은 해당 법령이나 행정 명령을 직접 어기지 않는다. 예컨대 방송 및 언론의 민주화와 시청료 납부 거부는 반드시 개연성이 있는 것이 아니라 우연적인 결합에 불과하다. 방송과 언론의 민주화라는 목적을 달성하기 위해 반드시 시청료 납부 거부와 같은 수단을 사용할 필요는 없다. 예컨대 이 목적을 달성하기 위해서 시청료 납부 거부가 아닌 거리 시위, 전단지 배포, 단식투쟁 등과 같은 다른 방법을 사용할 수 있다. 마찬가지로 정치개혁이란 목적을 달성하기 위해서 반드시 낙천낙선운동이라는 방법을 반드시 사용할 필요는 없다. 정치개혁을 달성하기 위한 수많은 다른 방법과 수단이 있을 수 있다.

시민불복종의 목적과 수단의 불일치라는 성격 때문에 목적에 대해서는 처벌이 불가능할 수 있지만 목적을 달성하기 위한 수단에 대한 처벌은 얼마든지 가능해진다. 예컨대 시민불복종 운동을 하는 시민이 자신의 정당성을 주장하기 위해서 도로교통법을 위반하는 경우, 도로교통법 위반에 대해 처벌할 수 있다.[**]

반면 양심에 따른 거부는 해당 법령이나 행정 명령을 양심에 따라 직접 어기거나 거부한다는 점에서 위반 대상과 위반 행위가 반드시 일치한다.

---

[*] 저항은 정치권력의 장악을 부분적인 목적으로 하고 있으며, 그 목적을 달성하기 위해서 극단적인 수단을 사용하기도 한다. 예컨대 목적을 달성하기 위하여 군주를 암살하기도 하고 전 시민의 저항을 촉구하는 활동을 하기도 하며 무장투쟁을 진행하기도 한다.

[**] 2004년 4월 15일 총선을 앞둔 4월 6일 선거관리위원회는 낙선운동이 선거법의 테두리 안에서 이뤄질 경우 아무런 문제가 없으나 방법상의 제한을 받을 수 있다고 결정을 내렸다. 선관위에 따르면 낙선명단 발표나 보도 등의 일반적 활동은 당연히 선거법 위반이 아니다. 또 인터넷 홈페이지에 명단을 게시하거나 전자우편을 통해 낙선명단을 알리는 등의 행위도 합법적인 운동방식이다. 총선연대가 전화를 이용해 낙선운동을 하는 것도 가능하다. 공개장소에서 한 명 또는 두 명이 낙선대상 후보를 알리고 동참을 호소하는 것도 허용된다. 그러나 표지판·어깨띠 등을 착용하고 낙선운동을 하거나, 풍선·간판·현수막 등을 설치·게시하는 것 등은 선거법에 위반된다. 거리행진, 집회, 서명운동, 인쇄물 배포, 확성기 사용 등도 마찬가지로 금지된다. 배너나 팝업창 등의 인터넷 광고도 단속 대상이다.(「한겨레신문」 2004년 4월 7일)

예컨대 국기에 대한 숭배가 자신의 양심과 어긋난다면, 국기에 대한 숭배를 거부한다. 세금 납부가 자신의 양심과 어긋난다면, 세금 납부를 거부한다. 또한 병역의무의 이행이 자신의 양심과 어긋난다면 병역의 의무를 거부한다. 따라서 양심에 따른 거부는 인정과 불인정의 양자택일이라는 선택뿐이며, 타협이 있을 수 없다. 예컨대 4주간만 군사 훈련을 받으면 양심에 따른 병역거부자에게 대체복무를 허용해 준다고 가정해 보자. 또는 국기에 대한 숭배를 거부하는 양심에 따른 거부자에게 거수경례 대신 가벼운 목례를 하도록 했다고 생각해 보자. 양심에 따른 거부자들은 이와 같은 조건적 인정을 거부한다. 그 이유는 양심에 따른 거부자들은 바로 특정한 법령이나 행정 명령이 자신의 양심과 어긋난다고 느끼기기 때문이다. 따라서 양심에 따른 거부자와 국가 또는 다수의 시민들 간에 타협은 없다. 다만 인정해 줄 것이냐, 말 것이냐의 택일만 존재한다.

셋째, 시민불복종은 공유되고 있는 정치적 신념과 정의감에 근거하고 있으므로 불복종 행위의 결과 다수가 될 가능성이 있는 반면, 양심에 따른 거부는 비정치적 신념, 특정한 종교나 특수한 신념에 근거하고 있으므로 다수가 될 가능성이 거의 없거나 불가능하다.*

시민불복종은 사회 구성원들이 공유하고 있는 정의감에 호소한다. 시민불복종 운동은 현재 우리 사회의 정치개혁과 언론의 민주화, 1960년대 미국의 흑인 인권 회복, 간디 당시의 인도의 독립 등과 유사한 성격의 주제를 중심으로 진행된다. 사회의 다수 구성원들은 시민불복종 운동을 하는 방법에 대해서는 다른 방법을 제시할 수도 있지만, 그 내용에 대해서는 대

---

* 저항은 거대한 정치적 신념을 갖고 진행되며, 저항이 성공할 경우 정권을 장악하거나 다수가 될 가능성도 있는 반면 실패할 경우 헌법과 법의 파괴자로 처벌을 받을 수도 있다.

체로 공감할 것이다. 이런 주제들에는 사회 구성원들이 대체로 공감할 수 있는 부분이 있기 때문이다. 따라서 다수의 시민들이 시민불복종의 내용에 대해 공감할수록, 시민불복종 운동은 정당성을 인정받게 된다. 소수의 의도적이고 끈질긴 시민불복종 운동은 다수자로 하여금 그들의 요구가 정당하고 올바른 것이라고 인정하게 만들 수 있다. 또한 결과적으로 시민불복종은 다수로부터 인정을 받아 다수의 논리로 정착될 수도 있다.

반면 양심에 따른 병역거부는 정의감이나 공유된 정치적 신념이 아니라, 특정한 종교적 신념이나 특정한 정치적·개인적 신념에 의거한다. 양심에 따른 병역거부자는 다수가 공유하고 있는 정의감에 호소하지 않으며, 다수의 시민들도 이에 공감하지 않는다. 양심에 따른 병역거부가 사회적으로 인정된다 할지라도, 사회의 다수가 될 가능성은 거의 없다. 그 이유는 양심에 따른 병역거부가 사회의 구성원들이 공유하고 있는 신념이나 정의감에 호소하는 것이 아니기 때문이다. 따라서 양심에 따른 병역거부는 그것이 인정되는 국가에서도 사회의 소수에 지나지 않기 마련이다.**

롤즈의 구분대로 시민불복종과 양심에 따른 거부는 분명 다르다. 양자의 분명한 차이점은 행위 방식에서도 드러난다.

시민불복종은 우선 은밀하게 전개되는 저항운동과 달리 대중 앞에서 공개적으로 행해진다. 시민불복종이 공개적으로 진행되는 이유는 다수의 시민들이 자신들의 정당한 행위인 시민불복종에 동참해 주기를 바라기 때문이다. 이런 점에서 시민불복종은 정치적 행위라고 볼 수 있다.

** 이 점에서 양심에 따른 병역거부를 인정하고 대체복무를 허용하면 병역거부를 종교 교리로 삼는 신흥 종교가 생겨나고 양심에 따른 병역거부를 주장하는 개인들이 늘어나게 되면서 결국 국가 안보가 위태로울 것이라는 주장은 허구라는 점이 드러난다. 이런 허구성은 2000년 현재 대체복무를 실시하고 있는 주요 국가들의 여호와의 증인수가 그다지 많지 않다는 사실로도 알 수 있다.(홍영일, 2002, 238쪽 참조)

반면 양심에 따른 거부는 공개적인 동시에 비공개적이라는 이중적 특성을 지니고 있다. 공개적인 이유는 양심에 따른 거부를 하는 시민들이 자신의 행위를 타인 앞에서 감추지 않기 때문이며 비공개적인 이유는 자신의 행위를 대중에게 선전하거나 자신의 의견에 동참을 구하지 않기 때문이다. 이런 점에서 양심에 따른 거부는 비정치적 행위라고 볼 수 있다.

시민불복종과 양심에 따른 거부는 비폭력적이라는 점에서 공통점을 갖는다. 그러나 시민불복종이 폭력적인 투쟁으로 발전할 수 있는 가능성을 내포한 비폭력적 저항이라고 한다면, 양심에 따른 거부는 절대적인 비폭력을 근간으로 한다. 그 이유는 시민불복종과 양심에 따른 거부에서 비폭력을 사용하는 이유가 각각 다르기 때문이다. 시민불복종은 특정한 악법에 저항하기는 하지만, 국가의 법은 인정한다는 의미에서 폭력을 사용하지 않는다. 반면 양심에 따른 거부는 거부의 신념 자체가 종교적·도덕적·평화주의적 사상에 의거한다. 따라서 시민불복종은 비폭력적인 방법으로 악법을 개정 또는 폐지하는 것이 가능하다면 비폭력적인 방법으로 저항한다. 그러나 비폭력적인 방법으로 악법이 폐지 또는 개정될 가능성이 없는 경우에는 극단적인 폭력투쟁으로 발전할 수도 있다.

평화적인 시민불복종 운동이 폭력적인 운동으로 전환되는 사례는 1960년대 흑인 민권운동에서 나타났다. 당시 흑인들은 마틴 루터 킹에 의해 주도되었던 통합운동이 흑인 문제의 온전한 해답일 수 없다고 느끼자, 1965년 8월 로스엔젤레스의 와츠(Watts)에서 파괴와 약탈을 벌였다. 흑인들이 이처럼 폭력적인 시민불복종 운동을 하게 된 것은 비폭력 저항운동의 성과에 대한 회의에 그 원인이 있다. 특히 북부 흑인들 가운데는 과연 비폭력 저항을 통해 흑인들의 요구가 얼마나 관철될 것인가에 의문을 표시하는 사람이 많았다. 그들은 말콤 X의 폭력적인 방법이 흑인 문제를 해결하는 첩경이라고 생각하기 시작했다(이신행, 2001, 219쪽). 반면 양심에 따른 거부는 사회와 국가의 구성원들에 의해 인정을 받지 못한다 할지라도, 출발 자체가 평화주의 사상이므로 어떤 경우에도 폭력적인 저항으로 발전하지 않는다. 양심에 따른 거부는 처음부터 끝까지 비폭력적인 행위이다.

시민불복종과 양심에 따른 거부는 모두 법 위반에 대한 처벌을 달게 받는다. 시민불복종은 법을 존중한다는 의미에서 그렇게 하는 데 비해 양심적 거부는 자신의 양심뿐만 아니라 다수의 양심도 옳으며, 다수의 양심이 합의해서 만든 법도 또한 옳다고 인정하기 때문에 처벌을 감수한다. 이런 내용들을 도표로 정리하면 아래와 같다.

〈표19〉 다양한 형태의 시민불복종과 양심에 따른 거부의 행위 양식에 따른 구분

	시민불복종	양심에 따른 거부
공개성	공적 포럼에서 공개적으로 행해짐.	비밀스러운 것도 은밀한 것도 아님. 공적 포럼에서 행해지지 않음.
정치성	정치적 행위. 권력을 장악하고 있는 다수에게 호소하며 정치질서가 공유하는 정의감에 호소. 공적 정의를 의도적이고 지속적으로 위반함으로써 다수에게 소수의 정당한 요구를 승인하라고 요구.	기본적으로 비정치적. 그 이유는 개인적인 도덕의 원리와 종교 교리 또는 정치적 원리 등에서 기인하기 때문(법이 너무 불공정하여 거부하는 경우는 예외).
폭력성	비폭력적. 시민불복종은 우리 실정의 최종적 표현이자 법에 대한 충성의 범주 내에서 법에 불복종하는 것이기 때문.	비폭력적. 행위의 기반이 되는 신념 자체가 종교적·도덕적·평화주의적이기 때문.
행동방법	한 극단에는 투쟁적인 행위와 조직화된 저항이 있으며 다른 쪽에는 의도적인 법의 위반과 같은 행위가 존재.	다소 직접적인 법적 명령이나 행정 명령에 대한 불순응. 초기 기독교도의 이교국가 숭배행위거부, 여호와 증인의 국기숭배거부, 병역거부, 세금거부.
형벌	법에의 충실이라는 의미에서 형벌을 감수. 즉 법을 어기기는 하지만 자신의 행위 결과에 대한 법적 결과를 기꺼이 수용하는 태도를 취함.	형벌에 순응. 동시에 다수의 양심도 인정. 다수의 정의도 옳고 자신의 양심과 도덕도 옳다고 생각하며, 다만 다수가 자신의 양심과 도덕을 인정해 주기를 바람.

※ 롤즈 『정의론』의 pp.363~371의 내용을 근거로 만든 표임.

2) 불복종으로서 양심에 따른 병역거부

우리 사회에서 양심에 따른 거부의 가장 대표적인 형태는 양심에 따른 병역거부이다. 양심에 따른 병역거부는 우리 사회에서 다수가 될 가능성이 거의 없거나 전무하다. 양심에 따른 병역거부자는 법과 정책의 변화가능성을 기대하지 않는다. 이런 점에서 양심에 따른 병역거부는 양심에 따른 거부이다.

그럼에도 양심에 따른 병역거부는 양심에 따른 거부를 넘어 우리 사회에서 상당히 중요한 쟁점과 의미를 던지고 있으며, 우리 사회에 많은 변화를 가져오고 있다. 이 점에서 우리 사회의 양심에 따른 병역거부는 양심에 따른 거부를 넘어 시민불복종적인 성격을 보여주고 있다. 2004년 8월 26일 헌법재판소가 내린 병역법 제88조 제1항 제1호 위헌제청(2002헌가1)에 대한 결정은 이를 잘 드러내 주고 있다.

> 양심실현의 자유가 보장된다는 것은, 곧 개인이 양심상의 이유로 법질서에 대한 복종을 거부할 수 있는 권리를 부여받는다는 것을 의미하지는 않는다. 모든 개인이 양심의 자유를 주장하여 합헌적인 법률에 대한 복종을 거부할 가능성이 있으며, 개인의 양심이란 지극히 주관적인 현상으로서 비이성적, 비윤리적, 반사회적인 양심을 포함하여 모든 내용의 양심이 양심의 자유에 의하여 보호된다는 점을 고려한다면 '국가의 법질서는 개인의 양심에 반하지 않는 한 유효하다'는 사고는 법질서의 해체, 나아가 국가공동체의 해체를 의미한다. 그러나 어떠한 기본권적 자유도 국가와 법질서를 해체하는 근거가 될 수 없고, 그러한 의미로 해석될 수 없다.(헌재, 2002헌가1 병역법 제88조 제1항 제1호 위헌제청, '결정문')

양심의 자유가 개인의 인격발현과 인간의 존엄성 실현에 있어서 매우 중요한 기본권이기는 하나, 양심의 자유의 본질이 법질서에 대한 복종을 거부할 수 있는 권리가 아니라 국가 공동체가 감당할 수 있는 범위 내에서 개인의 양심상 갈등상황을 고려하여 양심을 보호해 줄 것을 국가로부터 요구하는 권리이자 그에 대응하는 국가의 의무라는 점을 감안한다면 …….(헌재, 2002 헌가1 병역법 제88조 제1항 제1호 위헌제청, '결정문')

2004년 8월 26일 헌법재판소의 결정은 양심이 법에 대한 불복종의 이유가 될 수 없음을 두 차례에 걸쳐 지적하고 있다. 이는 2004년 7월 15일의 양심적 병역거부자에 대한 대법원 판결과 기존의 판결에서는 나오지 않은 내용이었다. 헌법재판소의 결정은 이미 우리 사회의 양심에 따른 병역거부가 법에 대한 불복종으로 발전했거나 할 수 있다는 것에 대한 우려를 표명하고 있다고 볼 수 있다. 양심에 따른 병역거부가 양심에 한정된 문제가 아닌 법에 대한 시민불복종으로 발전할 것이란 헌법재판소의 우려는 다음과 같은 근거들에서 확인해 볼 수 있다.

첫째, 우리 사회에서 양심에 따른 병역거부는 공개적인 활동을 하고 있으며 공개적인 선언을 통해 반군사주의를 주장하고 확대시키고 있다는 점이다.

2001년 11월 26일 양지운이 양심에 따른 병역거부와 관련하여 국가인권위원회에 진정서를 제출하기 이전까지, 양심에 따른 병역거부는 우리 사회에서 공개적이지 않았다. 양심에 따른 병역거부는 특정한 기독교 종파의 소수 종교인들만이 양심을 이유로 군대를 거부하는 것으로 여겨졌다. 그러나 2001년 11월 26일 양지운의 진정서 제출 이후 상황이 달라졌다. 양심에 따른 병역거부자들이 공개적인 선언을 개시한 것이다. 오태양 이후 반전주의에 입각한 양심에 따른 병역거부자들은 롤즈의 정의와는 달리 당당하고 공개적으로 선언을 한다.

양심에 따른 병역거부 선언자들은 정치적 행위를 하고 있다. 양심에 따른 병역거부 선언자들은 권력을 장악하고 있는 다수와 정치 질서에 공유되고 있는 정의감에 자신들의 주장이 정당하다는 것을 호소하며, 공적 정의를 의도적이고 지속적으로 위반함으로써 다수와 '정의의 소유자'들에게 자신들의 정당한 요구를 승인하라는 압박을 계속하고 있다. 양심에 따른 병역거부 선언자들은 과거 50년 넘게 한국 사회에서 금단의 영역이었던 군과 병역의 의무에 대해 과감히 질문을 던지고 있으며, 다수로 하여금 군과 병역의 문제에 대해 다시 한번 심각하게 생각해 볼 것을 촉구하고 있다. 또한 현재의 양심에 따른 병역거부는 우리 사회에 필요한 적정 군사력의 규모와 바람직한 국방정책, 군과 인권문제로까지 문제의식을 확장해가고 있다.

오태양 이후의 병역거부 선언은 이른바 세속적인, 반전주의적인, 평화주의적인 양심에 따른 병역거부 운동이다. 양심에 따른 병역거부 선언에는 다양한 사람들이 동참하고 있다. 그들은 살아 온 환경이나 직업이 각기 달랐다. 그들은 세상을 보는 눈도 서로 달랐으며, 앞으로의 삶의 전망도 달랐다. 그들은 신앙인, 학생, 정당인, 동성애자, 반전주의자, 문화활동가 등 다양한 이력을 가지고 있었다. 하지만 이런 차이에도 불구하고 그들에게는 공통점이 있었다. 그것은 바로 그들이 하나같이 국가 폭력과 전쟁을 반대하고, 우리 사회가 평화를 지향해야 한다고 공개적으로 주장한다는 것이다. "양심적 병역거부가 인류의 평화적 공존에 대한 간절한 희망과 결단을 기반으로 하고 있음을 부인할 수 없으며 비폭력, 불살생, 평화주의 등으로 나타나는 평화에 대한 이상은 인류가 오랫동안 추구하고 존중해

〈표20〉 오태양 이후 병역거부 선언자 명단

이름	병역거부 선언 요지(괄호 안 숫자는 병역거부 선언 날짜)
오태양 (불교도, 서울교대)	저는 이렇듯 '불살생'의 종교적 신념과 평화·봉사의 인생관에 대한 확신의 이유로 도저히 군사훈련과 집총을 할 수가 없습니다. 그것은 일체의 전쟁행위에 대한 반대이며, 그런 확신에 따른 일체의 군사훈련 참여에 대한 거부인 것입니다.(2001.12.17)
유호근 (민주노동당 동작지구 사무차장)	전쟁반대와 평화 실현이라는 신념에 따라 병역을 거부한다. …… 양심에 따라 병역을 거부한 청년들을 해마다 수백 명씩 무조건 감옥으로 보내는 것은 국가의 이익에도 부합하지 않는다. 개인과 국가 모두를 위해 총 대신 다른 방법으로 국방의 의무를 이행할 수 있는 기회를 주는 건 불가능한가.(2002. 7. 9)
임치윤 (동아대)	전쟁에 참여하는 것은 물론이거니와 총을 들고 군사훈련을 하는 것과 같은 전쟁준비 행위에도 가담하고 싶지 않습니다. …… 저는 반전과 평화라는 기치를 내 인생에서 다른 어떤 것보다 우선해야겠다는 신념을 가지게 되었습니다.(2002. 7. 30)
나동혁 (서울대)	저는 전쟁 대신 평화를 원합니다. 국가에 대한 일방적인 복종과 순응 대신 다름을 인정하는 사회, 진정한 민주주의와 인권을 원합니다. 전 사회에 만연해 있는 군사주의와 권위주의 대신 인간의 존엄성과 자유가 존중되는 사회를 원합니다.(2002. 9. 12)
최준호 (충남 홍성 풀무농업기술학교 전공학부)	제가 병역거부를 하고자 하는 이유는 자연과 더불어 살아가는 삶을 위해서라고 했습니다. …… 외부의 어떤 사상이나 힘 때문에 땅을 일구면서 자연에 순종하고 평화롭게 살아가는 사람의 자유와 평화가 깨진다는 것입니다.(2003. 3. 20)
김도형 (불교도, 목포해양대)	폭력은 외부의 요건에 있는 것이 아니라 스스로에게서 시작됨을 알게 되었습니다. 진정한 적은, 물리쳐야 할 적은 내 안에 있는 적이지 외부의 누군가가 아니라는 것. …… 군대를 부정하지 않습니다. …… 단지 군대가 평화라는 필요에 의하여 없어지도록 하는 세상을 만들어 가고 싶습니다.(2003. 4. 30)
임성환 (아웃사이더 대표)	저는 이러한 국가 폭력에 동참할 의사가 없으며 어떠한 전쟁, 혹은 이와 관계된 모든 사안에 관여할 생각이 없습니다. 이는 내가 누군가의 폭력에 희생되지 않길 바라고 있으며 내 이웃 역시 그러할 거라는 상식에 기반합니다.(2003. 7. 1)
임태훈 (한국동성애자단체협의회 공동대표)	특히 내가 군대 문제에 관심을 가지게 된 것은 나의 성 정체성과 병무청에서 실시하는 신체검사 때문이기도 합니다. …… 저는 동성애자를 차별하고 소위 비정상성으로 규정하고 있는 대한민국 군대의 입대를 시민불복종적 의미에서도 거부하고 싶습니다. 또한 인권활동가로서 타인을 죽이는 연습이나 이에 동조하는 일체의 행위를 할 수 없음을 …… 이는 진리이자 보편타당한 명제일 것입니다.(2003. 7. 22)
염창근 (이라크 평화와 민중지원을 위한 연대 사무국장)	평화는 안보의 수준이 아니며, 단지 전쟁 없는 상태만이 아닐 것입니다. …… 서로를 이해하는 것에서 시작한 공존과 평등의 차원에서 평화를 바라보고자 합니다. 평화란 모두에게 있어야 할 공기와 물과 햇볕과 같은 것이라고 생각합니다. …… 저는 평화와 자유를 추구하면서 소박한 삶을 살고 싶습니다.(2003. 11. 13)
강철민 (현역 이병)	저는 이라크 전쟁 파병을 반대합니다. …… 그러하기에 아직 군 생활이 많이 남은 한 국군의 일원으로써 침략전쟁인 이라크 파병에 반대하며 이러한 상황이 파병철회로 바뀔 때까지 수없이 고민한 농성을 시작할까 합니다.(2003. 11. 21)
영민 (노동문화방송 'Joy 삶.net' 활동)	평화는 군대가 가져다주는 것이 아닙니다. 군대가 존재하는 한, 전쟁의 위협은 계속됩니다. 평화를 원하고 전쟁 없는 세상을 꿈꾸는 한 사람으로서 군대를 거부합니다. 폭력적인 문화를 생산하는 군대와 관련된 일에 관여할 수 없습니다. 그렇기에 어느 누구도 차별받지 않는 평화적인 문화를 만들어가는 문화활동가로서 군대를 거부합니다.(2004. 1. 26)

온 것이다"(헌재, 2002헌가1 병역법 제88조 제1항 제1호 위헌제청, '결정문')라는 헌법재판소 재판관의 소수 반대의견은 이런 점에서 의미심장하다.

양심에 따른 병역거부자들은 헌법이 수립되고 난 이후, 어느 누구도 문제삼지 않았던 것을 문제삼기 시작했다. 이념 대립의 첨병으로 살아왔으며, 반공을 최고의 가치로 여기고 '적을 죽이는 것이 내가 사는 것이다'라는 신조로 살아가고 있는 우리들에게 그들은 전쟁반대와 평화라는 작은 돌을 던졌다. 그 파장은 아직 미약하기는 하지만 우리 사회 구석구석으로 확대되어 가고 있다. 그들은 적과의 전쟁과 승리를 당연한 것으로만 여기던 우리들에게 '서로간의 전쟁' 대신 '함께 살아가는 평화'로의 인식전환을 요구한다.

양심에 따른 병역거부를 남들 앞에서 선언한다는 것은 이처럼 '공개적으로 군사주의를 거부'(Speck, 2003, 44쪽) 하는 것이다. 이스라엘의 병역거부 운동가 샌들러(S. Sandler)는 이를 다음과 같이 표현했다. "이스라엘 사회에서 양심에 따른 병역거부를 공개적으로 선언한 사람들은 숫자로 본다면 주변부 집단에 지나지 않는다. 그러나 그들은 수많은 다른 집단에게 모범을 보여주고 있다. 양심에 따른 병역거부와 관련된 모든 행위는 군대제도를 둘러싼 허울뿐인 동의와 팔레스타인 내 이스라엘 군대에 의해서 수행되는 범죄 정책을 공개적이며 명백하게 반대하는 것이다. 군대 복무를 거부하는 모든 사람들은 군대의 장군이나 정부 지도자의 결정을 당연히 반대하는 것이며, 그 결과 이스라엘 사회에서 벌어지는 군사주의에 대한 정치적 투쟁에 동참하게 된다."(Speck, 2003, 36쪽)

팔레스타인과 극단적인 대립을 하고 있는 이스라엘에서 양심에 따른 병역거부 선언은 이스라엘 내 군사주의와의 대립을 의미한다. 마찬가지로 남북 분단과 세계 열강의 대립이 항구화되어 있는 우리 사회에서 양심에 따른 병역거부 선언은 단순히 양심에 따른 병역거부라는 의미를 넘어서 이미 한국 사회 내 군사주의에 반대하는 정치 투쟁의 의미를 갖는다고 할 수 있다.

예를 들면 예비 병역거부 선언자였던 염창근은 "평화는 군사력 경쟁 속에서는 보장받지 못한다. 한반도 평화를 위해서는 남북 모두 군비감축에 나서야 한다. 군복무 기간 단축과 대체복무제 도입은 한반도 평화군축을 위한 작은 출발이 될 것"이라고 말했다.

마찬가지로 예비 병역거부 선언자였던 이용석은 "대체복무제가 도입돼 모든 청년들이 대체복무를 선택하면 군사력을 유지할 수 없다고 말하지만, 이제까지 얼마만큼이 적정 군사력 규모인지에 대한 사회적 합의가 이뤄진 적은 없다. 양심에 따른 병역거부 운동은 냉전이 가져다 준 국가안보 이데올로기를 극복하는 시발점이 될 수 있을 것"이라고 이야기한다.

인권운동사랑방 이창조 상임활동가는 "병역을 앞둔 대학생들이 병역거부권과 대체복무제를 자신의 문제로 인식하고 해법을 내놓아야 문제가 풀릴 수 있다. 양심에 따른 병역거부권을 인정하지 않는 것은 우리 사회가 양심·사상의 자유를 억압하고 있음을 상징적으로 보여주는 것인 만큼, 대체복무제가 도입되는 과정에서 군대의 인권문제 등 전반적인 군 개혁문제가 자연스럽게 논의될 수 있을 것"이라고 말했다.(「한겨레 21」 427호, 2002년 9월 26일)

양심에 따른 병역거부 선언은 우리 사회의 구성원들이 고민해 보지 않았던 질문들을 던졌다. 남과 북이 대립하고 있는 현 시점에서 군이란 무엇인가? 우리 사회에서 군의 적정 규모는 어느 정도인가? 왜 우리는 전쟁을 반대하고, 궁극적으로 평화를 이야기해야 하는가? 양심에 따른 병역거부자들은 그 거부행위를 통해 우리가 이 질문들에 대해 고민하고 어떤 형태로든 답변을 하도록 촉구하고 있다.

둘째, 양심에 따른 병역거부자들이 다수에게 소수의 양심을 인정하라고 호소하고 있다는 점에서도 양심에 따른 병역거부가 시민불복종 운동으로 발전하고 있다는 것을 볼 수 있다. 이는 양심에 따른 병역거부에 관한 여론의 확산과 병역의무 당사자들인 대학생들의 양심에 따른 병역거부 동참으로 나타난다.

우리 사회에서 양심에 따른 병역거부는 양심에 따른 병역거부 자체의 문제로 남아 있는 것이 아니라 다수에게 양심에 따른 병역거부자의 양심 또한 중요하다고 호소하고 있다. 양심의 자유는 헌법에 보장되어 있으며 사회가 공유하고 있는 정의감 중에 하나이다. 양심에 따른 병역거부자들은 한 개인의 양심이 공공질서나 공동의 이익을 위한다는 명목으로 희생되어서는 안 된다고 주장한다. 또한 양심에 따른 병역거부자들은 사회의 다수자들에게 양심에 따른 병역거부자들의 양심을 인정하는 관용을 베풀라고 요구하고 있다. 양심에 따른 병역거부자들은 관용이 국가의 실제적인 필요성이나 다수의 합의에서 도출될 수 있는 것이 아니라고 주장한다. 그들은 양심의 자유와 종교의 자유가 평등한 자유의 기본 원리이기 때문에 어떤 경우에도 희생될 수 없으며 그렇기 때문에 양심에 따른 병역거부를 국가와 사회의 다수가 관용해야 할 기본적인 인권이라고 주장한다.

양심에 따른 병역거부가 다수에게 호소하고 있다는 사실은 공론 영역에서 양심에 따른 병역거부에 관한 논의의 확산으로 설명할 수 있다. 2000년 1월 초부터「한겨레 21」을 비롯한 각종 언론과 방송을 통해 여호와의 증인의 병역거부가 사회적으로 크게 이슈화되었다. 2002년 12월 22일과 2003년 6월 15일 공중파 방송인 KBS '100인 토론'에서 양심적 병역거부가 주제로 다루어졌으며 2003년 12월에는 MBC 다큐멘터리 '희노애락'

이 선택적 병역거부자인 강철민 이병을 다루었다. 또한 2000년까지 거의 보도가 되지 않았던 양심에 따른 병역거부와 대체복무에 관한 기사가 2001년부터 큰 폭으로 늘어나기 시작했다.

(표21) 병역거부/대체복무에 관한 보도량 조사

	동아일보	문화일보	조선일보	한겨레신문	한국일보
1999년	0/0	0/0	0/0	1/0	0/0
2000년	0/1	0/1	0/1	1/1	0/0
2001년	8/4	4/2	2/2	21/10	2/1
2002년	23/17	20/19	15/22	65/33	20/14
2003년	12/15	27/11	21/18	54/19	18/14
2004년	36/23	25/13	37/19	60/29	39/16

※ www.kinds.or.kr에서 검색어 '병역거부'와 '대체복무'를 제목+본문에서 동의어 확장으로 검색하여 그 빈도수를 정리한 것이다. 2004년의 기사수는 7월 31일까지의 통계임.

양심에 따른 병역거부에 관한 보도의 증가는 양심에 따른 병역거부가 수면 위로 떠올랐기 때문이다. 이는 양지운의 진정서 제출, 오태양, 유호근 등의 병역거부 선언, 이경수의 위헌심판제청, 현역 군인의 병역거부 선언, 대법원 판결 등 양심에 따른 병역거부자들이 자신들의 주장을 적극적으로 공론화하면서 사회적 이슈로 만들어냈기 때문이다. 그 결과 대다수 시민들은 양심에 따른 병역거부를 찬성하건 반대하건, 그것에 관심을 갖고서 토론과 논쟁을 벌이기 시작했다. 이러한 여론 확산을 통해 양심에 따른 병역거부자들은 한 개인의 양심이란 것이 얼마나 소중한 것이고, 양심에 따른 병역거부자의 인권을 보장하는 것이 얼마나 중요한 것인가를 다수의 시민들에게 끊임없이 설득하고 있다.

양심에 따른 병역거부 논의 확산의 중요한 결과 중 하나는 병역의무의 당사자들인 대학생들 사이에서 양심에 따른 병역거부에 관한 논의와 실천이 확산되고 있다는 점이다. 양지운의 진정서 제출 이후 병역의무의 당사자들인 대학생들이 양심적 병역거부에 관심을 갖기 시작했으며, 평화주의와 반전주의에 입각하여 직접 병역거부를 선언하는 사람들도 생겨났다.

2001년 12월 17일 오태양이 국내 최초로 병역거부를 선언한 이래 2004년 7월 현재까지 총 12명이 병역거부를 선언하였다. 이들이 병역거부를 선언하는 날 대학생들이 예비 병역거부를 선언하기도 했다. 예컨대 2002년 9월 12일 나동혁이 병역거부를 선언하는 날 서강대, 서울대, 항공대 등의 대학생 14명이 예비 병역거부를 동시에 선언하였으며, 2002년 10월 12일 경희대와 성균관대 대학생 5명도 예비 병역거부를 선언하였다.

또한 대학가에서 양심적 병역거부와 대체복무법 제정을 위한 운동이 다양한 형태로 나타났다. 학생운동단체들은 양심적 병역거부권 실현과 대체복무제 도입을 촉구하는 기자회견(2002년 5월 8일)을 가졌으며, 이화여대 총학생회도 병역거부지지 기자회견(2002년 9월 26일)을 가졌다. 대학생들은 전국대학생 평화행동의 날 행사(2002년 10월 12일)를 치르기도 하고, 양심적 병역거부를 지지하는 학생들이 국회 기습점거시위(2002년 9월 13일)를 벌이기도 했다. 대학가에서는 병역거부 다큐멘터리 '총을 들지 않는 사람들'이 상영되었고 양심에 따른 병역거부학교(2003년 2월 7~9일)가 열리기도 했다. 비록 적은 숫자이기는 하지만 대학생들이 양심에 따른 병역거부를 우호적으로 바라보며 인정을 하기 시작한다는 점은 중요한 의미를 지닌다. 그 이유는 바로 대학생들이 병역의무의 대상자들이기 때문이다. 병역의무를 치러야 하는 당사자들이 양심에 따른 병역거부를 인권의 관점에서 인정한다는 것은 서로의 다름과 차이를 관용하는 분위기가 사회로 확산되는 데 더 큰 가능성을 열어준다.

셋째, 우리 사회에서 양심에 따른 병역거부는 관련된 법과 제도 및 시민의 의식을 변화시키고 있다는 점이다.

2001년 11월 26일 양지운이 양심에 따른 병역거부와 관련하여 국가인권위원회에 진정서를 제출하기 이전까지, 양심에 따른 병역거부는 우리 사회의 법과 정책에 대해 공개적으로 문제를 제기하지 않았다. 그러나 양지운의 진정서 제출 이후, 양심에 따른 병역거부는 우리 사회의 법과 제도에 대해 공식적으로 문제를 제기하기 시작했다. 그 주요한 사례는 양지운의 헌법에 보장된 종교의 자유에 관한 요구와 이경수의 대체복무법과 관련된 헌법소원의 제기이다. 양심에 따른 병역거부의 이와 같은 공식적인 문제 제기는 우리 사회에 많은 변화를 가져오고 있다. 양지운과 이경수가 주장한 내용을 정리하면 아래와 같다.

양지운(국가인권위원회 인권침해 및 차별사례 2호)
우리 아이 같은 양심적 병역거부자들이 청춘을 감옥에서 보내지 않고 국가와 사회의 꼭 필요한 분야에서 떳떳하게 일하며 이웃에 봉사할 수 있는 기회를 줘야 한다. 국가인권위가 여호와의 증인 신도들이 무조건 27개월 이상 복역해야 하는 기준의 문제점과 교도소 내 종교의 자유에 관련된 차별행위를 조사해 개선해 주기를 바란다.

이경수(헌법재판소 위헌심판제청)
양심의 이유로 병역을 거부한 자에게 대체복무제도의 기회를 주지 않고 처벌조항만 둔 현재의 병역법은 헌법의 기본권 보장 정신에 위배된다.

이런 노력을 통해 얻어낸 가장 중요한 변화 중 하나는 교도소 내에서 종교의 자유가 허락되었다는 점이다. 최근까지 양심에 따른 병역거부자들에게는 종교의 자유가 허락되지 않았다. 양심에 따른 병역거부자들에게 종교의 자유를 보장하는 것은 마치 '강간범에게 포르노를 주는 것과 같다'는 이유 때문이었다. 즉 양심에 따른 병역거부자들은 종교적인 이유로 병역을 거부하고 있는데, 이들이 교도소 내에서 종교의 자유를 갖고 예배를 보게 되면, 병역거부의 신념이 훨씬 더 공고해진다는 것 때문이었다. 그러나 현재는 양심적 병역거부자들에게 교도소 내에서 종교의 자유 및 집회의 자유가 허락되었다.

이는 양심에 따른 병역거부의 활동 성과이다. 양지운은 "교도소 내 종교의 자유에 관련된 차별행위"(교도소 내에서 허락되는 종교별 예배가 여호와의 증인 수형자에게는 허락되지 않는 점)가 벌어지고 있다고 주장하며(양지운, 2001a) 종교의 자유를 주장하였다. 그러나 법무부는 종교가 양심적 병역거부의 이유가 된다는 이유로 이를 거부하였다. "여호와의 증인 수형자들은 군복무 당시 종교 교리상의 신념에 따른 병역의 의무 또는 정당한 지시 명령을 이행하지 않는 잘못으로 재판이 확정되어 복역 중에 있으므로 이들의 잘못된 신념을 굳건히 할 수 있는 종교집회 및 외부인사 참여 활동 등은 교정·교화의 목적과 배치되므로 제한하지 않을 수 없음을 양지하여 주시기 바랍니다."(법무부, 2001)

결국 국가인권위원회가 양지운의 진정서를 수용하여 2002년 10월 17일 법무부에 교정시설 내 종교집회를 허용하라는 권고문을 보냈다. "'여호와의 증인' 수용자들이 집총거부 등 실정법을 위반한 혐의로 교정시설에 수용된 만큼, 범죄행위를 정당화하는 종교집회를 허용할 수 없다는 법무부의 입장은 동일한 실정법 위반자임에도 특정 종교를 믿는다는 이유만으로 종교집회를 불허하는 것으로 종교에 의한 차별행위"이다('연합뉴스', 2002년 10월 17일). 그러나 법무부는 2003년 1월 20일 "여호와의 증인 수용자는 종교 교리를 이유로 실정법을 위반한 형 집행 중인 자인데 만약 종교집회를 허용한다면 실정법을 위반한 행위에 정당성을 강화해 주는 결과를 초래할 수 있다"고 회신했다.

이에 대해 인권위는 2003년 1월 27일 전원위원회를 열어 법무부의 주장이 설득력이 없다고 판단하고 위의 권고사항의 재고를 요청하는 공문을 법무부에 재발송했다. 이에 대해 법무부는 "소수종교를 신봉하고 있는 수용자들이 종교집회 참여를 통한 고통의 극복이나 교정교화의 기회에서 원천적으로 배제되는 불이익을 받고 있어 헌법상 평등권을 침해하는 차별행위라는 지적을 적극적으로 수용"('2003 법무부 인권개선사항 평가')하여 "3대 종교 이외의 종교를 신봉하는 소수의 수용자"가 종교의 자유를 누릴 수 있도록 허락하였다.(법무부 문서번호 교화 61490-327)

또한 양심에 따른 병역거부가 이뤄낸 중요한 결과 중의 하나는 사법부가 내리는 형량이 완화되거나 무죄판결이 내려지기 시작했다는 점이다. 형량의 완화 현상은 군사재판에서 민사재판으로의 전환에 의해서 발생하였다. 최근까지 양심적 병역거부자들인 여호와의 증인들은 강제로 입대 후 군사훈련과 집총을 거부하여 항명죄로 3년형을 받아왔다. 또한 경합범이라 하여 7년 넘게 형을 산 경우도 있다. 그들은 항명죄로 처벌을 받아오다, 강제입영 관행이 사라지자 군법정 대신 민간법정을 택하고 있다. 민간법정의 판사들은 1년 6개월만 선고를 해도 출소 후 전과자로서의 낙인과 그에 따른 취업, 인허가상의 불이익 등을 당하므로 그 이상의 형을 가하는 것은 가혹하다고 판정하였다(양지운, 2001b). 그 이후 대부분의 양심적 병역거부자들은 1년 6개월형을 선고받았다. 심지어 항명죄로 군사재판을 받는 경우에도 1년 6개월이나 2년형을 내리는 선처형 판결이 잇달아 내려졌다(「한겨레신문」 2003년 3월 20일). 또한 앞에서 살펴보았던 대로 양심적 병역거부에 관한 무죄 판결이 내려지기도 했으며, 2004년 6월 23일에는 양심적 병역거부자에 대한 사전 영장이 기각되기도 했다.(「세계일보」 2004년 6월 24일)

마지막으로 대체복무제 도입이 필수적이라는 인식이 확산되고 있다(이에 대해서는 뒷장에서 독립적으로 다루도록 한다).

시민불복종은 심각한 부정의에 대한 항의행위여야 한다. 우리 사회에서 양심에 따른 병역거부는 양심 실천의 자유와 종교 자유의 침해라고 하는 심각한 부정의에 대한 일종의 항의행위로 발전하고 있다. 그동안 양심에 따른 병역거부는 사회구성원으로부터 인정을 받기 위해서, 또한 법적인 범위 안에서 문제를 해결하기 위해서 충분한 노력을 강구해 왔다. 양심에 따른 병역거부로 만여 명이 투옥된 것이나, 양지운·이경수의 노력 또한 이런 점을 잘 보여준다. 그러나 2004년 7월 15일 대법원 판결과 2004년 8월 26일 헌법재판소의 결정은 양심에 따른 병역거부가 여전히 법에 의해서 인정될 수 없다는 과거 회귀식의 공허한 답을 되풀이 할 뿐이다.

앞에서 보았듯이 우리 사회에서 양심에 따른 병역거부는 단순히 양심에 따른 병역거부를 넘어 공개적인 활동을 통해 다수자에게 호소하고 있으며, 법과 제도와 의식의 변화를 가져오고 있다. 이런 점에서 우리 사회에서 양심에 따른 병역거부는 시민불복종적인 성격을 드러내고 있다. 또한 반전주의적·평화주의적 신념에 의거한 양심에 따른 병역거부자들은 사회의 구성원들에게 보다 적극적으로 자신들의 신념을 주장하면서 그것을 인정해 줄 것을 요구하고 있다. 이런 점에서 우리 사회에서 양심에 따른 병역거부, 특히 반전주의적·평화주의적 양심에 따른 병역거부는 사회의 다수로부터 그리고 법으로부터 인정을 받지 못한다면 더 강력한 시민불복종으로 변화 발전할 가능성을 내포하고 있다.

2 _ 대체복무의 정치적 정당성

1) 대체복무란 무엇인가?

우리 사회에서 양심에 따른 병역거부가 얻을 수 있는 성과는 무엇인가? 내면적으로는 우리 사회의 다수자가 소수자의 양심을 인정하는 것이며, 우리 사회에 보편적 평화주의가 확산되는 것이다. 외형적으로는 양심에 따른 병역거부자에게 대체복무를 허용하는 것이다. 대체복무를 이해하기 위해서는 시민이라면 누구나 다 수행해야 할 의무와 시민이라면 누구나 다 누려야 할 권리의 조화가 왜 필요하고, 그것이 어떻게 가능할 것인가에 대해서 생각해 볼 필요가 있다.

대다수 시민은 국가와 사회에서 살아가고 있는 시민이라면 누구나 다 의무를 준수해야 한다고 생각한다. 특히 '국가를 위해 죽어야 할 의무'(Walzer, 1971, pp.77~98)는 모든 시민이 병역의 의무를 다해야 한다는 생각으로 발전하였으며, 근대 국가의 탄생 이후 이는 의심받지 않았다.

이와 관련된 대표적인 이론은 루소에게서 찾아볼 수 있다. 루소에 따르면 개인의 삶은 자연의 선물이 아니라 국가에 의해서 조건적으로 규정된 선물이다. 개인은 국가로부터, 즉 정치 공동체의 공유된 경험과 일반의지로부터 두번째 삶인 도덕적 삶을 부여받게 된다. 이 두번째 삶은 개인의 독자적 소유가 아니라 자신의 동료 시민들과 그 결사의 지속적인 존재 조건에 의지하게 된다. 따라서 국가가 위협에 처하게 되면, 시민은 모든 개인적 위험을 무릅쓰고서라도 국가의 방어에 매진해야 한다. 이때 시민은 국가가 곧 자신의 공동의 삶이기 때문에 국가를 위해 기꺼이 죽어야 한다.(Walzer, 1971, pp. 91~92)

또 다른 이론은 보은(gratitude)론이다. 시민은 국가 안에서 살아가면서 국가로부터 정치적, 경제적, 사회적 도움을 받게 마련이다(황경식, 1987, 62쪽). 예컨대 지금까지 어떤 시민이 다른 국가의 침입을 걱정하지 않고 살아왔다면, 이는 다른 시민들이 국가를 방어하였기 때문이다. 따라서 지금 다른 적국이 국가를 침입한다면, 다른 시민으로부터 보호를 받아왔던 시민은 과거에 대한 답례로 마땅히 국가를 지켜야 할 의무를 갖게 된다. 시민은 국가가 베푸는 보은에 대한 보답으로 정치적 의무를 갖게 되며, 국가적 권위나 법에 복종해야 한다.(이덕구, 1999, 62쪽)

또 다른 이론은 롤즈의 경우이다. 롤즈는 시민이 공정하고 정의로운 제도에 참여하게 되면 정부의 권위나 법에 복종할 의무가 있다고 보았다. 이때 시민이 복종의 의무를 지게 되는 대상은 인간 일반이나 제도로서의 국가가 아니라 동료 시민, 즉 그러한 복종에 대한 권리와 그것을 요구할 권한을 가진 자에 대해서 의무를 지게 된다.(황경식, 1987, 63쪽)

또한 계약론적 관점의 의무론도 있다. 이런 이론은 다소 가설적인 상황인데, 시민과 국가가 계약을 맺게 되면 시민은 계약에 따른 의무를 이행해야 한다는 것이다. 현실적인 사례로는 다른 국가로 이민을 가서 시민권을 획득하는 경우를 들 수 있다. 이때 개별 시민과 국가는 계약을 맺게 되며,

시민은 자신에게 주어진 시민으로서의 의무를 다해야 한다.

모든 시민은 국가와 사회, 또는 동료 시민에게 의무, 그 중에서도 국방의 의무를 다할 필요가 있다. 반면 모든 시민은 평등하게 태어났으며, 양도할 수 없는 권리 또한 갖고 있다. 이 권리를 확보하기 위해 시민은 정부를 조직했고(미국 독립선언서) 국가나 사회가 필요한 이유도 "인간의 자연적이고 소멸될 수 없는 권리를 보존"(프랑스 인권선언)하기 위한 것이다. 모든 시민에게 양심의 자유와 사상의 자유는 어느 누구에게도 양도할 수도 빼앗길 수도 없는 최고의 권리이다.

현실에서는 이러한 권리와 의무가 충돌한다. 대표적인 예가 양심에 따른 병역거부와 병역의무의 충돌이다. 이러한 충돌이 나타날 경우 해결하는 방법은 의무와 권리의 타협과 조화이다. 그 타협과 조화는 대체복무의 형태로 나타난다.

그렇다면 양심에 따른 병역거부자들이 요구하는 대체복무란 무엇인가? 대체복무는 "병역의무자 중 종교적 신념 또는 양심상의 이유로 병역을 감당할 수 없는 자에게 병역의무를 대체하여 공익분야에서의 복무의무를 부과하는 것을 말한다."

대체복무는 대체와 복무가 결합된 단어이다. '복무'는 시민으로서의 의무이고, '대체'는 시민으로서의 권리이다. 모든 시민은 국방의 의무를 다해야 한다. 그러나 양심이나 신념상의 이유로 병역의 의무를 다할 수 없는 시민들이 존재한다. 예컨대 양심에 따른 병역거부자들의 경우이다. 이 경우 양심에 따른 병역거부자들은 병역의 의무가 아닌 국방의 의무를 다하기 위해서 남성 시민이 수행하는 병역의 의무와는 다른 복무를 요구할 수 있다. 이때 대안으로 모색되는 것이 '대체'이다. '대체'는 이 점에서 시민의 권리 보장의 한 형태이다. 대체복무는 양심에 따른 병역거부자의 권리와 의무를 동시에 보장할 수 있는 대안이 된다.

대체복무가 시민으로서의 권리와 의무의 조화라는 것은 몇몇 국회의원과 시민단체들이 준비하고 있는 대체복무법안에 나타나 있다. "이 법은 불가침적 인권인 양심 및 종교의 자유와 병역의무의 충돌을 조정하기 위하여 병역법에 도입된 대체복무의 시행에 관한 사항을 규율하는 것을 목적으로 한다"(평화인권연대회의 '대체복무요원판정절차법안' 중). "이 법은 모든 개인이 가지는 불가침의 기본적 인권인 양심 및 종교의 자유와 국민이 이행해야 할 국방의 의무가 상충되지 않고 조화적으로 해결되도록 함으로써 …… 목적으로 한다."(천정배, '병역대체복무에 관한 법률안' 중)

대체복무는 시민으로서의 공적인 의무와 시민의 천부적 권리의 충돌을 해소하는 방법이다. 양심에 따른 병역거부자의 입장에서 '복무'는 시민으로서의 의무를 다하겠다는 것이고, '대체'는 시민으로서의 권리를 인정해달라는 것이다. 그 현실적 형태는 병역법과 헌법의 조화이다. 병역법 3조 1항에는 "대한민국 남자는 헌법과 법이 정하는 바에 따라서 병역의무를 성실히 수행하여야 한다"라고 규정되어 있다. 이에 따르면 모든 남성은, 그가 양심에 따른 병역거부자라 할지라도 반드시 병역의무를 이행하여야 한다. 이 과정에서 양심에 따라 병역을 거부하는 시민의 양심의 자유는 침해당하며, 이 경우 우리나라에는 시민의 권리를 보장할 수 있는 탈출구가 없다. 그러나 헌법 39조 1항에는 병역법 3조와는 달리 "모든 국민은 법률이 정하는 바에 의하여 국방의 의무를 진다"라고 규정되어 있다. 양심에 따른 병역거부자도 모든 국민의 범주에 포함된다. 따라서 국가는 양심에 따른 병역거부자들이 국방의 의무를 이행할 수 있도록 법을 제정할 수 있다. 이와 같이 되면 양심에 따른 병역거부자는 시민으로서 국방의 의무를 다하는 동시에 양심의 권리도 지킬 수 있게 된다.

국가는 국가와 사회의 극히 소수자인 양심에 따른 병역거부자를 위해 권리와 의무의 조화 형태인 대체복무법을 제정해야 한다. 그 법을 제정해야 하는 이유는 무엇 때문인가? 과거 50여 년 동안 양심에 따른 병역거부자들이 법에 의해 희생을 당해왔고 지금도 당하고 있기 때문에, 그에 대한 보상으로 대체복무법을 제정해야 하는가? 50년 넘게 양심에 따른 병역거부자들이 줄곧 자신의 양심을 지키기 위해 노력해 온 대가로 대체복무법이 제정되어야 하는가? 아니면 우리 사회가 절차적 민주주의를 거쳐 실질적 민주주의 단계로 접어들고 있으므로 왈쩌의 말처럼 다원주의 국가의 질을 보장하고 국가의 관용을 보여주기 위한 것인가? 이 모두가 부분적으로 타당한 답변이기는 하지만 전적으로 맞는 것은 아니다. 대체복무법이 제정되어야 하는 가장 중요한 이유는 모든 인간이 가지고 있는 천부적 '권리' 때문이다. 이는 다음과 같은 드워킨(R. Dworkins)의 설명으로 답변될 수 있다.

현대 국가의 정책은 '최대 다수 최대 행복'의 원리를 중심으로 진행된다. 최대 다수가 최대 행복을 누릴 수만 있다면, 소수의 행복과 권리는 짓밟을 수도 있는 것이 현대 국가 정책의 기본원리이다. 그러나 시민이 가지고 있는 권리는, 그 시민이 소수자라 할지라도 결코 침해당할 수 없으며, 당해서도 안 된다. 이런 점에서 '권리'는 최대 다수의 최대 행복을 지향하는 국가 정책에 대한 일종의 측면 제약(side constraints)의 원리이다.

이 원리에 따르면 개인의 필수적인 권익은 전체 공동체의 이익을 위해서도 결코 희생되어서는 안 된다. 이 원리는 특히 소수에 대한 부정적인 선입견을 반영하는 정책입안을 금지시키기 위한 것이다. 문화적 다수 집단은 소수 집단들의 선호에 대해 부정적인 견해를 가질 수 있으며, 그 결과 민주적 투표 절차를 통해 소수 집단의 선호를 억압하고자 하는 정책 또는 법률을 입안할 수 있다. 이 경우 문화적 다수집단의 투표는 이중으로 계산되는 효과를 갖는다. 예컨대 "나는 이성애의 성적 욕구를 갖고 있다"는 개인적인 선호이지만 "동성애자들의 성적 요구는 비정상적이기 때문에 사회로부터 추방되어야 한다"는 것으로 전환되어 동성애자들의 선호표시를 무효화하는 또 하나의 효과를 갖는다.(김비환, 2002, 21~22쪽)

양심에 따른 병역거부도 이와 마찬가지이다. 병역법 3조 "대한민국 국민인 남자는 헌법과 법이 정하는 바에 따라서 병역의무를 성실히 수행하여야 한다"는 언뜻 보기에 아무런 문제가 없어 보인다. 하지만 이는 "대한민국의 모든 남자는 반드시 병역의무를 수행해야 한다"는 말로 전환되어, 양심에 따라 병역을 거부하는 우리 사회 소수자들의 양심을 전적으로 무시하는 결과를 가져온다. 결과적으로 다수 집단은 소수 집단이 병역법을 위반했다는 이유로 처벌받는 것을 당연한 것으로 받아들이게 된다.

바로 이때 한 인간이 천부적으로 가지고 있는 '권리'가 중요해진다. 만약 대체복무법이 제정되어 양심에 따른 병역거부자들의 천부적인 '양심의 권리'를 보장하게 된다면, 이때 대체복무는 소수 집단의 선호에 대한 다수 집단의 부정적인 선입견의 작동을 원천적으로 봉쇄하는 자유주의적 평등 원리를 실현하기 위한 제도적 장치가 된다.

2) 대체복무 도입의 서막

대체복무법은 언제 제정될 것인가? 양심에 따른 병역거부에 대한 다수 시민의 정서적인 반대, 보수층의 적극적인 반대 그리고 남북 대립의 상황을 고려한다면 대체복무법의 제정은 요원한 일이 아닐까? 그렇지 않다. 대체복무의 인정은 이미 공론화되기 시작했고, 그 첫발을 내딛었다. 그 서막을 연 것은 역설적이게도 양심에 따른 병역거부자의 유죄를 확정했던 2004년 7월 15일의 대법원 판결과 2004년 8월 26일 있었던 헌법재판소의 병역법 헌법 합치 결정이다. 대법원의 판결과 헌법재판소 결정은 양심에 따른 병역거부자에게 이전의 재판들과 다르지 않은 판결과 결정을 내렸지만, 그럼에도 불구하고 대체복무에 관한 공론화를 촉발시켰다는 점에서 의미가 있다. 대법원의 판결과 헌법재판소의 결정은 대체복무와 관련하여 다음과 같은 네 가지 의미를 갖는다.

첫째, 대법관과 헌법재판관의 다수가 대체복무법의 제정은 입법자의 재량에 달려 있다고 인정한 점이다.

"병역의무의 이행을 확보하기 위하여 현역입영을 거부한 자에 대하여 형벌을 부과할 것인지 대체복무를 인정할 것인지 여부에 관하여는 입법자에게 광범위한 입법재량이 유보되어 있다."(대법원, 2004도2965 병역법 위반, '판결문')

과거 대체복무에 관한 논의는 수면 아래에서 진행되었으나, 최근 이경수의 위헌심판제청으로 이 논의가 수면 위로 올라왔다. 이때 다수의 양심에 따른 병역거부 선언과 시민단체들의 적극적인 활동으로 대체복무법 제정에 우호적인 분위기가 조성되는 듯 했다. 하지만 그 분위기는 오래가지 않았다. 2004년 5월 21일 양심에 따른 병역거부자에게 무죄판결이 내려지자 오히려 여론이 급반전된 것이다. 대다수 시민들은 대체복무가 또 다른 특혜를 준다는 점에서 반대하였다.

그러나 대법관 전원은 대다수 시민의 이러한 일반적인 반대정서에도 불구하고, 대체복무의 입법 제정권이 입법자의 광범위한 입법재량이라는 것을 인정하였다. 이는 대체복무가 규정되어 있지 않은 현 병역법에 문제가 있음을 간접적으로 밝힌 것이다. 또한 이는 대체복무에 관한 논의가 절실하다는 점을 말하고 있을 뿐만 아니라, 어떤 형태로든지 대체복무를 수용해야 될 단계가 되었음을 밝히고 있는 셈이다.

대체복무가 이제 정말 진지하게 고려해 보아야 할 문제라는 점은 헌법재판소의 입법자에 대한 권고에서 잘 나타난다.

"양심적 병역거부의 문제는 이제 우리나라에서도 국가 공동체의 주요한 현안이 되었다. 양심적 병역거부자의 수는 비록 아직 소수에 불과하나, 입법자는 이 사건 법률조항의 시행으로 인하여 양심갈등의 상황이 집단적으로 발생한다는 것을 그 동안 충분히 인식하고 확인할 수 있었으므로, 이제는 양심적 병역거부자의 고뇌와 갈등상황을 외면하고 그대로 방치할 것이 아니라, 이들을 어떻게 배려할 것인가에 관하여 진지한 사회적 논의를 거쳐 나름대로의 국가적 해결책을 찾아야 할 때가 되었다고 판단된다."(헌재, 2002헌가1 병역법 제88조 제1항 제1호 위헌제청, '결정문')

둘째, 대법관 12명 중 절반인 6명과 헌법 재판관 다수가 대체복무의 도입 필요성을 국가와 사회의 관용의 관점에서 인정하고 검토할 필요성을 지적하였다는 점이다.

"피고인의 경우와 같이 형벌의 집행을 감수하면서까지 자신의 종교적인 양심상의 결정을 지키고자 하는 진지하고도 확고부동한 의사를 가지고 이를 실현하고자 하는 자에 대하여는 무조건적인 집총병역의무를 강제하기보다는 이들의 양심상의 갈등을 덜어주면서도 집총병역의무에 비견되는 다른 내용의 국방의 의무를 스스로 이행하도록 할 수 있는 대안으로서 대체복무제를 도입할 필요성이 있다는 점에서는 반대의견과 의견을 같이 한다. 입법자가 외국의 입법례와 현실적 여건을 감안하여 국민 대다수가 납득할 수 있는 이와 같은 취지의 입법을 한다면 이 사회의 소수자에 대한 국가와 사회의 관용이 확인되고 이로써 자유민주주의의 이념의 정당성은

더욱 높아질 것이기 때문이다."(대법원, 2004도2965 병역법 위반, '판결문')

위에서 볼 수 있듯이 대법원 판사 절반이 '소수자에 대한 국가와 사회의 관용의 확인과 자유민주주의 이념의 정당성'을 높이기 위해서 대체복무의 도입이 필요하다는 것을 밝혔다. 지금까지 양심에 따른 병역거부의 인정과 그 대안으로서의 대체복무가 논의와 토의의 대상이 되지 못했다는 점을 고려한다면, 대법관의 절반이 양심에 따른 병역거부의 인정과 대체복무의 도입 필요성을 밝혔다는 점은 대단히 중요하다.

또한 헌법재판소 재판관 다수는 양심에 따른 병역거부자에게 대체복무가 입법자의 권리라는 것을 인정하면서 우리 사회가 대체복무를 허용할 정도로 관용이 성숙되었는지 검토해 볼 것을 요구하고 있다.

"우리 사회가 이제는 양심적 병역거부자에 대하여 이해와 관용을 보일 정도로 성숙한 사회가 되었는지에 관하여 진지하게 검토하여야 할 것이며……."(헌재, 2002헌가1 병역법 제88조 제1항 제1호 위헌제청, '결정문')

그러나 대체복무의 도입 필요성에 대한 대법원과 헌법재판소의 인정은 여전히 한계가 있다. 왜냐하면 대법관이 제시한 도입의 필요성은 왈쩌가 주장한 대로 다원주의 국가와 사회의 질을 위한 것이지 소수자의 양심의 질을 인정한 것이 아니기 때문이다. "국가가 그러한 의무를 관용할 수도 있다. 그때 그 조건은 그러한 의무가 근거하고 있는 신념의 질 때문이 아니라 오히려 그러한 신념이 자유롭게 획득될 수 있는 국가의 질을 유지하기 위해서이다"(Walzer, 1971, p.139). 따라서 대법원 판사 절반이 대체복무를 인정한 것은 소수자의 양심을 전면적으로 인정하는 것이 아닌 배려의 대상으로 인정한 것일 뿐이다. 이것은 양심의 자유의 전면적인 인정이 아니다.

셋째, 대법관 12명 중 1명은 개인의 양심이라는 측면에서 대체복무 도입의 근거에 대해 밝혔다.

"헌법상의 국방의 의무를 구체화하여 국가의 존립과 안전보장, 그리고 공평한 병역의무의 부담 등과 같은 헌법적 법익을 실현함과 동시에, 개인의 양심의 자유 등도 같이 보장될 수 있는 방안과 방법에 관하여는 입법자들에게 광범위한 입법재량권이 부여되어 있는 것이므로, 입법자들은 이 문제를 해결하기 위한 최선의 방안은 무엇인지, 그리고 소위 대체복무제를 도입한다고 한다면 그 시기와 기준 및 대상, 절차와 방법 등 관련되는 모든 문제들을 검토하고 논의를 하여야 할 시기가 되었다고 보여진다."(대법원, 2004도2965 병역법 위반, '판결문')

이에 못 미치기는 하지만 헌법재판관 다수도 개인의 양심을 보호할 수 있는 방향으로 대체복무법의 도입이 가능한지 숙고할 것을 권고하였다.

"입법자는 양심의 자유와 국가 안보라는 법익의 갈등관계를 해소하고 양 법익을 공존시킬 수 있는 방안이 있는지, 국가안보라는 공익의 실현을 확보하면서도 병역거부자의 양심을 보호할 수 있는 대안이 있는지, …… 설사 대체복무제를 도입하지 않기로 하더라도 법적용기관이 양심 우호적 법적용을 통하여 양심을 보호하는 조치를 취할 수 있도록 하는 방향으로 입법을 보완할 것인지에 관하여 숙고하여야 한다."(헌재, 2002헌가1 병역법 제88조 제1항 제1호 위헌제청, '결정문')

대법원의 1인 의견과 헌법재판관 다수의 결정은 대체복무의 도입이 국가와 사회의 질이 아닌 개인의 양심의 질을 위한 것임을 인정하는 동시에, 공적 의무와 사적 권리의 조화 가능성을 보여주고 있다는 점에서 긍정적으로 평가될 수 있다.

비록 대법관 12명 중 단 1명의 소수의견이기는 하지만, 이러한 의견은 개인의 양심을 가장 중요한 것으로 고려했다는 점에서, 곧 소수자의 양심에 따른 병역거부를 국가와 사회의 질이 아닌 개인의 양심을 위해 인정했다는 점에서 의미가 있다. 헌법재판소가 국가안보라는 공익을 실현하는 동시에 개인의 양심의 보호할 수 있는 방법을 찾아보라고 입법자에게 권고한 것은 개인의 권리가 국익을 위해서 희생되어서는 안 된다는 점을 강조한 것이다. 이는 앞에서 드워킨이 언급한 개인의 권리를 의미하며, 어떤 이유로도 개인의 권리를 침해할 수 없음을 선언한 것에 다름아니다.

넷째, 그 외에도 1명의 대법원 판사와 2명의 헌법재판관이 대체복무 논의의 필요성을 포괄적으로 밝혔다는 점이다.

① 대법관 1명은 국제적인 추세에 비추어 양심에 따른 병역거부의 인정과 대체복무의 도입이 필요하다는 의견을 밝혔다.

"양심적 병역거부의 문제는 유엔의 인권위원회가 1987년, 1989년, 1993년, 1995년, 1998년과 2004년 등 여러 차례의 결의를 통하여, 양심적 병역거부권을 인정하지 않는 국가에 대하여 양심적 집총거부자의 신념의 본성을 차별하지 말고, 징벌적 성격을 띠지 않는 대체복무제를 실시하라고 권고하면서, 특히 양심적 병역거부자를 투옥하지 않도록 하는 조치를 취할 것을 강조하고 있으며, 유럽의회 역시 1983년, 1989년, 1993년, 1994년 등 수차에 걸쳐 양심적 병역거부권의 인정을 촉구하여 왔다. 또한 지원병제가 아닌 징병제를 실시하고 있는 국가 중에서도 독일, 프랑스, 이탈리아 등 서구 국가뿐만 아니라 불가리아, 우크라이나, 폴란드, 체코, 헝가리 등 동구권 국가까지 전세계의 약 25개국이 양심적 병역거부자에 대한 대체복무를 인정하고 있으며, 우리나라와 마찬가지로 심각한 국가안보의 위협을 받고 있는 대만에서도 최근에 이를 인정하는 입법을 하여 성공적으로 시행하고 있음을 참고하여야 할 것이다." (대법원, 2004도2965 병역법 위반, '판결문')

② 대법관 1명과 헌법 재판관 2명은 현재 병력자원의 숫자와 비율에 근거하여 대체복무가 현실성 있는 대안임을 밝혔다.

"기록에 의하면, 우리나라의 양심적 병역거부자는 한해 6백 명 정도로 추산된다고 하는 바, 이는 연간 징병인원 약 30만 명의 0.2%에 불과하며, 대체 수단의 도입시에 양심적 병역거부자로 인정될 수 있는 명확한 기준을 마련하고, 대체수단의 내용도 병역의무를 이행하는 것과 동일하거나 그보다 더 무거운 내용의 복무를 하도록 한다면 국가의 안전보장과 공평한 병역의무의 부여라고 하는 헌법상의 법익도 충족되어질 수 있을 것이다."(대법원, 2004도2965 병역법 위반, '판결문')

"우리 군의 전체 병력수에 비추어 보면 양심적 병역거부자들이 현역집총병역에 종사하는지 여부가 국방력에 미치는 영향은 병력이나 전투력의 감소를 논할 정도라고 볼 수 없고 ……."(헌재, 2002헌가1 병역법 제88조 제1항 제1호 위헌제청, '결정문')

③ 대법관 1명은 소수 시민의 국가로의 동화적 통합과 자유민주주의의 이념적 정당성과 우월성을 위해 대체복무제 도입의 필요성을 밝혔다.

"이러한 대체 수단의 도입은 대다수 사회구성원과는 생각과 가치관을 달리하는 소수의 국민에 대하여 국가의 동화적 통합을 위한 관용의 원칙을 실현하는 것이고 이로써 자유민주주의의 이념적 정당성과 우월성은 더욱 제고될 수 있을 것이다."(대법원, 2004도2965 병역법 위반, '판결문')

소수 의견이기는 하지만 대법관 1명과 헌법재판관 2명은 위에서 보듯이 양심에 따른 병역거부를 인정하는 국제적인 추세, 헌법적 법익과 양심의 자유의 조화, 국가로의 동화적 통합을 위한 국가의 관용과 자유민주주의 이념의 정당성과 우월성 제고에 근거하여 대체복무제 도입의 필요성을 포괄적으로 밝혔다.

3) 이상적인 동시에 현실적인 대체복무의 유형

우리 사회에서 대체복무에 관한 논의는 어떤 지점에까지 와 있는가? 대법원의 판결과 헌법재판소의 결정을 근거로 판단한다면, 이미 대체복무제에 대한 논의는 공론화되었고, 그 실현을 준비하라고 권하고 있는 단계에 와 있다고도 볼 수 있다.

그러나 이런 분위기에도 불구하고 대체복무법이 어떤 형태로 제정되어야 할 것인가에 대해서는 아직 합의된 바가 없다. 따라서 가장 현실적인 대체복무법은 무엇이고, 가장 이상적인 대체복무법은 무엇인가에 대한 사회적 합의가 필요하다.* 이와 같은 논의를 위해 다음과 같은 몇 가지 사항을 고려해야 한다.

첫째, 앞에서 살펴보았던 것과 같이 우리 사회에서 양심적 병역거부의 진행은 대단히 압축적이며 복합적으로 진행되고 있다는 점이다. 우리 사회에서 양심적 병역거부가 소수파 종교의 문제(주로 여호와의 증인과 재림교회)에서 시작된 이후 모든 종교 일반의 평화주의적인 문제(오태양)로의 전환, 병역법의 정당성에 관한 위헌심판제청(이경수), 반전주의적 관점의 대두(유호근), 현역 군인의 선택적 거부(강철민), 양심적 병역거부에 대한 법원의 무죄 판결과 대법원의 유죄 확정, 헌법재판소의 병역법 헌법 합치

---

* 대체복무제 도입을 논의하는 데 있어 우리가 참고할 만한 나라로 노르웨이를 들어볼 수 있다. 노르웨이의 대체복무제는 징병이나 군대 문제에서 우리가 궁극적으로 추구해야 할 가치가 무엇인가를 잘 보여준다는 점에서 의미가 있다. 이미 한 세기 전부터 대체복무제를 실시하고 있는 노르웨이에서는 서류에 '평화주의자'라고 표시하는 것만으로도 대체복무가 가능하고 대체복무 기간도 현역보다 1개월 더 길 뿐이다. 최근에는 대체복무까지도 거부하는 '완전 거부'가 등장하여 사회적인 이슈가 될 정도다. 이렇듯 징병제의 의미가 많이 약해져 있음에도 불구하고 노르웨이가 징병제를 유지하는 이유는 우리에게 더욱 의미심장한데, 모병제를 실시한다면 '전쟁을 좋아하거나 도덕적으로 개념이 약한 사람들'이 군대에 몰릴 가능성이 있기 때문에 징병제를 통해 건전한 상식을 가진 시민들로 구성된 군대를 유지하려 한다는 것이다. (「한겨레21」531호, 2004년 10월 28일 참고)

결정에 이르기까지 이 모든 일들을 겪는 데 불과 3년이 채 걸리지 않았다.

양심에 따른 병역거부에 대한 극단적인 처벌의견과 사회 일부의 온정적인 시각이 교차하고 있는가 하면 종교적 관점의 양심에 따른 병역거부와 반전주의적·평화주의적 양심에 따른 병역거부가 동시에 압축적으로 나타나고 있는 것이 현재 우리의 현실이다.

둘째, 이런 역동성으로 인해 양심에 따른 병역거부자의 대체복무의 요구 근거가 각기 다르며, 그에 따라 요구하는 대체복무의 유형도 각각 다를 수 있다. 예컨대 재림교회는 절대자를 인정하지만 전쟁을 완전히 거부하는 것이 아니라 집총훈련만을 거부한다. 이런 점에서 재림교회는 비폭력적 수단을 통해 군복무 의무를 이행하고자 하는 양심적 협조자로서 집총훈련의 면제와 비전투병과 배치를 요구한다(오만규, 2002, 118쪽). 여호와의 증인의 입장은 재림교회의 입장과는 달리 민간시설에서 복무한다 해도 그것이 군과 관계되는 일이라면 일체의 군복무를 거부한다. 이런 생각은 다음과 같은 글에서 잘 드러난다. "인간의 생명에 관한 한 그 생사여탈권은 하느님만이 가지고 계신다. 과연 오늘날의 전쟁들 중에서 하느님께서 지시하신 성전이 있는가? 금세기에도 일부 군대들이 서로 자기들이 하느님의 군대라고 주장하곤 하였지만, 하느님께서 직접 전쟁을 지시하시는 경우가 없으므로 오늘날은 그 어떤 전쟁도 성전이라고 주장할 수 없다"(홍영일, 2002, 210쪽). 따라서 여호와의 증인들은 완전한 의미의 민간대체복무를 요구한다.

오태양은 불교 신자이며, 모든 전쟁을 부정한다. 그는 대체복무로 '전쟁과 가난이 없는 평화롭고 행복한 세상을 만들기 위한' 사회봉사활동(오태양, 2001)같은 민간대체복무를 요구한다.

유호근은 종교를 전혀 믿지 않으며, 실천 활동을 통하여 반전주의와 평화주의를 습득했다. 이런 점에서 그는 절대자와 무관하며 모든 전쟁을 거부하고 "전쟁 없는 평화로운 세상을 만든다는 것은 저의 소망이며 또한 모든 이의 소망일 것입니다"라고 주장한다는 점에서 완전한 의미의 민간대체복무를 주장한다.

강철민은 이미 군에 입대한 군인으로서, 특정한 전쟁만을 거부하였다. 그는 절대자와 아무런 관련이 없으며 정치적 이유에 의하여 병역을 거부했다는 점에서 대체복무의 요구와는 해당사항이 없다.

반전주의적 관점의 양심에 따른 병역거부는 때로는 완전한 의미의 민간대체복무마저 전면적으로 부정하는 경우가 있다. 이는 완전한 의미의 민간대체복무가 민간성격을 지니고 있다고 할지라도 전시체제의 일부가 될 수 있다는 점 때문이다. 독일의 경우로 예를 들어 살펴보자. 독일은 평시에는 민간대체복무를 인정하지만, 전쟁이 발발하면 양심에 따른 병역거부자들을 병원, 민방위, 지뢰제거, 난민통제와 같은 대체복무에 소집할 수 있다(Speck, 2003, 37~38쪽)는 것을 밝히고 있다. 이는 대체복무자가 전쟁에 직접적으로 참가하는 것은 아니지만, 결과적으로 보면 참전하는 셈이 된다. 반전주의에 입각한 양심에 따른 병역거부자들은 이런 점 때문에 민간대체복무마저 부정하기도 한다.

이와 같이 대체복무의 요구 형태는 다양하며, 따라서 단일한 하나의 형태로 묶을 수 없다는 특징을 지니고 있다.

셋째, 대체복무법을 준비하는 단체나 국회의원 간에도 견해의 차이가 있을 수 있다는 점이다.

천정배 의원은 '병역대체복무에관한법률(안)'을 만들면서 군 입대 이전의 병력자원만이 대체복무를 신청할 수 있다고 밝히고 있다. 이는 이 법률안 11조(신청)에 명시되어 있다. '병역법 제12조의 규정에 의하여 신체검사를 받은 결과 1급 내지 5급의 판정을 받은 사람으로서 대체복무처분을 받고자 희망하는 자는 신체검사를 받은 날부터 30일 이내에 대통령령이 정하는 바에 따라 관련 증빙서류를 첨부하여 서면으로 거주지 지방병무청장에게 대체복무를 신청할 수 있다."(안경환 · 장복희, 2002, 376쪽)

이 조문은 군 입대 이전 또는 이후라는 말을 사용하고 있지는 않지만, 대체복무의 신청자를 신체검사의 결과를 받은 자로 규정하고 있다는 점에서 군 입대 이전의 병역의무 대상자만이 대체복무를 신청할 수 있다고 규정하는 것과 다름없다.

반면 시민운동을 하는 단체는 군 입대 이전의 병력자원만이 아니라 모든 시민이 언제라도 즉 병역의무를 이행중인 기간이든, 예비군에 편제된 기간이든 간에 언제든지 양심에 따른 병역거부를 단행하고 대체복무를 신청할 수 있다고 밝히고 있다. 이는 시민단체에서 만든 대체복무요원판정절차법(안) 15조에 나와 있다.

제15조(병역의무 이행 중인 자의 신청)
① 현역 군인은 입영 후 1년 이내에 현역군인대체복무위원회에, 여타 병역의무를 이행 중인 자는 입영 후 1년 이내에 지방대체복무위원회에 대체복무를 신청할 수 있다.
② 입영 후 1년이 초과한 현역 군인이 이 법의 취지에 따라 군대 내의 비전투부문으로 복무전환을 신청할 수 있다.
③ 현역 군인이 제1항과 제2항에 따라 대체복무 또는 전환복무를 신청한 경우에는 위원회의 결정이 내려질 때까지 부대장은 신청인의 집총근무를 면제하여야 한다.
④ 예비군은 기한의 제한 없이 거주지를 관할하는 지방대체복무위원회에 대체복무를 신청할 수 있다. 대체복무를 신청한 예비군에 대해서는 훈련소집을 유예한다.
— 평화인권연대, '대체복무요원판정절차법(안)'

우리 사회에서 양심에 따른 병역거부와 대체복무에 대한 요구가 얼마나 압축적으로 나타나고 있는가를 서구와 미국의 일반적인 사례와 비교해 보는 것이 유의미하다.

〈표22〉 유럽·미국을 기준으로 한 국가와 양심의 패러다임(Mskos·Chambers II, 1993, p. 7)

	국가의 기준	국가정책	양심에 따른 병역거부자들의 기대목표
근대 이전	양심에 따른 병역거부 인정의 혼동기로 비공식적 면제와 속전(贖錢), 극단적 처벌이 공존		
근대 초기	전통적인 평화교회의 평생 신자	비무장 군복무	모든 종파의 양심에 따른 병역거부자들의 군복무 면제
근대 중기	위 기준 및 종교적 이유에 따른 병역거부	군이 관리하는 민간대체복무	모든 양심에 따른 병역거부자들의 군복무 면제
근대 후기	위의 두 가지 이외에 세속적 이유에 따른 병역거부	민간이 관리하는 민간대체복무	양심에 따른 선택적 병역거부의 옹호

이렇듯 유럽과 미국에서는 오랜 기간 변화해 온 패러다임들이 한데 혼재되어 있는 우리의 현실에서 이상적이면서도 현실적인 대체복무법은 무엇인가? 그것은 개인의 양심을 최대한 수용할 수 있는 것이어야 하며 양심에 수반하는 시간의 비제약성 원리에 충실한 것이어야 한다.

시간의 비제약성이란 양심이 형성되고, 그 양심을 사회적으로 실천하는 것은 시간의 구애를 받지 않는 것을 말한다.* 즉 군대 가기 이전의 양심만 양심이 아니라 군대를 가고 난 이후에도 자신이 전혀 깨닫지 못했던 양심이 새로 생겨날 수도 있다. 예컨대 군 생활을 하던 중, 군대 내 선교와 포교 활동에 의해서 전쟁과 살인을 거부하는 양심이 생겨날 수도 있고 군 생활을 하다 읽은 책 한 구절로 자신이 이전에 살던 삶과 전혀 다른 삶을 살아갈 수도 있다. 또한 병역을 마치고 난 이후 사회생활을 하는 동안에도 다양한 인간적 접촉과 문화적 접촉을 통해 양심에 따른 병역거부를 할 수도 있다. 인간의 양심이란 이런 점에서 시간의 구애를 받지 않는다.

---

* 이 대표적인 사례로 말콤 X를 들 수 있다. 방탕과 몽상에 사로잡혀 보스턴의 뒷골목을 배회하고 다녔고, 결국 절도로 10년형을 선고받았던 말콤 X는 감옥에서 흑인 회교지도자를 만나 감화되고 이후 미국 회교의 지도자로 성장하게 된다.

이러한 원리는 양심에 따른 병역거부에도 그대로 적용된다. 이는 "이미 군복무를 수행하고 있는 군인들 또한 양심에 따라 병역을 거부할 권리를 가지고 있다는 의미이며, 또한 징집과정 중의 어떤 특별한 시점에서 양심적 병역거부가 허용되는 것이 아니라 어떤 시점에서도 양심적 병역거부를 청원할 수 있어야 한다는 것을 의미한다"(Speck, 2003, 40쪽). UN 인권위원회의 1998년 결의는 양심에 따른 병역거부와 관련하여 시간의 비제약성 원리를 다음과 같이 인정하였다. "양심적 병역거부권은 종교적, 도덕적, 윤리적, 인도주의적 또는 이와 유사한 동기에서 발생하는 심오한 신념 또는 양심에서 유래하는 것으로, 이미 군복무를 하고 있는 사람도 양심적 병역거부권이 있다"(오재창, 2002, 48쪽). 마찬가지로 2002년 UN인권위원회 결의안 45호에도 위와 같은 내용을 분명히 명시하였다. 양심에 수반된 시간의 비제약성의 원리에 따라 대체복무는 언제 어느 순간이든지 인정될 수 있어야 한다.

양심에 따른 병역거부를 모두 인정하고 이에 따라 대체복무를 허용한다는 것은 이상적인 것처럼 보인다. 그러나 이는 가장 현실적인 것으로 인정되어야 한다. 왜냐하면 앞에서 살펴보았듯이, 우리 사회의 양심에 따른 병역거부의 유형은 이미 종교적 양심을 넘어 반전주의적·평화주의적 양심에 근거한 형태로 바뀌고 있기 때문이다. 또한 강철민 이병의 경우처럼 이미 군복무 중인 양심에 따른 병역거부도 발생하고 있으며, 또한 군을 제대하고 난 이후에 예비군훈련을 거부하는 형태의 양심에 따른 병역거부도 발생하고 있다.

예비군과 관련된 대표적인 사례는 이성재의 경우이다. 그는 군대를 제대하고 난 후인 2002년 3월경부터 여호와의 증인이 되었고, 성서에 명시된 하느님의 뜻에 따라 살상하지 아니하고, 이웃을 원수까지 사랑하며 전쟁은 연습조차 할 수 없다는 것에 공감하여 총을 들고 연습하는 예비군 교육훈련에 응하지 않았다. 재판부는 이 피고인에 대해 2백만원의 벌금형에 처했고, 이 벌금을 납입하지 않을 경우 1일 4만원에 해당하는 노역형에 처한다고 판결하였다.(2003노4467, 7940, 9650〔병합〕병역법 위반, 향토예비군설치법 위반)

군대 가기 이전의 양심은 인정하되 군대 제대 이후의 양심을 인정하지 않게 되면, 위의 예비군훈련을 거부한 양심에 따른 병역거부의 경우와 같은 사건에 직면할 수 있다. 이와 같은 상황에 직면하게 되면, 2년여의 병역의무를 거부한 자는 양심에 따른 병역거부로 인정을 받는 반면 일주일도 안 되는 병역의무를 거부하는 자는 법에 따라 처벌을 받게 되는 상황이 발생한다. 이런 상황이 발생해서는 안 된다. 따라서 제정되어야 할 대체복무법은 종교적 양심을 넘어 모든 양심에 따른 병역거부를 인정해야 하며 시간에 구애받지 않는 양심에 따른 병역거부를 인정해야 한다.

4) 소수자의 복권과 관용

대체복무를 인정한다는 것, 이것은 단지 우리 사회의 양심에 따른 병역거부자를 인정한다는 것만은 아니다. 대체복무를 인정한다는 것은 궁극적으로 우리 사회의 소수자를 인정한다는 것을 의미하고, 나아가 우리사회의 '너와 나의 다름의 차이', '우리와 너희의 다름의 차이'를 인정한다는 것을 의미한다.

우리 사회의 소수자를 어떻게 정의내려야 할 것인가? 양으로 정의를 내릴 것인가? 그렇다면 몇 명을 기준으로 소수자를 정의해야 하는가? 소수자를 이런 식으로 정의하는 것은 불가능하다. 그렇다면 질로 정의할 것인가? 특권을 갖고 있는 자가 다수자이고, 권리를 박탈당하고 그로 인해 차별을 당하는 자가 소수자인가? 특권은 없지만 차별도 당하지 않는 자는 다수자인가? 그렇다면 그 실체는 무엇인가? 이와 같은 방식으로도 다수자와 소수자를 정의하는 것은 불가능하다.

이렇듯 우리 사회의 소수자는 양으로도 그리고 질로도 정의할 수 없다. 그러나 우리 사회의 소수자를 정의할 수 있는 기준이 있다. 그것은 앞에서 밝혔듯이 군을 갔다 온 사람인가 아닌가라는 기준이다. 이것은 국가인권위원회법 30조 2항에 나타나 있다. "성별, 종교, 장애, 나이, 사회적 신분, …… 출신국가, 출신민족, 용모 등 신체조건, 혼인여부, 임신 또는 출산, 가족상황, 인종, 피부색, 사상 또는 정치적 의견, 형의 효력이 실효된 전과, 성적(性的) 지향, 병력(病歷)을 이유로" 차별을 당하는 자가 우리 사회의 소수자이다. 이들은 고용(모집, 채용, 교육, 배치, 승진, 임금 및 임금 외의 금품 지급, 자금의 융자, 정년, 퇴직, 해고 등) · 재화 · 용역 · 교통수단 · 상업시설 · 토지 · 주거시설의 공급이나 이용에 있어서 불리하게 대우를 받는 자들이다.

예컨대 임신과 출산을 하는 대부분의 여성, 여호와의 증인이나 재림교회 신자들과 같은 소수파 기독교인이나 정치적 양심에 따른 병역거부자들, 사상범들, 몸과 정신이 불편한 사람들, 외국인, 소수인종, 이민족, 혼혈인, 동성애자와 양성애자, 부모가 없는 사람들, 오랫동안 깊은 병을 앓은 사람들, 이들 모두는 병역의 의무를 다하지 않는 자들인 동시에 우리 사회에서 차별을 받는 자들이다. 또한 이들은 우리 사회의 소수자들이다.

따라서 양심에 따른 병역거부자가 대체복무를 통해 국방의 의무를 다할 수 있다는 것은 적어도 병역의 의무를 다하지 않았다는 이유만으로 사회에서 차별을 받던 것을 일소할 수 있는 첫걸음을 내딛는 것이다. 현재 양심에 따른 병역거부자들이 처벌을 받도록 규정한 병역법 86조, 87조, 88조와 병역의무 불이행자에 대한 제재를 규정한 병역법 76조를 생각해 보자(이 책 43~44쪽 참고). 병역을 불이행했다는 이유만으로 3년씩 형을 살고, 병역을 불이행했다는 이유만으로 공직 생활도 일반 회사 생활도 불가능하고, 특허와 면허 등을 받는 것도 불가능한 2중, 3중의 처벌을 받았다는 것을 고려해 보자. 양심에 따른 병역거부자가 대체복무를 받는다는 것, 이것은 그들이 사회 속의 정상적인 시민으로 인정받는 것을 의미하고, 나아가 아무런 차별을 받지 않고 사회의 동등한 구성원으로 살아간다는 것을 의미한다. 이것은 곧 자신이 믿는 종교에 따른 양심을 표현하고 실천할 수 있는 자유가 있으며, 사회가 이를 인정할 수 있다는 것을 의미한다.

양심에 따른 병역거부자에게 대체복무를 허용한다는 것은 양심의 인정, 그 이상의 의미를 지니고 있다. 병역의무의 이행 여부는 우리 사회의 소수자를 차별하는 기준이자 소수자의 판별 기준으로 작동해 왔기 때문이다. 특히 양심에 따른 병역거부자는 병역의 의무 불이행에 따른 차별을 받던 소수자의 전형이었다. 차별과 소수자의 전형인 양심에 따른 병역거부자에게 대체복무를 허용한다는 것은 병역의 의무 불이행에 따른 차별을 하지 않겠다는 것이며, 나아가 이들을 사회의 소수자로 몰아가지 않겠다는 것을 의미한다. 이는 최소한 양심을 이유로 하는 병역의무의 불이행자에게 사회적으로 불이익을 주지 않겠다는 것을 의미한다.

나아가 양심에 따른 병역거부자에게 대체복무를 허용한다는 것은 우리 사회의 소수자 문제 해결의 첫걸음이다. 대체복무는 우리 사회에서 양심에 따른 병역거부자라는 소수자들이 병역의무를 이행하지 않았다는 이유만으로 불이익과 차별을 받았던 것을 법적인 의미에서 제거한다는 것을 의미한다. 그리고 이것은 수적으로 소수가 아님에도 불구하고 영원한 소수로 취급받았던 여성, 영원한 이방인인 외국인 노동자, 조선족과 고려인, 동성애자와 양성애자와 같은 성적 소수자, 몸과 마음이 불편한 장애인들이 병역의무를 이행하지 않았다는 이유만으로 받았던 차별을 일소할 수 있는 첫걸음이기도 하다.

 대체복무가 사회적으로 인정되기 위해서 무엇보다 필요한 것은 바로 관용이다. 관용이 필요한 것은 사회나 국가가 다민족, 다인종, 다문화, 다종교와 등과 같이 아주 이질적인 상이한 요소들로 구성되기 때문이다. 예컨대 미국을 예로 들어보자. 미국은 백인종 83.5%, 흑인종 12.4%, 황인종 3.3%, 아메리카 인디언 0.8%로 구성되어 있다. 또한 이런 개략적인 구분은 백인종·흑인종·황인종이 각기 다양한 민족과 종족으로 구분된다는 점을 고려하면 더욱 세분화될 수 있다. 게다가 각기 믿는 종교도 다르고, 경우에 따라서 사용하는 언어도 다르다. 게다가 전 인구의 절반은 여성이다.(이남석, 2001, 27~28쪽)

 영국의 경우도 예외는 아니다. 영국 전체 인구 중 비백인의 비율은 5.49%이다. 백인종은 잉글리쉬인, 스코틀랜드인, 아일랜드인, 웨일즈인, 얼스터인으로 다양하게 구성되어 있고, 흑인종 역시 카리브 연안 출신의 흑인과 아프리카 출신 흑인 등으로 구성되어 있다. 영국 내 황인종도 인도, 파키스탄, 방글라데시인, 중국인 등으로 구성되어 있다. 민족적 동질성을 자랑하는 독일의 경우도 통독 이전 서독 인구의 1/3은 이민자들이었으며, 통독 이전 프랑크푸르트 인구의 26%는 외국인이었다.(이남석, 2001, 29~30쪽)

 캐나다의 경우도 예외가 아니다. 2000년 당시 캐나다의 인구는 영국계 28%, 프랑스계 23%, 기타 유럽계 15%, 아시아, 아프리카, 아랍계 6%, 혼혈인 26%로 구성되어 있다. 또한 캐나다 인구 중 42%는 로마 가톨릭을,

40%는 프로테스탄트를 종교로 갖고 있으며 나머지 18%는 기타 종교 신자들과 무신론자들이다. 인구 중 59.3%는 영어를, 23.2%를 불어를, 17.5%는 기타 언어를 사용한다.(이남석, 2001, 114~115쪽)

민족적 동질성을 강조하고 자랑하는 우리 사회에도 많은 구분선들이 존재한다. 조선인, 고려인을 비롯해 각국에서 온 이주 노동자들이 존재하고 있으며 소수파 종교인이나 장애인, 성적 소수자 등 다양한 정체성 또한 존재한다.

이렇게 서로 다름으로 구성된 사회, 다양성의 사회에서 관용은 필수적이다. 관용은 서로간의 믿음이 다르다는 이유만으로 서로 죽이고 죽는 종교 전쟁에 대한 인간의 반성에서 출발했다. 그리고 오늘날까지 관용은 서로간의 인종적, 민족적, 종교적, 문화적, 성적, 사상적 등등의 차이와 다원성에 대한 인정을 지향하는 방향을 모색하며 발전해 왔다.

관용은 인간은 서로가 다르다는 것, 따라서 다르게 생각하고 행동할 수 있다는 것을 당연한 것으로 인정하는 것이다. 따라서 관용은 다르다는 이유로 억압이나 차별을 받지 않음을 의미한다. 관용은 서로에 대한 배려이자 궁극적으로 사소한 차이에 대해 서로가 서로를 인정하는 것이다. 예컨대 빵과 포도주를 그리스도의 몸과 피로 이해하는 것이나* 돼지고기를 먹는 행위가** 불관용의 대상이 되거나 논쟁의 대상이 된다면, 계란의 넓은 쪽을 깨어서 먹는 국가와 계란의 뾰족한 쪽을 깨어서 먹는 국가 간에 전쟁을 벌이는 『걸리버 여행기』의 소인국 사람들과 같은 어리석음을 범하는 것이다.

---

* 로크는 『관용에 관한 서한』에서 빵과 포도주를 예로 들어 관용에 대해 역설하였다.
** 밀(J.S. Mill)은 『자유론』에서 돼지고기만큼 신교도들과 회교도들을 갈라놓는 것은 없다고 주장하며, 관용에 대해 설명하였다.

관용 부재의 사회는 불관용의 대상자에게 굴종을 요구하거나 저항을 불러일으킨다. 로크는 불관용이 저항을 불러일으킨다고 주장했다. "사람들이 그들의 외모, 모양, 얼굴 모습이 다르다고 해서 박해를 받게 되면 그들은 마치 종교의 경우에서 그랬던 것과 마찬가지로 모여서 소요를 일으키게 될 것이다."(로크, 『관용에 관한 서한』 : 재인용 최유신, 1988, 51쪽)*

반면 관용 부재의 사회에서 불관용자들은 홀로코스트를 일으키기도 한다.** 역사상 수많은 희생자들을 낳았던 각종 종교 전쟁, 유태인에 대한 나치의 조직적 학살, 최근에 벌어졌던 유고 내전과 보스니아 내전의 인종학살 등은 불관용이 낳은 홀로코스트의 전형이다.

불관용을 당하는 소수자의 굴종과 저항을 없애고 불관용자의 홀로코스트적 범죄 행위를 막기 위해 관용은 필수적이다. 그럼에도 관용을 부정하는 경우가 있다. 이른바 포퍼(K. Popper)가 주장한 관용의 역설(paradox of toleration) 때문이다. 포퍼에 따르면 관용을 무제한적으로 베풀게 되면, 관용을 해서는 안 될 자들에게까지 관용이 미치게 마련이고, 그런 자들이 결국 관용적인 사회의 토대를 허물게 된다는 것이다.*** 그 결과 관용적인 사람들은 파멸하게 되고, 사회의 관용도 파괴된다. 이런 사태를 예

---

* 불관용이 저항을 불러일으킨 예로 다음과 같은 역사적 사실이 있다. 1981년 4월 10~12일 진행된 영국의 브릭스턴(Brixton) 소요, 1965년 미국의 와츠 사건(34명 사망, 888명 부상, 3,777명 체포, 피해액 1억 7천 5백만 달러), 1992년 4월 29일~5월 2일 미국 LA 사건(미국 전역에서 51명 사망, 2천여 명 부상, 10억 달러 재산 손실).
** 1990년 10월 통일 독일 이후 외국인 테러 행위, 1992년 8월부터 독일 20여개 도시에서 진행된 외국인 난민 수용소에 대한 투석과 화염병 공격, 1992년 8월 30일 서베를린 유태인학살 희생자 추모비에 대한 폭탄 공격 등을 그 대표적 사례로 들 수 있다.
*** 관용의 역설은 자유의 역설과 마찬가지이다. 자유의 역설은 모든 사람의 마음껏 자유를 누리게 되면, 방종이 발생하게 되고, 그 결과 자신의 자유를 누리기 위한 행동이 타인의 자유를 침해하게 마련이며, 그 결과 각 개인이 누리게 될 자유는 점점 줄어들 수밖에 없으므로, 자유에 대한 제한은 불가피하다는 것이다.

방하기 위해서 포퍼는 관용을 받지 않아도 될 자들에게 경우에 따라 주먹이나 권총으로 대응할 수 있어야 한다고 주장한다(황경식, 1996, 617~618쪽). 우리 사회에서 포퍼가 말하는 불관용의 대상자들은 국가인권위원회법에 규정된 소수자들이다. 포퍼의 논리에 따르면 주먹이나 권총은 아니더라도 이들을 법으로 처리하여 관용을 지킬 수 있는 있는 사회를 만드는 것이 당연하다. 그러나 관용을 받아서는 안 될 자들을 판단하는 기준은 무엇인가? 법이나 다수의 여론이 이를 결정하는 것이 아닌가? 그렇게 되면 결국 다수가 소수를 관용할 여지는 사라질 수밖에 없고, 이런 상황에서는 다수자에 대한 소수자의 시민불복종이 발생할 것이다. 인정과 배려 없는 소수자에 대한 억압과 이에 대한 저항이 악순환의 고리로 이어질 뿐이다.

관용의 역설이 초래하는 악순환의 고리를 끊기 위해서 "양심의 자유는 모든 사람의 자연권"(로크, 『관용에 관한 서한』; 재인용 최유신, 1988, 51쪽)이며 "그래서 모든 사람은 관용을 누릴 권리를 갖는 것이다"(로크, 『관용에 관한 서한』; 재인용 최유신, 1988, 53쪽)라는 주장은 새겨들을 만하다. 이런 주장대로 양심의 자유를 천부적인 자연권으로 보장하고, 모든 사람이 관용을 누리게 하는 것, 이것이 바로 우리 사회의 차별받고 억압받는 소수자 문제를 해결하는 지름길이다.

부록

【부록 일러두기】
1 본문에서 자주 인용되었던 대법원 판결(사건번호 2004도2965, 2004. 7. 15)과 헌법재판소 결정(2002헌가1, 2004. 8. 26)은 모두 2004년 5월 21일 서울남부지법 이정렬 판사가 양심에 따른 병역거부자들에게 무죄판결을 선고한 후 열린 상급심이라는 점에서 의미가 있다. 2004년 7월 15일 대법원 판결에서 양심에 따른 병역거부가 유죄로 인정됨에 따라 무죄판결 이후 1, 2심 법원에 계류중이던 200여 건의 유사사건에 대한 판결도 대법원의 유죄취지를 따르게 되었으며, 이후 2004년 8월 26일에 헌법재판소가 양심에 따른 병역거부에 대한 처벌근거인 병역법 제88조에 대해 헌법 합치 결정을 내림으로써 양심에 따른 병역거부 논란은 일단락되었다. 그러나 이런 선고 결과에도 불구하고 이 판결과 결정이 대체복무제 도입과 관련해 주목할 만한 내용을 담고 있다는 점은 이미 본문에서 밝힌 바 있으며, 이에 대한 독자들의 이해를 돕기 위해 두 재판의 판례를 부록으로 붙인다.

2 인용문의 출처는 본문 괄호 안에 저자, 출간 연도, 인용 쪽수로 간략하게 표시했다. 정확한 서지사항은 이 부록 끝에 '참고문헌'으로 따로 정리했다.

양심에 따른 병역거부에 대한 대법원 판결

사　　　건　　2004도2965 병역법 위반
피　고　인　　최명진, 무직
상　고　인　　피고인
변　호　인　　별지목록과 같다
원심판결　　서울동부지방법원 2004. 4. 28. 선고 2004노79 판결
판결선고　　2004. 7. 15.
주　　　문　　상고를 기각한다.

이　　유

1. 병역법 제88조 제1항의 '정당한 사유'가 존재한다는 점에 대하여

가. 정당한 사유의 의미

　　입영기피에 대한 처벌조항인 병역법 제88조 제1항(이하 '이 사건 법률조항'이라 한다)은 병역법의 규정에 의하여 추상적으로 존재하던 병역의무가 병무청장 등의 결정에 의하여 구체적으로 확정된 후 그 내용이 담긴 현역입영 또는 소집통지서를 받고도 정당한 사유 없이 이에 응하지 아니한 부작위를 처벌함으로써 입영기피를 억제하여 국가안보의 인적 기초인 병력구성을 강제하기 위하여 입법된 법률조항으로 위 '정당한 사유'가 존재하면 입영기피로 인한 병역법 위반죄의 구성요건 자체가 충족되지 않게 된다.

따라서 이 사건 법률조항에서의 '정당한 사유'는 원칙적으로 추상적 병역의무의 존재와 그 이행 자체의 긍정을 전제로 하되 다만 병무청장 등의 결정으로 구체화된 병역의무의 불이행을 정당화할 만한 사유, 즉 질병 등 병역의무 불이행자의 책임으로 돌릴 수 없는 사유에 한하는 것으로 보아야 할 것이다.(대법원 '1967. 6. 13. 선고 67도677 판결', '2003. 12. 26. 선고 2003도5365 판결' 등 참조)

다만 다른 한편, 구체적 병역의무의 이행을 거부한 사람이 그 거부 사유로서 내세운 권리가 우리 헌법에 의하여 보장되고, 나아가 그 권리가 이 사건 법률조항의 입법목적을 능가하는 우월한 헌법적 가치를 가지고 있다고 인정될 경우에 대해서까지도 이 사건 법률조항을 적용하여 처벌하게 되면 그의 헌법상 권리를 부당하게 침해하는 결과에 이르게 되므로 이 때에는 이러한 위헌적인 상황을 배제하기 위하여 예외적으로 그에게 병역의무의 이행을 거부할 정당한 사유가 존재하는 것으로 봄이 상당하다 할 것이다.

나. 정당한 사유의 존부 및 헌법상 기본권의 부당한 침해 여부

(1) 헌법 제19조는 "모든 국민은 양심의 자유를 가진다"고 규정하고 있다. 여기서 헌법이 보호하고자 하는 양심은 '어떤 일의 옳고 그름을 판단함에 있어서 그렇게 행동하지 않고서는 자신의 인격적 존재가치가 파멸되고 말 것이라는 강력하고 진지한 마음의 소리로서 절박하고 구체적인 양심'을 말하는 것인데, 양심의 자유에는 이러한 양심 형성의 자유와 양심상 결정의 자유를 포함하는 내심적 자유뿐만 아니라 소극적인 부작위에 의하여 양심상 결정을 외부로 표현하고 실현할 수 있는 자유, 즉 양심상 결정에 반하는 행위를 강제받지 아니할 자유도 함께 포함되어 있다고 보아야 할 것이다(헌법재판소 '1997. 3. 27. 선고 96헌가11 결정', '1998. 7. 16. 선고 96헌바35 결정' 등 참조).

따라서 양심의 자유는 기본적으로 국가에 대하여, 개인의 양심의 형성 및 실현 과정에 대하여 부당한 법적 강제를 하지 말 것을 요구하는 소극적인 방어권으로서의 성격을 가진다.

원심판결 이유 및 기록에 의하면, 피고인은 부모의 영향으로 어려서부터 여호와의 증인의 신자로서 신앙생활을 해왔고, 자신이 믿는 종교적 교리에 좇아 형성된 인격적 정체성을 지키기 위한 양심의 명령에 따라 현역병 입영을 거부한 것으로 보이므로, 피고인의 이러한 행위에 대하여 이 사건 법률조항을 적용하여 형벌을 부과하는 것은 간접적으로 피고인의 양심상의 결정에 반하여 현역병 입영을 강제하는 것으로서 헌법 제19조가 보호하는 '자신의 양심상 결정에 반하는 행위를 강제받지 아니할 자유'를 제한하고, 동시에 피고인의 양심상 결정의 동기가 그가 믿는 종교에 기초한 이상 헌법 제20조 제1항의 종교의 자유도 제한하는 것이 될 것이다.(이러한 의미에서 이하에서는 양심의 자유의 침해 여부에 대하여 판단하는 것으로써 종교의 자유의 침해 여부에 대한 판단까지도 갈음한다)

그러나 양심형성의 자유와 양심상 결정의 자유는 내심에 머무르는 한 이를 제한할 수도 그리고 제한할 필요성도 없다는 점에서 절대적 자유라고 할 것이지만 이와 달리 피고인이 주장하는 소극적 부작위에 의한 양심실현의 자유는 그 양심의 실현과정에서 다른 법익과 충돌할 수 있게 되고 이때에는 필연적으로 제한이 수반될 수도 있으므로, 이러한 경우라면 소극적 부작위에 의한 양심실현의 자유가 제한받는다고 하여 곧바로 양심의 자유의 본질적인 내용에 대한 침해가 있다고 말할 것은 아니다.

헌법상 기본권의 행사가 국가공동체 내에서 타인과의 공동생활을 가능하게 하고 다른 헌법적 가치 및 국가의 법질서를 위태롭게 하지 않는 범위 내에서 이루어져야 한다는 것은 양심의 자유를 포함한 모든 기본권 행사의 원칙적인 한계이므로, 양심 실현의 자유도 결국 그 제한을 정당화할 헌법적 법익이 존재하는 경우에는 헌법 제37조 제2항에 따라 법률에 의하여 제한될 수 있는 상대적 자유라고 하여야 할 것이기 때문이다.(대법원 '1982. 7. 13. 선고 82도1219 판결' 등 참조)

그런데 우리 헌법은 제5조 제2항에서 "국군은 국가의 안전보장과 국토방위의 신성한 의무를 수행함을 사명으로 하며, 그 정치적 중립성은 준수된다"고 규정하고, 제39조 제1항에서는 "모든 국민은 법률이 정하는 바에 의하여 국방의 의무를 진다"고 규정하고 있다. 현대 민주국가에서 주권자인 국민에게 국방의 의무라는 헌법적 의무를 부담시키는 것은 그것이 주권자인 국민 자신에게도 필요한 일이라는 관점에서 정당화된다. 즉 국민이 이러한 헌법적 의무를 부담함으로써 비로소 국민 스스로가 그의 기본권 실현과 보호를 위한 전제 조건인 국가의 존립과 안전을 유지할 수 있다는 점 때문에 국민은 헌법적 의무로서 국방의 의무를 부담하게 되는 것이다.

결국 헌법 제39조 제1항이 규정한 국방의 의무는 외적으로부터 국가를 방위하여 국가의 정치적 독립성과 영토의 완전성을 수호할 의무로서 납세의 의무와 더불어 국가의 존립을 가능하게 하는 가장 기본적인 의무라 할 것이고, 특히 남북이 분단되어 여전히 서로 군사적으로 대치되고 있어 불안정성과 불가예측성이 상존하는 우리나라의 특수한 현실적 안보상황을 고려하면 국방의 의무는 보다 강조되어도 지나치다고 할 수는 없을 것이다.

이 사건 법률조항은 바로 이와 같이 가장 기본적인 국민의 국방의 의무를 구체화하기 위하여 마련된 것이다. 그리고 이와 같은 병역의무가 제대로 이행되지 않아 국가의 안전보장이 이루어지지 않는다면 국민의 인간으로서의 존엄과 가치도 보장될 수 없음은 불을 보듯 명확한 일이다. 따라서 병역의무는, 궁극적으로는 국민 전체의 인간으로서의 존엄과 가치를 보장하기 위한 것이라 할 것이고, 피고인의 양심의 자유가 위와 같은 헌법적 법익보다 우월한 가치라고는 할 수 없다. 그 결과, 위와 같은 헌법적 법익을 위하여 헌법 제37조 제2항에 따라 피고인의 양심의 자유를 제한한다 하더라도 이는 헌법상 허용된 정당한 제한이라 할 것이다.

따라서 이 사건 법률조항의 적용으로 피고인의 양심 및 종교의 자유가 부당하게 침해되었다거나 피고인이 양심 및 종교의 자유에 반하는 현역입영을 거부하는 것은 정당한 사유가 있는 것으로 보아야 한다는 취지의 상고이유는 받아들이지 아니한다.

(2) 헌법 제10조는 "모든 국민은 인간으로서의 존엄과 가치를 가지며 행복을 추구할 권리를 가진다"고 규정하고 있으나, 이 헌법상의 기본권은 다른 개별적 기본권이 적용되지 않는 경우에 한하여 보충적으로 적용되는 기본권이고, 헌법 제10조의 보장 내용인 일반적 행동의 자유 등이 양심 및 종교의 영역에서 구체화된 것이 바로 양심 및 종교의 자유이므로, 이 사건 법률조항의 적용으로 인하여 피고인의 양심 및 종교의 자유가 부당하게 침해되었다거나 피고인의 현역입영 거부에 정당한 사유가 존재하지 않는다고 보는 이상, 이 사건 법률 조항의 적용으로 인하여 피고인의 인간으로서의 존엄과 가치 또는 행복추구권이 침해된다거나 피고인이 위와 같은 기본권에 반하는 현역입영을 거부하는 것은 정당한 사유가 있는 것으로 보아야 한다는 취지의 이 부분 상고이유도 이유 없어 이를 받아들이지 아니한다.

(3) 우리나라가 가입한 '시민적 및 정치적 권리에 관한 국제규약(이른바 B규약)' 제18조의 규정은, 우리 헌법 제19조의 양심의 자유, 제20조의 종교의 자유의 해석상 보장되는 기본권의 보호 범위와 동일한 내용을 규정하고 있다고 보이므로 앞서의 판단에서 본 바와 같이 위 규약의 조항으로부터 피고인에게 예외적으로 이 사건 법률조항의 적용을 면제받을 수 있는 권리가 도출된다고도 볼 수 없다. 이 부분 상고이유 역시 이유 없다.

(4) 병역의무의 이행을 확보하기 위하여 현역입영을 거부하는 자에 대하여 형벌을 부과할 것인지 대체복무를 인정할 것인지 여부에 관하여는 입법자에게 광범위한 입법재량이 유보되어 있다고 보아야 하므로, 병역법이 질병 또는 심신장애로 병역을 감당할 수 없는 자에 대하여 병역을 면제하는 규정을 두고 있고, 일정한 자에 대하여는 공익근무요원, 전문연구요원, 산업기능요원 등으로 근무할 수 있는 병역특례제도를 두고 있음에도 양심 및 종교의 자유를 이유로 현역입영을 거부하는 자에 대하여는 현역입영을 대체할 수 있는 특례를 두지 아니하고 형벌을 부과하는 규정만을 두고 있다고 하더라도 과잉금지 또는 비례

의 원칙에 위반된다거나 종교에 의한 차별금지 원칙에 위반된다고 볼 수 없으므로, 이 부분 상고이유도 받아들이지 아니하다.

2. 적법행위의 기대가능성이 없다는 점에 대하여

피고인에게 그의 양심상의 결정에 반한 행위를 기대할 가능성이 있는지 여부를 판단하기 위해서는, 행위 당시의 구체적 상황하에 행위자 대신에 사회적 평균인을 두고 이 평균인의 관점에서 그 기대가능성 유무를 판단하여야 할 것인 바, 피고인의 양심상의 결정이 적법행위로 나아갈 동기의 형성을 강하게 압박할 것이라고 보이기는 하지만 그렇다고 하여 피고인이 적법행위로 나아가는 것이 실제로 전혀 불가능하다고 할 수는 없다고 할 것이다. 법규범은 개인으로 하여금 자기의 양심의 실현이 헌법에 합치하는 법률에 반하는 매우 드문 경우에는 뒤로 물러나야 한다는 것을 원칙적으로 요구하기 때문이다. 따라서 이 부분 상고이유 또한 받아들이지 아니한다.

3. 결론

그러므로 피고인의 상고를 기각하기로 하여 주문과 같이 판결하는 바, 이 판결에 대하여는 대법관 이강국의 반대의견과 대법관 유지담, 유지식, 배기원, 김용담의 보충의견 및 대법관 조무제의 보충의견이 있는 외에는 관여 대법관의 의견이 일치되었다.

4. 대법관 이강국의 반대의견

가. 헌법적인 문제점들에 관하여

　(1)기본권의 기속력 : 헌법이 보장하는 국민의 기본적 권리(이하 '기본권' 이

라 한다)는 국민 개개인의 주관적 권리일 뿐만 아니라, 동시에 사회적 통합의 기본이 되는 객관적 기본질서의 요소이다. 국민의 기본권은 국가의 창설적 기능과 아울러 사회공동체의 동화적 통합의 기능을 가지고 있기 때문에, 국가의 모든 권력 행사는 궁극적으로 기본권적인 가치의 실현에 기여하여야 하며, 국가의 권력작용은 마땅히 기본권을 존중하고 기본권에 기속되어야 하는 헌법적 의무를 부담하고 있는 것이다.

(2) 양심의 자유와 병역의 의무 : 헌법 제10조는 "모든 국민은 인간으로서의 존엄과 가치를 가지며, 행복을 추구할 권리를 가진다. 국가는 개인이 가지는 불가침의 기본적 인권을 확인하고 이를 보장할 의무를 진다"고 규정함으로써 '인간으로서의 존엄과 가치'가 모든 기본권의 가치적인 핵심지표라는 점과 아울러 기본권을 존중하고 보장하여야 하는 국가의 책무를 분명히 하고 있다.

그리고 헌법 제19조는 "모든 국민은 양심의 자유를 가진다"고 규정하고 있는 바, 헌법의 보장대상으로서의 '양심'은, 진지하고도 절박한 구체적인 양심을 의미하는 것이고, 여기의 양심의 자유에는 양심을 형성하고 결정하는 자유뿐만 아니라, 소극적인 부작위 또는 적극적인 작위의 방법으로 양심상의 결정을 실현하는 자유도 포함한다고 할 것이다. 양심의 자유에 소극적인 부작위의 방법으로 양심상의 결정을 실현하는 자유가 포함된다고 하는 것은, 양심에 반하는 행위를 직·간접적으로 강제당하지 아니할 자유, 즉 양심에 반하는 행위의 부당한 법적 강제로부터의 자유를 국가에 대하여 요구할 수 있는 방어권이 국민에게 있음을 의미한다.

헌법 제19조가 위와 같이 양심상의 결정 형성과 그 실현을 기본권으로 보호하고자 한 근본적인 의도는, 헌법이 최고의 가치로 상정하고 있는 인간으로서의 존엄과 가치의 바탕이 되는 개인 인격의 정체성을 보장하고, 나아가 대다수의 사회구성원과 생각을 달리 하고 다른 윤리적 가치관을 가진 소수의 국민을 관용으로 대함으로써 자유민주주의의 이념적 정당성을 제고하기 위한 것이라고 할 것이다.

그러나 이러한 양심실현의 자유도 헌법 제37조 제2항에 의해 제한될 수 있는 상대적 자유임은 분명하다.(대법원 '1982.7.13. 선고 82도1219 판결' 참조)

한편, 헌법 제39조 제1항이 규정한 국방의 의무도 사회공동체의 동화적 통합질서인 헌법에 의하여 비로소 인정된 것으로 국가의 존립과 안전을 위하여 국민의 기본적 의무로 부과된 것이고, 피고인에게 적용된 병역법은 이러한 국방의 의무가 입법자들에 의해 구체화된 것이라고 할 수 있다.

(3) 헌법적 가치와 법익의 충돌 및 조화 : 헌법상의 기본권 상호간, 또는 기본권과 국민의 의무 등 헌법적 가치나 법익이 상호 충돌하고 대립하는 경우, 모든 기본권의 가치적인 핵심을 존중하고 이를 보장하여야 할 헌법적 의무를 지고 있는 국가로서는 성급한 법익교량이나 추상적인 가치형량에 의하여 양자택일식으로 어느 하나의 가치만을 쉽게 선택하고 나머지의 가치를 버리거나 희생시켜서는 안 되고, 충돌하는 가치나 법익이 모두 최대한 실현될 수 있는 조화점이나 경계를 찾도록 노력하여야 하며 이러한 조화점이나 경계는 구체적 사건에 있어서 개별적, 비례적으로 모색되어야 하는 것이다. 그리고 이러한 해석 원칙은 헌법적 가치나 법익이 충돌하는 경우뿐만 아니라, 그 하위규범인 법률을 해석·적용함에 있어서도 항상 헌법적 가치나 법익이 주목되고 실현·관철될 수 있도록 함으로써 헌법과의 실질적이고 내용적인 합치가 확보되도록 하여야 하는 것이다.

나. 병역법 제88조 제1항 제1호의 해석

(1) 종래의 대법원 판례는 이 사건 법률조항 소정의 '정당한 사유'의 의미를, 병역법에서 규정한 내용의 추상적 병역의무 자체를 이행할 의사는 가지고 있었으나 병무청장 등의 결정으로 구체화된 병역의무를 귀책사유 없이 불이행할 수밖에 없었던 사유, 예컨대 갑작스러운 질병의 발생 등으로 예정된 기일에 입영할 수 없었던 사유 등으로 한정하여 해석·적용해 왔고(대법원 '1967. 6. 13. 선고 67도677 판결', '1990. 2. 27. 선고 88도2285 판결', '2003. 12. 26. 선고

2003도5365 판결' 등 참조), 이에 따라 종교적 양심상의 결정에 의하여 현역입영을 거부한 행위는 위 '정당한 사유'에 해당될 여지가 전혀 없었다.(대법원 '1969. 7. 22. 선고 69도934 판결' 등 참조)

그러나 이러한 해석은, 병역법을 전체 법질서, 특히 헌법과의 관계를 고려하지 않고 병역법 그 자체만으로 분리·한정하여 해석한 결과이거나 추상적인 가치형량만을 거쳐 이 사건 법률조항이 추구하는 헌법적 가치가 피고인이 주장하는 양심의 자유의 헌법적 가치보다 더 우월하거나 적어도 동등한 가치를 가진다는 이유로 피고인에 대하여 이 사건 법률조항의 적용을 배제할 수 없다고 함으로써, 피고인에 대한 병역의 의무는 완전히 이행되도록 하는 대신 피고인에게 보장된 양심의 자유는 일방적으로 희생되는 결과가 되었으며, 더 나아가서 서로 충돌하는 헌법적 법익이나 가치들은 그 모두가 가장 잘 실현될 수 있도록 조화롭게 해석되어야 한다는 헌법적 요청도 소홀히 한 결과가 되었다. 물론, 위 '정당한 사유'를 병역법 그 자체만으로 분리·한정하여, 즉 병역법의 차원에서만 해석하는 경우에는 달리 해석할 여지가 없음은 분명해 보인다. 그러나 이러한 해석은, 헌법이 바로 법률의 효력근거이며 수권의 근거이자 인식의 척도가 되고 있음을 전혀 고려하지 않은 평면적인 해석에 불과한 것이라고 생각한다. 일반 다른 법률을 해석하는 경우와 마찬가지로 병역법, 특히 병역법상의 형벌조항을 해석함에 있어서도 상위 규범인 헌법의 가치와 방향, 특히 기본권의 국가권력에 대한 기속력을 주목하고 그것의 헌법적 의미와 내용이 최대한 실현되고 관철될 수 있도록 함으로써 상·하 규범 사이에서의 실질적이고 내용적인 합치가 확보되도록 하는 것이 무엇보다도 중요하며, 더 나아가 상호 충돌하고 있는 양심의 자유와 국방의 의무라고 하는 헌법적 가치와 법익이 동시에 가장 잘 실현될 수 있는 조화점을 찾아내어야 하는 노력이 뒤따라야 하는 것이다. 그 결과 비록 입법자들이 예상하고 있지 않았다고 하더라도 그보다 상위규범인 헌법에 의하여 보호되고 실현되어야 하는 헌법상의 기본권인 양심의 자유가 병역의무나 그에 대한 형벌법규보다 더 한층 보호되어야 하거나 적어도 동등하게 보호되어야 할 이유가 있고, 그리고 병역의무와의 규범 조화적인 해석에 의하여 이 사건 법률조항의 적용을 일정한 범위로 제한하는 것이 요구되어진다면 그러한 사유는 위 법조 소정의 '정당한 사유'에 포섭될 수 있다고 할 것이다.

(2) 그러기 위해서는, 피고인이 주장하는 양심 형성의 과정과 내용, 양심실현의 구체적 모습, 법질서와의 충돌에서 발생하는 양심상 갈등의 정도, 피고인의 양심의 관철이 이 사건 법률조항의 근본적 입법목적을 훼손하는 결과가 될 것인지, 다른 대체의무의 부과 가능성이 존재하는지, 그리고 근본적으로 피고인에 대한 형벌의 부과가 형벌의 본래적 의미를 온전하게 충족할 수 있을 것인지의 여부 등이 종합적으로 검토되어야 할 것이다.

기록에 의하여 인정되는 다음과 같은 사정, 즉 피고인은 '여호와의 증인' 신자인 부모의 영향으로 형과 함께 어려서부터 자연스럽게 같은 종교적 믿음을 갖게 됨에 따라 일체의 집총병역을 받아들이지 말라는 종교적 교리를 절대적인 양심상의 결정으로 형성하기에 이르렀고, 특히 그의 형이 병역법 위반으로 징역형을 선고받고 복역까지 한 과정을 목격까지 하였던 점에 비추어 볼 때, 피고인이 현역병 입영을 거부하게 된 것은 오로지, 일반적 법의 명령보다 더 높은 종교적 양심상의 명령에 무조건적으로 따르지 않고서는 자신의 인격적 존재가치가 파멸되고 말 것이라는 절박하고도 강력한 의무감에 따른 것이라고 보지 않을 수 없다. 피고인에게 존재하는 이러한 양심상 결정의 진지하고도 절박한 구속력 내지 내적 강제력은 우리 헌법 제19조에 의하여 보호되어야 하는 양심의 전형적인 특성을 그대로 나타내고 있는 것이고, 이는 절대적 윤리구속성을 갖추지 못한 다른 확신범이나 양심범과도 뚜렷이 구별되는 것이기도 하다. 여기에 더하여, 피고인은 적어도 집총병역의 형식과 내용이 아니라면 그에게 주어진 헌법상의 국방의 의무를 이행하겠다는 분명한 의사를 가지고 자신의 양심상의 결정에 반하는 집총병역의무의 이행을 소극적으로 거부하고 있을 뿐이므로 국가공동체의 다른 사람의 법익을 직접 침해하는 것도 아니고 이 사건 법률조항이 추구하는 근본적인 입법목적을 결정적으로 훼손하였다고 보기도 어려운 면이 있다는 점도 간과되어서는 안될 것이다.

　이러한 사정들을 종합적으로 참작하여 볼 때, 피고인에게 병역법상의 형벌법규의 기속력이 미치지 않는다고 할 수는 없겠지만, 그렇다고 하여 절대적이고도 진지한 종교적 양심의 결정에 따라 병역의무를 거부한 피고인에게 국가의 가장 강력한 제재 수단인 형벌을 가하게 된다면 그것은, 피고인의 인간으로서의 존엄성을 심각하게 침해하는 결과가 될 것이고 형벌 부과의 주요 근거인 행위자의 책임과의 균형적인 비례관계를 과도하게 일탈한 과잉조치가 될 것이며, 또한 피고인에 대한 형벌은 그 정도에 상관없이 범죄에 대한 응징과 예방, 피고인의 교육 등 그 어떠한 관점에서도 형벌의 본래적 목적을 충족할 수 없음이 명백해 보이고, 특히 보편적 가치관을 반영한 집총병역의무와 종교적 양심의 명령 사이의 갈등으로 인한 심각한 정신적 압박 상황에서 절박하고도 무조건적인 종교적 양심의 명령에 따른 피고인에게는 실정 병역법에 합치하는 적법한 행위를 할 가능성을 기대하기가 매우 어렵다고 보인다(양심적 종교적 병역거부자들 가운데 상당 부분은 스스로 병역의무가 면제되는 징역 1년 6월 이상의 실형을 선고해 줄 것을 요청하는 경우가 많이 있음은 주지하는 바와 같다). 따라서 이 사건의 피고인과 같은 경우에는 국가의 형벌권이 한 발 양보함으로써 개인의 양심의 자유가 보다 더 존중되고 보장되도록 하는 것이 상당하다고 할 것이다. 그 이유는, 국가는 국민의 기본권인 양심의 자유를 최대한 보장하여야 하고 그에 대하여 관용을 베풀어야 하며 비례의 원칙에 반하는 형벌권의 행사를 삼가야 할 헌법적 의무를 부담하고 있기 때문이다. 더욱이 이 사건에 있어서 피고인으로서는 자신의 양심상의 결정을 실현하기 위하여는 형벌집행의 수인 이외에 다른 대체 수단을 갖지 못하고 있음에 반하여, 국가는 양심의 자유와 병역의 의무를 합리적으로 조정해야 하는 헌법적 의무와 아울러 그러한 권한과 가능성까지 가지고 있음에도 불구하고 국가가 그러한 의무나 권한행사를 다하지 않은 경우의 불이익은 국가가 스스로 부담하여야 하는 것이지 이를 피고인에게 귀책시켜서는 안 될 것이라는 점에서도 더욱 그렇다.

물론, 이러한 판단은, 피고인이 주장하는 양심상 명령의 내용이 정당하기 때문에 이를 수용한다는 의미는 결코 아니다. 이러한 해석은, 우선 국가의 모든 권력작용은 기본권적인 가치의 실현에 기여하여야 하며, 상호충돌하는 헌법상의 양심의 자유와 국방의 의무는 규범조화적으로 해석되어야 한다는 헌법적 요청을 주목하고, 아울러 앞서 판시한 바와 같이 피고인에게 이 사건 법률조항에 의한 형벌을 가한다고 한다면, 그것은 과잉조치가 될 것이며, 형벌의 본래적 목적에 맞지도 않고, 특히 피고인에게는 적법행위에 대한 기대가능성이 없다고 보여지므로, 이러한 극히 예외적인 경우에는 국가의 형벌권이 한 발 양보함으로써 피고인에게는 범죄의 성립요건인 책임성을 인정할 수 없다고 보아야 하고, 이러한 점에서 피고인에게는 이 사건 법률조항의 적용을 배제할 '정당한 사유'가 존재한다는 의미인 것이다.

다. 대체수단의 도입에 관한 논의의 필요성

(1) 양심적 병역거부의 문제는 유엔의 인권위원회가 1987년, 1989년, 1993년, 1995년, 1998년과 2004년 등 여러 차례의 결의를 통하여, 양심적 병역거부권을 인정하지 않는 국가에 대하여 양심적 집총거부자의 신념의 본성을 차별하지 말고, 징벌적 성격을 띠지 않는 대체복무제를 실시하라고 권고하면서, 특히 양심적 병역거부자를 투옥하지 않도록 하는 조치를 취할 것을 강조하고 있으며, 유럽의회 역시 1983년, 1989년, 1993년, 1994년 등 수차에 걸쳐 양심적 병역거부권의 인정을 촉구하여 왔다. 또한 지원병제가 아닌 징병제를 실시하고 있는 국가 중에서도 독일, 프랑스, 이탈리아 등 서구 국가뿐만 아니라 불가리아, 우크라이나, 폴란드, 체코, 헝가리 등 동구권 국가까지 전세계의 약 25개국이 양심적 병역거부자에 대한 대체복무를 인정하고 있으며, 우리나라와 마찬가지로 심각한 국가안보의 위협을 받고 있는 대만에서도 최근에 이를 인정하는 입법을 하여 성공적으로 시행하고 있음을 참고하여야 할 것이다.

(2) 헌법상의 국방의 의무를 구체화하여 국가의 존립과 안전보장, 그리고 공

평한 병역의무의 부담 등과 같은 헌법적 법익을 실현함과 동시에, 개인의 양심의 자유 등도 같이 보장될 수 있는 방안과 방법에 관하여는 입법자들에게 광범위한 입법재량권이 부여되어 있는 것이므로, 입법자들은 이 문제를 해결하기 위한 최선의 방안은 무엇인지, 그리고 소위 대체복무제를 도입한다고 한다면 그 시기와 기준 및 대상, 절차와 방법 등 관련되는 모든 문제들을 검토하고 논의를 하여야 할 시기가 되었다고 보여진다.

기록에 의하면, 우리 나라의 양심적 병역거부자는 한해 600명 정도로 추산된다고 하는 바, 이는 연간 징병인원 약 30만명의 0.2%에 불과하며, 대체 수단의 도입시에 양심적 병역거부자로 인정될 수 있는 명확한 기준을 마련하고, 대체수단의 내용도 병역의무를 이행하는 것과 동일하거나 그보다 더 무거운 내용의 복무를 하도록 한다면 국가의 안전보장과 공평한 병역의무 부여라고 하는 헌법상의 법익도 충족되어질 수 있을 것이다.

이러한 대체 수단의 도입은 대다수 사회구성원과는 생각과 가치관을 달리하는 소수의 국민에 대하여 국가의 동화적 통합을 위한 관용의 원칙을 실현하는 것이고 이로써 자유민주주의의 이념적 정당성과 우월성은 더욱 제고될 수 있을 것이다.

라. 결론

그러므로 양심상의 결정으로 병역의무의 이행을 거부하는 것이 병역법 제88조 제1항 소정의 '정당한 사유'에 해당하지 않는다고 한 다수의견에 반대하며, 같은 취지의 종전 판례는 변경되어야 할 것이고, 종전 판례에 따라 피고인에게 유죄를 선고한 원심판결은, 병역법 제88조 제1항을 해석, 적용함에 있어서 헌법 제19조의 양심의 자유와의 관련성, 그리고 헌법상의 가치와 법익이 충돌하는 경우에 있어서의 해석방법을 오해하여 위 조문의 해석을 그르친 위법이 있고 이는 판결 결과에 영향을 미쳤으므로 원심판결을 파기하고, 사건을 원심법원에 환송하여야 할 것이다.

5. 대법관 유지담, 윤재식, 배기원, 김용담의 다수의견에 대한 보충의견

　피고인의 경우와 같이 형벌의 집행을 감수하면서까지 자신의 종교적인 양심상의 결정을 지키고자 하는 진지하고도 확고부동한 의사를 가지고 이를 실현하고자 하는 자에 대하여는 무조건적인 집총병역의무를 강제하기 보다는 이들의 양심상의 갈등을 덜어주면서도 집총병역의무에 비견되는 다른 내용의 국방의 의무를 스스로 이행하도록 할 수 있는 대안으로서 대체복무제를 도입할 필요성이 있다는 점에서는 반대의견과 의견을 같이 한다.

　입법자가 외국의 입법례와 현실적 여건을 감안하여 국민 대다수가 납득할 수 있는 이와 같은 취지의 입법을 한다면 이 사회의 소수자에 대한 국가와 사회의 관용이 확인되고 이로써 자유민주주의의 이념의 정당성은 더욱 높아질 것이기 때문이다.

　그러나, 위와 같은 대체복무제 도입은 입법정책상 바람직한 것이기는 하지만, 이를 국가의 헌법적 의무라고 보기는 어렵다. 이미 앞에서 다수의견이 지적한 바와 같이 법률로써 국민의 헌법상 기본의무인 국방의 의무를 구체적으로 형성하는 일은 그 목적이 국가의 안전보장과 직결되어 있고, 변화하는 국내외의 안보 상황을 정확하게 반영하여 최고의 국방능력을 갖춘 국군이 구성되도록 합목적적으로 대처하여야 할 영역이어서 이에 관한 한 입법자에게 광범위한 입법형성권이 주어져 있다고 할 것이므로, 병역법이 구체적 병역의무를 부과하면서 종교적인 이유 등으로 양심상의 갈등에 처하게 되는 일부 국민에게 이러한 갈등을 완화할 수 있는 대안을 제공하지 않고 있다고 하여 그것을 들어 바로 양심 및 종교의 자유를 침해하였다거나 평등의 원칙에 반하여 위헌이라고 할 수는 없다고 할 것이고, 국가가 양심의 자유와 병역의무를 합리적으로 조정하여야 할 헌법적 의무를 다하지 못하였음을 전제로 이 사건 법률조항의 적용을 배제할 '정당한 사유'가 있다는 해석론도 받아들일 수 없다. 이 점에서 피고인에 대한 이 사건 법률조항의 적용은 불가피하다 할 것이다.

6. 대법관 조무제의 다수의견에 대한 보충의견

가. 피고인이 신앙과 양심의 결정에 따라 병역의무의 하나인 입영의무에 위반한 행위를 병역법 제88조 제1항에 의하여 처벌하는 것은 헌법 제10조, 제11조, 제19조, 제20조, 제37조 제2항 또는 관련 국제 규약 등에 위반되지 아니하며 병역법의 그 조항에 규정된 정당한 사유에 해당되지 않을 뿐만 아니라, 나아가 그 경우에 '입영'이라는 병역의무 이행의 구체적 적법행위의 기대가능성이 부정될 수 없다는 요지의 다수의견과 대체복무제도의 해석론에 관한 5항의 보충의견은 지지되어야 할 것이다.

그런데, 반대의견은 이 사건 피고인에게는 당시에 자신의 양심상의 결정에 반하여 병역의무의 이행으로 나아갈 기대가능성을 전혀 찾을 수 없었다고 주장하므로 여기에서 이 의견은 그 주장에 관련하여 다수의견 중 해당 부분을 보충하고자 한다. 반대의견은 피고인의 종교적 양심의 결정은 집총병역의무의 이행을 거부하는 것이라고 밝히면서도 입영하지 아니한 것은 그 의무이행을 거부하라는 종교적 양심상의 그 명령에 무조건적으로 따르지 않고서는 자신의 인격적 존재가치가 파멸되고 말 것이라는 절박하고도 강력한 의무감에 따른 결과이어서 집총병역이 아닌 대체복무제 도입을 바라는 피고인에게는 입영행위의 기대가능성이 없었다는 취지로 설시한다.

나. 기대가능성은 행위자가 특정한 행위를 하여야 할 시기에 적법행위를 이행할 수 있었으리라고 기대할 만한 가능성을 일컫는 것으로서 그 특정행위를 할 당시 행위자가 처하였던 구체적 상황 아래서 사회평균인을 기준으로 그 적법행위를 기대할 가능성의 유무로써 판단되어야 할 것이며, 그 유무 판단은 특별한 사정이 없는 한 구체적 특정 행위에 한정되어 이루어져야 할 것이다.

우리 헌법 제39조 규정상의 추상적 병역의무는 그 규정의 위임을 받아 제정된 병역법, 군형법, 향토예비군설치법 등의 규정에 의해 그 병역의무의 내용을 이루는 각개의 의무행위들로 구체화하는 것인데, 그 각 구체적 행위는 내용과 성격이 다양하여 인명을 살상하거나 행위상대방에게 고통을 주기 위한 집총훈련같이 피고인 주장의 양심상 명령에 배치되는 행위들이기만 한 것은 아니다.

이 사건에서 문제된 것은 지정된 시간에 지정된 장소에 집결하여야 하는 입영행위로서 군인신분을 취득하기 전까지 이행해야 할 병역법상 벌칙규정으로 강제되는 의무행위 중의 하나이며, 그 법에 규정된 다른 의무행위 예컨대 거주지 이동시 전입신고의무(제84조), 출국·귀국시 신고의무(제94조), 신체손상이나 사위행위를 하지 않을 의무(제86조), 징병·신체검사를 받을 의무(제87조) 등과 크게 다르지 아니한 성질의 행위로서, 피고인이 수인하기로 자청하는 대체복무제도 아래에서 이행되어야 할 구체적 의무행위와도 그의 성질상 유사성을 띨 것으로 이해된다.

그러하니 가령, 병역의무행위 중 집총행위는 피고인의 종교적 양심상의 신조에 어긋나는 것이라고 전제하더라도, 이 사건 피고인이 이행하여야 할 '입영'이라는 구체적 의무행위는 인명을 살상하거나 사람에게 고통을 주기 위한 집총훈련행위(그의 거부행위는 병역법이 아닌 군형법에 의해 규율된다)의 앞선 단계의 행위이기는 하지만 집총훈련행위 그 자체는 물론 그와 유사한 성질의 행위라 할 수도 없어서 입영행위를 피고인의 종교적 양심상의 신조에 어긋나는 행위라고 하여 기대할 수 없다고 단정할 것은 아니다.

그렇지 않다고 한다면 피고인의 경우 양심상의 그 신조를 내세워 추상적 병역의무에 속하는 행위인 전입신고, 출국신고의무, 신체손상이나 사위행위를 하지 않을 의무, 징병검사 수검의무 또한 거부할 수 있다는 논리가 성립되어 부당한 결론에 이를 수 있기 때문이다.

따라서, 인명을 살상하거나 고통을 주어서는 안 된다는 피고인의 양심상의 명령에 충실하여야 한다는 상황을 전제하여 판단하더라도, 특별한 사정이 인정되지 아니하는 이 사건에서, 사회평균인이라면 피고인의 양심상의 그 신조를 들어 입영의무 이행을 기대할 가능성을 부정하기는 어려울 것이다.

다. 결국, 추상적 병역의무를 이루는 구체적 개별행위의 성질을 고려하지 않은 채, 이 사건 피고인에게 구체적 병역의무행위인 입영행위의 이행으로 나아갈 기대가능성을 전혀 찾을 수 없다는 견지에 서서, 피고인 행위의 책임성을 부정하여 대법원의 종전 선례들과 이 사건 원심판단이 변경되어야 한다는 취지인 반대의견에는 찬동하지 아니하는 것이다.

대법원장 최종영(재판장), 조무제, 변재승, 유지담, 윤재식(주심), 이용우, 배기원, 강신욱, 이강국, 박재윤, 고현철, 김용담

병역법 제88조 제1항 제1호 위헌제청(2002헌가1)

헌법재판소 전원재판부(주심 김영일[金榮一] 재판관)는 2004년 8월 26일 재판관 7:2의 의견으로, 현역입영대상자들이 정당한 사유없이 입영기일로부터 5일이 경과하여도 입영하지 아니하는 경우 이들을 처벌하도록 규정하는 병역법 제88조 제1항 제1호는 헌법에 위반되지 않는다는 결정을 선고하였다.

1. 사건의 개요

당해사건의 피고인 겸 제청신청인은 현역입영대상자로서 현역병으로 입영하라는 병무청장의 현역입영통지서를 받고도 입영일로부터 5일이 지나도록 이에 응하지 아니하여 병역법 제88조 제1항 제1호 위반으로 서울지방법원 남부지원에 공소제기되어 재판계속 중이다.

이에 제청신청인은 위 공소사실에 적용된 병역법 제88조 제1항 제1호가 종교적 양심에 따른 입영거부자들의 양심의 자유 등을 침해한다고 주장하면서 위 법원에 위헌제청신청(2002초기54)을 하였고, 이를 받아들인 법원은 2002. 1. 29. 위 규정에 대하여 헌법재판소에 위헌여부심판을 제청하였다.

2. 심판의 대상

이 사건 심판의 대상은 병역법 제88조 제1항 제1호(1999. 2. 5. 법률 제5757호로 개정된 것, 이하 '이 사건 법률조항' 이라 한다)로 그 내용은 다음과 같다.

병역법 제88조(입영의 기피) ① 현역입영 또는 소집통지서(모집에 의한 입영통지서를 포함한다)를 받은 사람이 정당한 사유없이 입영 또는 소집기일부터 다음 각 호의 기간이 경과하여도 입영하지 아니하거나 소집에 불응한 때에는 3년 이하의 징역에 처한다. 다만, 제53조 제2항의 규정에 의하여 전시근로소집에 대비한 점검통지서를 받은 사람이 정당한 사유없이 지정된 일시의 점검에 불참한 때에는 6월 이하의 징역이나 200만원 이하의 벌금 또는 구류에 처한다.

　1. 현역입영은 5일
　2. 공익근무요원소집은 3일
　3. 교육소집은 3일
　4. 병력동원소집 · 전시근로소집은 2일

3. 결정이유의 요지

가. 헌법상 보호되는 양심의 의미

헌법은 제19조에서 "모든 국민은 양심의 자유를 가진다"라고 하여 양심의 자유를 국민의 기본권으로 보장하고 있다. 이로써 국가의 법질서와 개인의 내적 · 윤리적 결정인 양심이 서로 충돌하는 경우 헌법은 국가로 하여금 개인의 양심을 보호할 것을 규정하고 있다.

헌법상 보호되는 양심은 어떤 일의 옳고 그름을 판단함에 있어서 그렇게 행동하지 아니하고는 자신의 인격적인 존재가치가 허물어지고 말 것이라는 강력하고 진지한 마음의 소리로서 절박하고 구체적인 양심을 말한다.

나. 이 사건 법률조항에 의하여 제한되는 기본권

헌법은 제39조에서 국민의 의무로서 국방의 의무를 규정하고 있고, 헌법상의 국방의무를 구체화하는 병역법 제3조는 대한민국 국민인 남자에게 병역의무를 부과하고 있다. 이 사건 법률조항은 병역의무의 이행을 강제하기 위하여 현역입영대상자들이 정당한 사유없이 입영기일로부터 5일이 경과하여도 입영하지 아니하는 경우 이들을 처벌하도록 규정함으로써 병역기피자에 대하여 형사처벌이라는 제재를 가하고 있다.

이 사건 법률조항은 형사처벌이라는 제재를 통하여 양심적 병역거부자에게 양심에 반하는 행동을 강요하고 있으므로, '국가에 의하여 양심에 반하는 행동을 강요당하지 아니 할 자유', 즉, 부작위에 의한 양심실현의 자유를 제한하는 규정이다.

다. 이 사건 법률조항의 입법목적

헌법은 제5조 제2항에서 '국가의 안전보장' 과 국토방위를 국군의 신성한 의무라고 규정하면서 제39조 제1항에서 국가안전보장을 실현하기 위한 중요한 수단으로서 국방의 의무를 명문으로 인정하고 있다.

'국가의 안전보장' 은 국가의 존립과 영토의 보존, 국민의 생명·안전의 수호를 위한 불가결한 전제조건이자 모든 국민이 자유를 행사하기 위한 기본적 전제조건으로서 헌법이 이를 명문으로 규정하는가와 관계없이 헌법상 인정되는 중대한 법익이다. 이 사건 법률조항은 국민의 의무인 '국방의 의무' 의 이행을 관철하고 강제함으로써 징병제를 근간으로 하는 병역제도하에서 병역자원의 확보와 병역부담의 형평을 기하고 궁극적으로 국가의 안전보장이라는 헌법적 법익을 실현하고자 하는 것이다.

라. 양심실현의 자유의 보장 문제

(1) 양심의 자유는 헌법상의 기본권에 의하여 보호되는 자유로서 실정법적 질서의 한 부분이다. 기본권의 행사가 국가공동체 내에서의 타인과의 공동생활을 가능하게 하고 국가의 법질서를 위태롭게 하지 않는 범위 내에서 이루어져야 한다는 것은 모든 기본권의 원칙적인 한계이다.

따라서 양심실현의 자유가 보장된다는 것은, 곧 개인이 양심상의 이유로 법질서에 대한 복종을 거부할 수 있는 권리를 부여받는다는 것을 의미하지는 않는다. 모든 개인이 양심의 자유를 주장하여 합헌적인 법률에 대한 복종을 거부할 가능성이 있으며, 개인의 양심이란 지극히 주관적인 현상으로서 비이성적·비윤리적·반사회적인 양심을 포함하여 모든 내용의 양심이 양심의 자유에 의하여 보호된다는 점을 고려한다면, '국가의 법질서는 개인의 양심에 반하지 않는 한 유효하다'는 사고는 법질서의 해체, 나아가 국가공동체의 해체를 의미한다. 그러나 어떠한 기본권적 자유도 국가와 법질서를 해체하는 근거가 될 수 없고, 그러한 의미로 해석될 수 없다.

따라서 이 사건의 경우 헌법 제19조의 양심의 자유는 개인에게 병역의무의 이행을 거부할 권리나 대체복무를 요구할 권리를 부여하지 않는다. 우리 헌법은 병역의무와 관련해 양심의 자유의 일방적인 우위를 인정하는 어떠한 규범적 표현도 하고 있지 않다. 양심상 이유로 병역의무의 이행을 거부할 권리는 단지 헌법 스스로 이에 관하여 명문으로 규정하는 경우에 한하여 인정될 수 있다.

(2) 국가가 양심실현의 자유를 보장하는가의 문제는 법공동체가 개인의 양심을 존중하는 방법을 통하여 양심상의 갈등을 덜어줄 가능성을 가지고 있는가의 여부에 관한 문제이다. 결국 양심실현의 자유의 보장문제는 '국가가 민주적 공동체의 다수 결정과 달리 생각하고 달리 행동하고자 하는 소수의 국민을 어떻게 배려하는가'의 문제, 소수에 대한 국가적·사회적 관용의 문제이며, '국가가 자신의 존립과 법질서를 유지하면서도 또한 개인의 양심도 보호하는 대안을 제시할 수 있는가'의 문제이다.

법적 의무와 개인의 양심이 충돌하는 경우 법적 의무의 부과를 통하여 달성하고자 하는 공익의 실현과 법질서를 위태롭게 함이 없이 법적 의무를 대체하는 다른 가능성이나 법적 의무의 개별적 면제와 같은 대안을 제시함으로써 양심상의 갈등이 제거될 수 있다면, 입법자는 이와 같은 방법을 통하여 개인의 양심과 국가 법질서의 충돌가능성을 최소화해야 할 의무가 있다.

마. 이 사건 법률조항이 양심의 자유를 침해하는지의 여부

따라서 이 사건 법률조항이 양심의 자유를 침해하는지의 문제는 '입법자가 양심의 자유를 고려하는 예외규정을 두더라도 병역의무의 부과를 통하여 실현하려는 공익을 달성할 수 있는지'의 여부를 판단하는 문제이다. 병역의무와 관련하여 의무부과의 불평등적 요소를 가능하면 제거하면서도 개인의 양심을 고려하는 수단 즉, 양심과 병역의무라는 상충하는 법익을 이상적으로 조화시키는 방안으로서 대체복무제가 고려된다. 대체복무제란 양심적 병역거부자로 하여금 국가기관, 공공단체, 사회복지시설 등에서 공익적 업무에 종사케 함으로써 군복무를 갈음하는 제도를 말한다.

그렇다면 이 사건 법률조항의 위헌여부는 '입법자가 대체복무제도의 도입을 통하여 병역의무에 대한 예외를 허용하더라도 국가안보란 공익을 효율적으로 달성할 수 있는지'에 관한 판단의 문제로 귀결된다.

(1) 입법자는 대체복무제를 도입할 것인지를 판단함에 있어서 국가의 전반적인 안보상황, 국가의 전투력, 병역수요, 대체복무제의 도입시 예상되는 전투력의 변화, 병역의무이행의 평등한 분담에 관한 국민적·사회적 요구, 군복무의 현실적 여건 등을 종합적으로 고려해야 하는데, 현재 우리의 안보상황에서 대체복무제를 도입하더라도 국가안보란 중대한 공익의 달성에 아무런 지장이 없는지에 관하여는 다음과 같은 상이한 평가와 판단이 가능하다.

● 한편으로는, 양심적 병역거부자가 전체 징병인원에서 차지하는 비중은 미미할 뿐만 아니라, 병역거부가 양심상의 결정에 근거한 것인지에 대한 엄격한 사전심사절차와 사후관리를 통하여 진정한 양심적 병역거부자를 가려내는 것이 가능하므로, 대체복무제도라는 대안을 채택하더라도 국방력의 유지에는 아무런 손상이 없으리라는 낙관적인 예상이 가능하다.

● 그러나 다른 한편으로는, 비록 현 단계에서 양심적 병역거부자가 전체 징병인원에서 차지하는 비중이 크지 않다 하더라도 형벌을 통하여 일반적으로 병역기피를 억제하였던 예방효과는 대체복무제의 도입으로 인하여 급격히 무너

질 가능성도 배제할 수 없으며, 병역부담평등에 대한 사회적 요구가 강력하고 절대적인 우리 사회에서 병역의무에 대한 예외를 허용함으로써 의무이행의 형평성 문제가 사회적으로 야기된다면, 대체복무제의 도입은 사회적 통합을 결정적으로 저해함으로써 국가전체의 역량에 심각한 손상을 가할 수 있으며, 나아가 국민개병제에 바탕을 둔 전체 병역제도의 근간을 흔들 수도 있다는 부정적인 예상도 가능하다.

(2) 이 사건과 같이, 기본권을 제한하는 법률의 위헌성 여부가 미래에 나타날 법률 효과에 달려 있다면, 헌법재판소가 어느 정도로 이에 관한 입법자의 예측판단을 심사할 수 있으며, 입법자의 불확실한 예측판단을 자신의 예측판단으로 대체할 수 있는가 하는 문제가 제기된다.

입법자에게 인정되는 예측판단권은 법률을 통하여 달성하고자 하는 공익의 비중 및 침해되는 법익의 의미, 규율영역의 특성, 확실한 판단을 내릴 수 있는 현실적 가능성의 정도에 따라 다르다. 달성하고자 하는 공익의 비중이 클수록, 개인이 기본권의 행사를 통하여 타인과 국가공동체에 영향을 미칠수록, 즉 기본권 행사의 사회적 연관성이 클수록, 입법자에게는 보다 광범위한 형성권이 인정되므로, 이 경우 입법자의 예측판단이나 평가가 명백히 반박될 수 있는가 아니면 현저하게 잘못되었는가 하는 것만을 심사하게 된다.

이 사건으로 돌아와 보건대, 비록 양심의 자유가 개인의 인격발현과 인간의 존엄성 실현에 있어서 매우 중요한 기본권이기는 하나, 양심의 자유의 본질이 법질서에 대한 복종을 거부할 수 있는 권리가 아니라 국가공동체가 감당할 수 있는 범위 내에서 개인의 양심상 갈등상황을 고려하여 양심을 보호해 줄 것을 국가로부터 요구하는 권리이자 그에 대응하는 국가의 의무라는 점을 감안한다면, 입법자가 양심의 자유로부터 파생하는 양심보호의무를 이행할 것인지의 여부 및 그 방법에 있어서 광범위한 형성권을 가진다고 할 것이다.

한편, 이 사건 법률조항을 통하여 달성하고자 하는 공익은 국가의 존립과 모든 자유의 전제조건인 '국가안보'라는 대단히 중요한 공익으로서, 이러한 중대한 법익이 문제되는 경우에는 개인의 자유를 최대한으로 보장하기 위하여 국가안보를 저해할 수 있는 무리한 입법적 실험을 할 것을 요구할 수 없다. 뿐만 아니라, 병역의무의 이행을 거부함으로써 양심을 실현하고자 하는 경우는 누구에게나 부과되는 병역의무에 대한 예외를 요구하는 경우이므로 병역의무의 공평한 부담의 관점에서 볼 때, 타인과 사회공동체 전반에 미치는 파급효과가 크다고 할 수 있고, 이로써 기본권 행사의 강한 사회적 연관성이 인정된다.

(3) 따라서 이러한 관점에서 볼 때, '국가가 대체복무제를 채택하더라도 국가안보란 공익을 효율적으로 달성할 수 있기 때문에 이를 채택하지 않은 것은 양심의 자유에 반하는가'에 대한 판단은 '입법자의 판단이 현저하게 잘못되었는가' 하는 명백성의 통제에 그칠 수밖에 없다.

한국의 안보상황, 징병의 형평성에 대한 사회적 요구, 대체복무제를 채택하는 데 수반될 수 있는 여러 가지 제약적 요소 등을 감안할 때, 대체복무제를 도입하더라도 국가안보라는 중대한 헌법적 법익에 손상이 없으리라고 단정할 수 없는 것이 현재의 상황이라 할 것인 바, 대체복무제를 도입하기 위해서는 남북한 사이에 평화공존관계가 정착되어야 하고, 군복무 여건의 개선 등을 통하여 병역기피의 요인이 제거되어야 하며, 나아가 우리 사회에 양심적 병역거부자에 대한 이해와 관용이 자리잡음으로써 그들에게 대체복무를 허용하더라도 병역의무의 이행에 있어서 부담의 평등이 실현되며 사회통합이 저해되지 않는다는 사회공동체 구성원의 공감대가 형성되어야 하는데, 이러한 선행조건들이 충족되지 않은 현 단계에서 대체복무제를 도입하기는 어렵다고 본 입법자의 판단이 현저히 불합리하다거나 명백히 잘못되었다고 볼 수 없다.

그렇다면 이 사건 법률조항은 양심적 병역거부자의 양심의 자유나 종교의 자유를 침해하는 것이라 할 수 없다.

바. 입법자에 대한 권고

양심적 병역거부의 문제는 이제 우리나라에서도 국가공동체의 주요한 현안이 되었다. 양심적 병역거부자의 수는 비록 아직 소수에 불과하나, 입법자는 이 사건 법률조항의 시행으로 인하여 양심 갈등의 상황이 집단적으로 발생한다는 것을 그 동안 충분히 인식하고 확인할 수 있었으므로, 이제는 양심적 병역거부자의 고뇌와 갈등상황을 외면하고 그대로 방치할 것이 아니라, 이들을 어떻게 배려할 것인가에 관하여 진지한 사회적 논의를 거쳐 나름대로의 국가적 해결책을 찾아야 할 때가 되었다고 판단된다.

그러므로 입법자는 양심의 자유와 국가안보라는 법익의 갈등관계를 해소하고 양 법익을 공존시킬 수 있는 방안이 있는지, 국가안보란 공익의 실현을 확보하면서도 병역거부자의 양심을 보호할 수 있는 대안이 있는지, 우리 사회가 이제는 양심적 병역거부자에 대하여 이해와 관용을 보일 정도로 성숙한 사회가 되었는지에 관하여 진지하게 검토하여야 할 것이며, 설사 대체복무제를 도입하지 않기로 하더라도, 법적용기관이 양심우호적 법적용을 통하여 양심을 보호하는 조치를 취할 수 있도록 하는 방향으로 입법을 보완할 것인지에 관하여 숙고하여야 한다.

재판관 김경일, 재판관 전효숙의 반대의견

(1) 일반적으로 적용되는 법률에 있어 그 법률이 명령하는 것과 일치될 수 없는 양심의 문제는 법질서에 대해 예외를 인정할지 여부의 형태로 나타난다. 그러나 다수가 공유하는 생각과 다르다는 이유만으로 소수가 선택한 가치가 이상하거나 열등한 것이라고 전제할 수는 없으므로 이와 같은 경우에도 다수결 원리가 전적으로 우선하여야 함을 전제로 하여 '혜택을 부여할 것인가'의 관점에서 심사기준을 완화할 것이 아니며, 그 합헌성 여부 심사는 일반적인 헌법 제37조 제2항에 의한 기본권 제한 원리에 따라 이루어져야 한다.

한편, 헌법 제39조에 의하여 입법자에게 국방에 관한 넓은 입법형성권이 인정된다 하더라도, 병역에 대한 예외인정으로 인한 형평 문제와 부정적 파급효과의 문제를 해결하면서 동시에 양심적 병역거부자들의 양심보호를 실현할 수 있는 대안을 모색하는 문제는 징집대상자 범위나 구성의 합리성과 같이 본질적으로 매우 광범위한 입법형성권이 인정되는 국방의 전형적 영역에 속하는 것이 아니므로 그에 대한 입법자의 재량이 광범위하다고는 볼 수 없다.

(2) 양심적 병역거부가 인류의 평화적 공존에 대한 간절한 희망과 결단을 기반으로 하고 있음을 부인할 수는 없으며, 비폭력, 불살생, 평화주의 등으로 나타나는 평화에 대한 이상은 인류가 오랫동안 추구하고 존중해 온 것이다. 그런 의미에서 양심적 병역거부자들의 병역거부를 군복무의 고역을 피하기 위한 것이거나 국가공동체에 대한 기본의무는 이행하지 않으면서 무임승차식으로 보호만 바라는 것으로 볼 수는 없다. 그들은 공동체의 일원으로서 납세 등 각종 의무를 성실히 수행해야 함을 부정하지 않고, 집총병역의무는 도저히 이행할 수 없으나 그 대신 병역의무 못지않은 다른 봉사방법을 마련해 달라고 간청하고 있다.

이와 같은 양심적 병역거부가 국가공동체에 대한 의무를 회피하기 위하여 이루어지는 것이 아님에도 불구하고 병역기피의 형사처벌로 인하여 이들이 감수하여야 하는 불이익은 심대하다. 특히 병역거부에 대한 종교와 신념을 가족들이 공유하고 있는 많은 경우 부자가 대를 이어 또는 형제들이 차례로 처벌받게 되고 이에 따라 다른 가족 구성원에게 더 큰 불행을 안겨준다.

(3) 우리 군의 전체 병력수에 비추어 보면 양심적 병역거부자들이 현역집총병역에 종사하는지 여부가 국방력에 미치는 영향은 병력이나 전투력의 감소를 논할 정도라고 볼 수 없고, 이들이 반세기 동안 형사처벌 및 이에 뒤따르는 유·무형의 막대한 불이익을 겪으면서도 꾸준히 입영이나 집총을 거부하여 온 점에 의하면 형사처벌이 이들 또는 장래의 잠재적인 양심적 병역거부자들의 의무이행을 확보하기 위해 필요한 수단이라고 보기는 어렵다.

(4) 국방의 의무는 단지 병역법에 의하여 군복무에 임하는 등의 직접적인 집총병력형성의무에 한정되는 것이 아니므로 양심적 병역거부자들에게 현역복

무 이행의 기간과 부담 등을 총체적으로 고려하여 이와 유사하거나 그보다 높은 정도의 의무를 부과한다면 국방의무이행의 형평성 회복이 가능하며 부당한 특혜를 준다는 논란도 불식할 수 있다. 또한 대체복무제를 운영하고 있는 많은 다른 나라들의 경험에서 보듯이 엄격한 사전심사절차와 사후관리를 통하여 진정한 양심적 병역거부자와 그렇지 않은 자를 가려내는 것이 가능하며, 현역복무와 이를 대체하는 복무의 등가성을 확보하여 현역복무를 회피할 요인을 제거한다면 병역기피 문제도 효과적으로 해결할 수 있다.

그럼에도 불구하고 우리 병역제도와 이 사건 법률조항을 살펴보면, 입법자가 이러한 사정을 감안하여 양심적 병역거부자들에 대하여 어떠한 최소한의 고려라도 한 흔적을 찾아볼 수 없다.

(5) 이와 같이 입법자가 이 사건 법률조항에 의해 구체화된 병역의무의 이행을 강제하면서 사회적 소수자인 양심적 병역거부자들의 양심의 자유와의 심각하고도 오랜 갈등관계를 해소하여 조화를 도모할 최소한의 노력도 하지 않고 있으므로 이들에게도 일률적으로 입영을 강제하고 형사처벌을 하는 범위에서는 이 사건 법률조항이 위헌임을 면치 못한다.

재판관 권성의 별개의견

이 사건 청구인의 신념은 종교상의 신념이므로 종교의 자유가 문제되는데, 종교상의 신념 내지 종교 교리의 내용의 정당성은 판단대상이 되지 않으나 사회적 파장을 결과하는 행위는 법률에 의한 규제의 대상이 되고 이러한 규제가 기본권을 제한하는 경우 헌법 제37조 제2항의 적용대상이 된다. 집총거부를 허용하더라도 국가안보라는 중대한 헌법적 법익에 손상이 없으리라고 단정할 수 없으므로 종교상의 이유에 의한 집총거부를 입영기피의 정당한 사유의 하나로 삼지 아니한 입법자의 판단(및 법원의 누적된 해석)이 현저히 불합리하다거나 명백히 잘못되었다고 볼 수 없으므로 이 사건 법률조항이 종교의 자유를 침해

한다고 할 수 없다.

　종교에 바탕하지 않은 양심이 내심에 머무르지 않는 경우 비판의 대상이 되는데, 비판의 기준은 보편타당성이다. 보편타당성의 내용은 윤리의 핵심 명제인 인(仁)과 의(義), 두가지로 집약되며 적어도 보편타당성의 획득가능성과 형성의 진지함을 가진 양심이라야 헌법상 보호를 받는다. 표현된 양심의 소리가 보편타당성이 있을 때에는 절대적으로 보호되어야 하며, 보편타당성이 없을 때에는 헌법 제37조 제2항에 따라 제한될 수 있다. 부당하고 불의한 침략전쟁을 방어하기 위하여 집총하는 것을 거부하는 것은 인(仁), 의(義), 예(禮), 지(智)가 의심스러운 행위로서 보편타당성을 가진 양심의 소리라고 인정하기 어렵다. 국가안전보장상의 필요성은 헌법유보사항이며 이 사건 법률규정은 청구인에게 외형적인 복종을 요구할 뿐이고 입영기피의 정당한 사유에 대한 의회의 재량범위를 넘었다고 볼 수도 없어 양심의 자유의 본질을 침해한다고 할 수 없으므로 집총거부가 그 자신의 양심의 소리에 응한 것이라고 하더라도 이 사건 법률조항이 양심의 자유를 침해한다고 할 수 없다.

　민간대체복무의 검토 등 의회의 입법개선의 필요여부에 대한 의회의 연구가 필요하다는 다수의견의 권고는 권력분립의 원칙상 적절치 않고 오히려 오해의 소지가 있으므로 이는 바람직하지 않다.

재판관 이상경의 별개의견

　헌법 제39조 제1항은 기본권 제한을 명시함으로써 기본권보다 국방력의 유지라는 헌법적 가치를 우위에 놓았다고 볼 수 있으므로, 입법자는 국방력의 유지라는 헌법적 가치의 실현을 위하여 매우 광범위한 입법재량을 가지고 있다. 이 사건 법률조항이 위헌이라고 판단되기 위해서는 이 사건 법률조항이 정의의 수인한계를 넘어서는 것이라는 점 내지는 입법기초사실의 인정 및 정책수단의 선택이 명백히 자의적으로 인정되었다는 점 등이 입증되어 입법재량의 한계를 넘어섰다는 점이 밝혀져야 한다.

양심의 자유의 주관성, 개별성에 비추어 볼 때 입법자가 이 사건 법률조항을 제정함에 있어서 양심보호의 일반적 규정을 규정하지 아니하였다고 하더라도 그것이 곧 바로 정의의 외형적 한계를 일탈하였다고 할 수 없고, 양심을 이유로 한 병역거부자의 양심이라는 것 자체가 일관성 및 보편성을 결한 이율배반적인 희망사항에 불과한 것이어서 헌법의 보호대상인 양심에 포함될 수 있는지 자체가 문제될 수 있을 뿐만 아니라 적어도 이를 우리 공동체를 규율하는 정의의 한 규준으로 수용하기 어렵다 할 것이므로 양심을 이유로 한 병역거부자에 대한 형벌의 부과가 정의의 외형적 한계를 넘어서 정의와의 모순을 감내할 수 없는 정도에 이르렀다고 볼 수 없다. 또한 병역의무의 불이행에 대한 제재가 완화되어도 필요한 국방력이 유지될 수 있는지 여부에 관한 미래의 상황에 대한 전망이 불투명한 상태이므로 이른바 양심적 병역거부자에 대하여도 3년 이하의 징역이라는 형벌이 자의적 입법이라고 할 수 없다.

정당한 입법의 방향에 관하여 확신을 가질 수 없는 상황에서 이 사건 심판대상과 관련이 없는 대체복무제에 대하여 입법자에게 입법에 관한 사항에 대하여 권고하는 것은 사법적 판단의 한계를 넘어서는 것으로서 바람직하지 않다.

참고문헌

국문자료

고문현, 2001, 「시민불복종운동의 일환으로서의 낙천·낙선운동」, 『헌법학연구』 제7권 제2호.

구승회, 2000, 「차이의 문명화로서의 관용 : 마이클 월처의 관용 개념」, 『철학연구』 48집.

국방부 인사복지국 인력관리과, 2002, 「왜 병역(집총)거부권을 인정할 수 없는가?」(안경환·장복희, 『양심적 병역거부』).

김두식, 1997, 「여호와의 증인과 그 인권」, 『복음과 상황』 7월호.

_____, 2002, 『칼을 쳐서 보습을』, 뉴스앤조이.

_____, 2003, 「'내'가 소외시킨 '그들' 이야기」, 『탈영자들의 기념비』, 생각의 나무.

김명혁, 1976, 「어거스틴의 교회관과 국가관」, 『신학지남』 여름호.

김병렬, 2002a, 「종교적 신념에 의한 병역거부자들에 대한 대체복무 요구의 부당성」('양심적 병역거부와 인권' 토론회).

_____, 2002b, 「양심적 병역거부의 문제점」(안경환·장복희, 『양심적 병역거부』).

김비환, 2002, 「현대 자유주의적 평등론의 역사적 의의」, 『법철학연구』 제5권 제2호.

김정열, 2000, 「군가산점 위헌 판결에 대한 장애우의 입장」, 『여성과 사회』 제11호.

김종명, 2000, 「'호국불교' 개념의 재검토―고려인왕회의 경우」, 『종교연구』 제21집.

김형민, 2001, 「평화와 인권―평화권에 대한 사회윤리적 고찰」, 『신학사상』 114집.

박건택, 1999, 「칼뱅과 카스텔리옹에 있어서의 양심의 자유」, 『신학지남』 여름호.

박상섭, 1996, 『근대국가와 전쟁』, 나남출판.

박은정, 1998, 「법치국가와 시민불복종」, 『법과 사회』 제3호.

박정순, 1999, 「마이클 왈쩌의 공동체주의」, 『철학과 현실』 41권.

박정순·왈쩌 대담, 2000, 「자유주의의 공동체주의적 보완과 다원적 평등사회로의 철학적 선도」, 『철학과 현실』 제45권.

박종대, 1988, 「아우구스티누스의 평화관」, 『가톨릭사회과학연구』 제5호.

배은경, 2000, 「군가산점 논란의 지형과 쟁점」, 『여성과 사회』 제11호.

백용기, 1997, 「마틴 루터 신학에 나타난 저항권 문제」, 『신학사상』 제97집.

백종천, 1981, 「군대교육과 국가발전 : 한국의 경우」, 『한국정치학회보』 제15호.

선우학원, 1966, 「성 어거스틴의 생애와 정치사상」, 『기독교 사상』 11월호.

_____, 1967, 「성 토마스 아퀴나스의 생애와 정치사상」, 『기독교 사상』 1월호.

_____, 1967, 「칼빈의 생애와 정치사상」, 『기독교 사상』 7월호.

_____, 1967, 「루터의 생애와 정치사상」, 『기독교 사상』 4월호.

손동권, 1994, 「형법상 양심범 처벌의 문제점 — 독일의 이론 및 판례를 중심으로」, 『안암법학』 2권.

신복윤, 1973, 「칼빈의 국가관」, 『신학지남』 1973년 여름호.

신원하, 2002, 「정당전쟁과 평화주의 : 비판적 검토와 변혁적 모색」, 『폭력과 전쟁 그리고 평화』 ('제3차 기독교윤리학회 학술대회' 자료집).

신재현, 1975, 「양심의 자유」, 『사법행정』 16권 10호.

안경환·장복희 편, 2002, 『양심적 병역거부』, 사람생각.

양석원, 2003, 「미셸 푸코 이론에서의 주체와 권력 : 응시의 개념을 중심으로」, 『비평과 이론』 8권 1호.

오만규, 1999a, 『초기 기독교와 로마 군대 : 마르쿠스 아우렐리우스부터 콘스탄티누스까지』, 한국신학연구소.

_____, 1999b, 『청교도 혁명과 종교자유』, 한국신학연구소.

_____, 2002, 『집총거부와 안식일 준수의 신앙양심 : 한국재림교도들의 군복무 역사』, 삼육대학교 선교와 사회문제연구소.

오재창, 2002, 「국제인권법상 양심적 병역거부권의 인정과 국내의 최근 동향」('양심적 병역거부와 인권' 토론회).

워치타워성서책자협회, 1993, 『여호와의 증인 — 하나님의 왕국의 선포자』.

육군본부, 1997, 「군복무 가산점 제도의 쟁점과 실태」(한국여성학회 제11차 월례발표회).

윤명선·박영철, 2000, 「종교의 자유로운 행사 조항—미국연방대법원 판례를 중심으로」, 『미국헌법연구』 제11호.

윤응진, 1993, 「루터의 두 왕국론」, 『한신논문집』 제10권.

이기영, 1975, 「인왕반야경과 호국불교」, 『동양학』 5권.

이남석, 2001, 『차이의 정치—이제 소수를 위하여』, 책세상.

이대훈, 2001, 「인권으로서의 양심적 병역거부권과 덧붙이는 얘기들」('징병제와 군복무의 실태 및 대안 모색을 위한 워크샵').

이덕구, 1999, 「국민의 정치적 의무의 한계와 시민불복종」, 『대한정치학회보』.

이상수, 2004, 「간디의 시민불복종」, 『민주법학』 25호.

이신행, 1992, 『사회운동의 이념적 지향—90년대에 보는 미국의 60년대』, 형성사.

_____, 2001, 「민권운동」, 『현대 미국의 사회운동』, 김덕호외 엮음, 비봉출판사.

이양호, 1986, 「칼빈의 정치사상」, 『신학사상』 제53집.

이재승, 2002, 「독일에서 병역거부와 민간봉사」, 『민주법학』 20호.

_____, 2003, 「양심적 병역거부와 대체복무제에 관한 이해」, 『사목』 290호.

이환구, 1997, 「성 토마스 아퀴나스의 공동선에 관한 연구」, 『군산대학교 현대이념연구』 제12집.

임미원, 2002, 「양심과 자율」, 『법철학연구』 제5권 제1호.

임종인, 2001, 「우리나라에서 여호와의 증인 신자의 양심적 병역거부에 대하여」('양심의 자유와 군 대체 복무를 위한 토론회' 발표 논문).

장동진, 2001, 「롤즈의 국제사회 정의관—'만민법'을 중심으로」, 『국제정치논총』 제41집 4호.

장문강, 2002, 「루터의 정치사상—그리스도교적 기초와 농민전쟁을 중심으로」, 『계간 사상』 겨울호.

장지훈, 1998, 「신라중고기의 호국불교」, 『한국사학보』 3·4호.

정성구, 1994, 「칼빈주의와 정치」, 『신학지남』 봄호.

_____, 1995, 「칼빈주의와 사회」, 『신학지남』 봄호.

정종훈, 2002, 「기독교윤리적 논점에서 본 양심적 병역거부의 논쟁과 대안 모색」, 『한국기독교신학논총』 26호.

정태욱, 2003, 「마이클 월저의 정전론에 대한 소고」, 『법철학연구』 제6권 제1호.

조국, 2001, 『양심과 사상의 자유를 위하여』, 책세상.

_____, 2001, 「양심적 집총거부권―병역기피의 빌미인가 양심의 자유의 구성요소인가?」, 『민주법학』 20호.

조희연, 2000, 「정치개혁과 낙천낙선운동」, 『노동사회』.

채이병, 2002, 「토마스 아퀴나스의 평화개념」, 『철학연구』 81집.

최삼경, 2002, 「현재 입법추진되고 있는 대체복무제를 반대한다」('양심적 병역거부와 인권' 토론회).

최유신, 1999, 「John Locke의 관용론 연구」, 중앙대학교 박사학위논문.

최재훈, 1967, 「고전적 정전론에서의 자위권―고전적 자위권 개념」, 『법학』 9권 2호.

최정석, 2002, 「'양심적 병역거부 및 대체복무제'가 한반도 안보현실에서 불가한 이유」(안경환·장복희 편, 『양심적 병역거부』 수록).

최필재, 2002, 「소위 '종교적 신념에 의한 병역거부'와 대체복무」('양심적 병역거부와 인권' 토론회).

표명환, 2002, 「양심의 자유와 병역의 의무」, 『헌법학연구』 제8권 제3호.

한완상 외, 1988, 「평등의 이념과 불평등의 현실」, 『철학과 현실』 제2권.

한인섭, 2002, 「양심적 병역거부 : 헌법적·형사법적 검토」, 『인권과 정의』 309호.

한홍구, 2001, 「대체복무는 군 현대화의 결실」, 『참여사회』 8월호.

홍영일, 2002, 「양심적 병역거부와 여호와의 증인」(안경환·장복희, 『양심적 병역거부』).

홍종율, 1990, 「토마스 아퀴나스의 군주론」, 『가톨릭사회과학연구』 7집.

홍치모, 1987, 「루터와 농민전쟁」, 『신학지남』 가을호.

홍현설, 1959, 「안식교도의 집총 거부 사건에 대하여」, 『기독교 사상』 3월호.

황경식, 1987, 「준법의 근거와 시민불복종―J. Rawls의 '공정한 경기의 의무'를 중심으로」, 『철학논구』 15권.

_____, 1996, 『개방사회의 사회윤리』, 철학과 현실사.

황정욱, 1999, 「루터의 두 왕국론과 농민전쟁」, 『신학연구』 제40집.

Brinton, H., 1970, 『퀘이커 삼백년』, 함석헌 역, 종교 친우회 서울모임.

Copleston, F., 1989, 『중세철학사』, 박영도 역, 서광사.

Foucault, M., 1995, 『성의 역사』, 이규현 역, 나남출판.

_____, 1994, 『감시와 처벌』, 오생근 역, 나남출판.

_____, 2003, 『광기의 역사』, 이규현 역, 나남출판.

_____, 1993, 『임상의학의 탄생』, 홍성민 역, 인간사랑.

_____, 1999, 『비정상인들』, 박정자 역, 동문선.

Gisltrap, M. R., 1988, 「존 칼빈의 저항신학(1)」, 박희석 역, 『신학지남』 가을호.

_____, 1988, 「존 칼빈의 저항신학(1)」, 박희석 역, 『신학지남』 겨울호.

Grabb, E. G., 2003, 『사회불평등』, 양춘 역, 고려대학교 출판부.

Marrin, A., 1982, 『전쟁과 그리스도인의 양심—어거스틴에서 마르틴 루터 킹까지』, 오만규 역, 성광문화사.

Marx, K., 1991, 『자본론』 I[상], 김수행 역, 비봉.

Rousseau, J. J., 1971, 『전쟁과 평화』, 김용구 역, 을유문화사.

Speck, A., 2003, 「양심에 따른 병역거부 운동의 최근 현황과 전망」, ('양심에 따른 병역거부권과 대체복무제' 2003 국제회의).

Thompson, J. C., 1977, 「마르틴 루터의 정치사상」, 『기독교 사상』 6월호.

영문자료

Barker, Rachel, 1982, *Conscience, government, and war : conscientious objection in Great Britain, 1939~45*, Boston : Routledge & Kegan Paul.

Bedau, Hugo Adam, 1991, *Civil Disobedience in focus*, London : Routledge.

Goodall, Felicity, 1997, *A question of conscience : conscientious objection in the two World Wars*, England : Sutton Publishing.

Greenwalt, Kent, 1989, "Accomodation to Selective Conscientious Objection : How and Why" ed by M. F. Noone, Jr, *Selective Conscientious Objection*, Colorado : Westview Press.

Johnson, James Turner, 1981, *Just war Tradition and the Restraint of War—A Moral and Historical Inquiry*, New Jersy : Princeton University Press.

Levi, Margaret, 1997, *Consent, dissent, and patriotism*, Cambridge : Cambridge University Press.

Mill, John Stuart, 1869, *On Liberty*, London : Longman, Robert & Green(김형철 옮김, 『자유론』, 서광사, 1992).

Moscos, Charles and Chambers II, John W., 1993, *The New Conscientious Objection—From Sacred to Secular Resistance*, New York : Oxford University Press.

Noone, Jr., Michael F., 1989, *Selective Conscientious Objection : Accommodating Conscience and Security*, Colorado : Westview Press.

Nozick, Robert, 1977, *Anarchy, State, and Utopia*, New York : Basic Books(강성학 역, 『자유주의의 정의론』, 대광문화사, 1991).

O'Brien, William, 1981, *The Conduct of Just and Limited War*, New York : Praeger Publishers.

Pentikäinen, Merja, 1994, *The Right to Refuse Military Orders*, Geneva : International Peace Bureau.

Pogge, Tomas, 1999, "A Brief Sketch of Rawl's Life" in ed Richardson Henry, S. and Paul J. Weithman, *Philosophy of Rawls: Development and Main Outlines of Rawl's Theory of Justice 1*, New York : Garland Publishing, Inc.

Ramsey, Paul, 1968, *The Just War: Force and Political Responsibility*, New York : Scribner.

Rawls, John, 1971, *A Theory of Justice*, Massachusetts : Belknap Press.

Schlissel, Lillian, 1968, *Conscience in America ; a documentary history of conscientious objection in America, 1757~1967*, New York : Dutton.

Teichman, Jenny, 1986, *Pacifism and the Just War*, New York : Basil Blackwell.

Walzer, Michael, 1970, *Obligations: Essays on Disobedience, War, and Citizenship*, New York : Simon and Schuster.

_____, 1977, *Just and Unjust Wars*, New York : Basic Books.

선언문, 진정서, 공청회 자료 등

강철민, 2003. 11. 21, '노무현 대통령께 드리는 이등병의 편지'.

_____, 2003. 11. 26, '노무현 대통령께 드리는 두번째 편지'.

김도형, 2003. 4. 30, '병역거부소견서'.

나동혁, 2002. 9. 12, '평화와 인권을 위한 작은 행동'.

대한변협, 2002. 3. 25, '양심적 병역거부와 인권' 토론회 자료집.

양심적 병역거부자 대체복무 입법추진 국회의원 모임, 2004. 8. 19, '양심적 병역거부자 대체복무제 입법을 위한 병역법 개정안 공청회' 자료집.

양지운, 2001a, '양심적 병역거부자 수형자에 대한 차별행위의 개선 권고 및 구제에 관한 진정'.

염창근, 2003. 11. 13, '저의 가슴 속 작은 소망을 추구하고 싶습니다'.

영민, 2004. 1. 26, '평화로운 세상을 위한 작은 실천'.

오태양, 2001. 12. 12, '나에게는 진정 꿈이 있습니다'.

유호근, 2002. 7. 9, '전쟁반대와 평화실현의 양심을 위하여'.

이원표, 2004. 8. 25, '피눈물이 아닌 땀방울을 이라크에 전하고 싶습니다'.

임성환, 2003. 7. 1, '병역거부소견서'.

임치훈, 2002. 7. 30, '대체복무제는 '한 여름 밤의 꿈' 이 아니다'.

임태훈, 2003. 7. 22, '나의 양심에 따른 병역거부를 선언하며'.

'징병제와 군복무의 실태 및 대안모색을 위한 워크샵' 자료집, 2001. 3. 17.

최준호, 2003. 3. 20, '양심에 따른 병역거부 소견서'.

국회자료

국방위원회회의록(부록), 2001. 9. 13.

제16대 국회 제228회 제1차 국방위원회, 2002. 3. 4.

제16대 국회 제228회 제1차 국방위원회(부록), 2002. 3. 4.

제234회—국방 제9차(부록).

2001년도 국감—국방부록.

법 관련 자료

고등군사법원 2001노 389 항명 판결문.

노량진경찰서, 2002. 10. 24, (유호근) 구속영장신청서.

대검찰청, 2003, 『검찰』 통권 114호.

대법원 2004도2965 병역법 위반 판결문.

법무부, 2001. 8. 27, (양지운님) 민원서신에 대한 회신.

법무부, 2003. 7. 4, 기독교 등 3대 종교 이외의 종교신봉자 교회 허용.

법무부, 2003년 인권개선사항 평가.

변론요지서 2003고62 군무이탈(강철민) 변론요지서.

변론요지서 2004노11 군무이탈(강철민 2심변론요지).

변호인의견서 2002고단934 병역법 위반(오태양).

병역법, 2002. 12. 26(개정) 법률 제6809호.

보석허가청구서, 2002고단10177 병역법 위반(유호근).

서울남부지방법원 2002고단3941 병역법 위반 판결문.

서울동부경찰서, 2002. 2. 7, (오태양) 구속영장신청서.

서울동부경찰서, 2002. 2. 16, (오태양)구속영장신청서.

서울지방법원 2001노7969 병역법 위반 판결문.

서울지방법원 2002초보 2832 보석(유호근) 결정문.

서울지방법원 2003노4467, 7940, 9459(병합) 병역법 위반 향토예비군법 위반 판결문.

서울지방법원 동부지원 2002고단934 병역법 위반(오태양) 형사제1심소송기록.

위헌법률심판제청 신청서 2001고단5819 병역법 위반(이경수).

제31사단 보통검찰부 2003 보검형 제 223호(강철민) 공소장.

제31사단 보통군사법원 2003고62 군무이탈(강철민) 판결문.

징병신체검사등검사규칙, 2002. 2. 21, 부령 제534호.

피고인에 대한 반대신문사항 2002고단934 병역법 위반(오태양).

헌법재판소 2002헌가1 병역법 제88조 제1항 제1호 위헌제청.

인터넷 자료

http://corights.net

http://cyberspacei.com/jesusi

http://www.mediatoday.co.kr

http://www.mizii.com/jesusi/focus/co/cows/ifg/can_a_war_ever_be_just.htm

http://org.catholic.co.kr/hrcc/sub02/0005.htm

양지운, 2001b, 「양심적 병역거부와 인권」(http://issuetoday.com, 2001년 3월 22일).

김삼석, 2001, 「병역·군사제도 변혁, 희망 있다」(http://www.unews.co.kr, 2001년 4월 23일)

Bart Horeman & Andreas Speck, 2002, "human right V antimilitarist action" (http://www.peacenews.info/issues/2447/244712.html).

Nelson, Karl, 2002, "A History of Conscientious Objection and Religion during the Vietnam War"(http://cyberspacei.com/jesusi/focus/co/nelson/co_contents.htm).